PREMIER EXAMEN

SUR

LE CODE CIVIL.

On trouve chez le même Libraire :

DEUXIÈME EXAMEN SUR LE CODE CIVIL, contenant les trois premiers titres du troisième livre du Code. Un volume in-8.° 4 fr.

LE TROISIÈME EXAMEN EST SOUS PRESSE.

Pour paraître incessamment :

PRÉCIS HISTORIQUE DU DROIT FRANÇAIS, de l'abbé FLEURY, avec la continuation depuis l'année 1674 jusqu'en 1824; par M. DUPIN. Un vol. in-18.

IMPRIMERIE DE MIGNERET, RUE DU DRAGON, N.° 20.

PREMIER EXAMEN

SUR

LE CODE CIVIL ;

CONTENANT

LE PREMIER ET DEUXIÈME LIVRES DU CODE, PRÉSENTÉS PAR DEMANDES ET RÉPONSES ; AVEC DES DÉFINITIONS, NOTES ET EXPLICATIONS TIRÉES DES MEILLEURS AUTEURS ET COMMENTATEURS ;

PAR UN AVOCAT A LA COUR ROYALE DE PARIS.

TROISIÈME ÉDITION, REVUE ET AUGMENTÉE.

PARIS,

B. WARÉE, FILS AINÉ, LIBRAIRE, AU PALAIS DE JUSTICE.

1824.

AVERTISSEMENT.

L'ACCUEIL favorable qu'a reçu cet ouvrage a répondu suffisamment aux critiques un peu séveres de quelques partisans exclusifs des gros livres : aussi se contentera-t-on dans cet Avertissement d'indiquer le motif qui a déterminé l'auteur à le composer, d'exposer le but qu'il s'est proposé et le plan qu'il a suivi.

L'auteur, lorsqu'il suivait les cours de Droit à la Faculté de Paris, aurait vivement désiré de trouver un ouvrage qui, pour l'étude du Code civil, pût correspondre à l'utile *Introduction à la Procédure de M. Pigeau*; en publiant son *Premier Examen*, il n'a donc eu d'autre pensée, que de faire, pour les étudians d'aujourd'hui, ce qu'il aurait désiré qu'on eût fait lorsqu'il était étudiant lui-même.

Offrir aux Élèves l'avantage de pouvoir s'examiner mutuellement sur les matières qui ont fait l'objet de leurs études, de s'assurer eux-mêmes de leurs progrès, d'acquérir ainsi la certitude qu'ils savent bien ce qu'ils ont appris, et peuvent sans crainte tenter le sort d'un examen, tel est le but qu'on s'est essentiellement proposé ; l'on a tâché de l'atteindre en présentant par demandes et réponses la matière du Code civil : en effet, ce mode paraît le seul propre à faciliter ces examens préparatoires dont les élèves sentent si bien l'utilité, lorsqu'arrive l'époque de l'examen décisif, et l'exemple donné par MM. *Pigeau* et *Cotelle*, justifierait entièrement la méthode adoptée par l'auteur, si elle n'était justifiée déjà par son utilité même, et par le secours qu'y trouvent les élèves, soit pour apprendre, soit pour se rappeler.

L'auteur, bien loin d'avoir eu la pensée de remplacer ou de faire oublier les importans ouvrages de MM. *Delvincourt* et *Toullier*, non plus que ceux des habiles jurisconsultes dont il invoque sans cesse l'autorité, révèle au contraire aux élèves, par les nombreux éclaircissemens qu'il emprunte à ces auteurs, toutes les ressources qu'on peut trouver dans leurs ouvrages, et fait sentir le besoin de les consulter.

Pour donner une idée nette et précise de la matière de chaque titre, l'auteur a eu soin de le faire précéder des définitions données par MM. *Delvincourt* et *Toullier*; elles sont placées en regard l'une de l'autre, afin que l'élève, après avoir étudié la matière, et assisté aux cours et aux examens de l'Ecole, puisse opter entre ces deux définitions.

La division générale des matières est celle adoptée par le Code ; quant à l'ordre des articles, il n'a été interverti qu'autant qu'on l'a jugé nécessaire pour présenter une classification plus exacte et un ensemble plus méthodique ; on a tâché de ne laisser sans explication rien de ce qui peut embarrasser les élèves ; mais pour donner à la réponse l'exactitude et la précision qu'elle doit avoir, cette réponse est ordinairement puisée dans le texte même du Code, et les éclaircissemens et explications sont renvoyés à des notes placées au bas des pages. Voulant ne rien hasarder, l'auteur a toujours eu soin de recourir aux autorités les plus respectables ; il a surtout pris pour guides les deux savans professeurs qu'on a déjà cités : MM. *Proudhon*, *Locré*, *Maleville*, ont aussi fréquemment été consultés : aussi les élèves qui auront étudié leurs ouvrages, trouveront dans le *Premier Examen* un moyen facile et rapide de se rappeler les principes qu'ils auront puisés à des sources si pures, et ceux qui n'auront pas fait d'études antérieures seront certains de n'acquérir aucune idée fausse et contraire aux saines doctrines. Si l'on disait que l'auteur, est celui qui a le moins parlé, on répondrait que ce n'est pas son opinion qu'il voulait apprendre aux élèves, mais bien celle d'habiles professeurs et de jurisconsultes beaucoup plus éclairés que lui, et avec bien plus de raison que le savant auteur de l'*Analyse des Fiefs de Dumoulin*, il pourrait dire : *J'ai partout évité de donner mon opinion particulière ; par elle-même, sans aucun poids, elle n'eût servi qu'à en donner au volume* (a).

(a) Henrion de Pensey, préface du *Traité des Fiefs*.

PREMIER EXAMEN

SUR

LE CODE CIVIL.

TITRE PRÉLIMINAIRE.

De la publication, des effets, et de l'application des lois en général.

Demande. Quest-ce que la loi ? (1)

R. La loi, en général, est une règle prescrite par une autorité à laquelle on est tenu d'obéir.

M. DELVINCOURT.

R. La loi est une règle de conduite, prescrite à tous les citoyens par leur souverain légitime sur un objet d'intérêt commun.

M. TOULLIER.

D. De quel pouvoir la loi peut-elle émaner en France ? (2)

R. Du pouvoir législatif seul, lequel s'exerce collectivement par le roi, la chambre des pairs et la chambre des députés des départemens. *Chart.*, *art.* 15.

---

(1) La loi est l'expression de la volonté générale. Tous les citoyens ont droit de concourir personnellement, ou par leurs représentans, à sa formation. Elle doit être la même pour tous, soit qu'elle protège, soit qu'elle punisse (*Const. de* 1791, *art.* 6).

(2) Le Roi fait les réglemens et ordonnances nécessaires pour l'exécution des lois et la sûreté de l'État (*Charte*, *art.* 14).

D. A qui appartient l'initiative ou le droit de proposer la loi ?

R. La proposition directe de la loi appartient au roi ; mais les chambres ont la faculté de supplier le roi, de proposer une loi sur quelque objet que ce soit, et d'indiquer ce qu'il leur paraît convenable que la loi contienne. (1) *Chart.*, *art.* 15-19.

D. A quelle autorité et comment le projet de loi est-il présenté ?

R. Le projet de loi, rédigé en forme de loi, signé par le roi, contre-signé par un ministre, est présenté au gré du roi à la chambre des pairs ou à celle des députés, excepté la loi de l'impôt, qui doit être adressée d'abord à la chambre des députés. *Chart.*, *art.* 17. *Loi du* 13 *août* 1814, *art.* 14.

D. Que faut-il pour que la loi proposée soit convertie en loi ?

Il faut, 1°. qu'elle ait été discutée librement dans chaque chambre ;

2°. Librement votée par la majorité de chacune des deux chambres ;

3°. Qu'elle ait reçu la sanction du roi. (2) *Ch. art.* 18-22.

D. Quest-ce que la sanction du roi ?

R. C'est le consentement donné par le roi au projet de loi déjà voté par les chambres.

D. Cette sanction rend-elle la loi exécutoire ?

R. Non : la loi ne devient exécutoire qu'en vertu de la promulgation qui en est faite par le roi. *Code civ. art.* 1er.

---

(1) *Vide* les articles 19, 20, 21, 23, de la Charte constitutionnelle.

(2) *Vide* l'article 21 de la loi du 13 août 1814.

D. D'où résulte cette promulgation ? (1)

R. De l'insertion de la loi au bulletin officiel. *Ord de* 27 *nov.* 1816, *art.* 1er.

D. A compter de quelle époque est-elle réputée connue, et de quelle époque devient-elle obligatoire ?

R. Dans le département de la résidence royale, un jour après que le bulletin des lois aura été reçu de l'imprimerie royale par le ministre de la justice : dans chacun des autres départemens, après l'expiration du même délai, augmenté d'autant de jours qu'il y a de fois dix myriamètres (environ 20 lieues) entre la ville où la promulgation a été faite et le chef-lieu du département. (*Vid.* le tabl. des dist.) *Cod. civ. art.* 1. *ord. du* 27 *nov.* 1816. *art.* 2-3.

D. La loi ne peut-elle jamais être obligatoire avant l'expiration de ces délais ?

R. Dans le cas où le roi jugerait convenable de hâter l'exécution d'une loi, en la faisant parvenir extraordinairement sur les lieux, les préfets prendront incontinent un arrêté portant que ladite loi sera imprimée et affichée partout où besoin sera, et dans ce cas elle sera obligatoire à compter de la publication ainsi faite. *Ordon. du* 18 *janv.* 1817, *art.* 1 *et* 2.

D. Sur quels actes la loi peut-elle étendre son autorité ?

R. La loi n'a pas d'effets rétroactifs, et ne peut soumettre à ses dispositions que les actes postérieurs à sa promulgation (2). *Civ. art.* 2.

---

(1) Promulguer. — Littéralement, c'est mettre devant le peuple. *Promulgare* des Latins, au lieu de *provulgare*, *ob vulgum ponere.* (*Lanjuinais. Const. fr.*, tome 1er, p. 256.)

(2) Nous retrouvons l'application de ce principe dans les dispositions de l'article 4 du Code pénal.

D. Quel est le but des lois civiles ?

R. De régler les diverses relations des citoyens entre eux, en fixant les limites de leurs droits et de leurs devoirs respectifs.

D. Comment se divisent-elles ?

R. En réelles et personnelles.

D. Qu'entendez-vous par lois réelles et personnelles?

R. Les lois réelles sont celles qui ont directement les biens pour objet, abstraction faite de la personne qui les possède. Telles sont celles qui règlent la transmission des biens, les servitudes, les hypothèques.

Les personnelles sont celles qui ont pour objet principal de fixer l'état, la condition, la capacité des personnes, telles sont celles relatives à la jouissance et à la privation des droits civils, au mariage, à la puissance paternelle, à la majorité.

D. Quelles personnes sont soumises à l'autorité de la loi française ?

R. Tous les Français y sont soumis et sont égaux devant elle, quels que soient d'ailleurs leurs titres et leurs rangs. *Chart.*, *art.* 1.

D. Le Français, résidant en pays étranger, demeure-t-il également soumis à la loi francaise ?

R. Il demeure toujours soumis aux lois personnelles (1); les lois concernant l'état et la capacité des personnes régissent le Français même en pays étranger. *Cod. civ.*, *art.* 3.

---

(1) Il s'ensuit par exemple que, quelle que soit la loi du pays ou il reside, le Français ne pourrait se marier avant vingt-cinq ans sans le consentement de ses père et mère, puisque la loi française l'exige ainsi. Son mariage, pour être valable, devra être célebré dans les formes usitées

D. Les étrangers peuvent-ils en quelques cas être justiciables des lois françaises ?

R. L'étranger, par le seul fait de sa résidence, se trouve soumis aux lois de police et de sûreté, et ainsi justiciable des tribunaux français pour les délits ou crimes commis par lui sur le territoire français (1). Les immeubles par lui possédés en France, sont régis par la loi française, lors même qu'il ne résiderait pas en France (2). *Cod. civ.*, *art.* 3.

D. L'étranger même non résidant en France, ne peut-il pas être cité devant les tribunaux de France, pour l'exécution de certaines obligations?

R. Il pourra être cité devant les tribunaux français pour l'exécution des obligations par lui contractées, tant en France qu'à l'étranger, avec un Français. *Cod. civ.*, *art.* 14.

D. Un Français pourrait-il être traduit de-

---

dans le pays, précédé des publications exigées par l'article 63; il faudra qu'en outre il ne contrevienne à aucune des dispositions relatives à l'âge, au consentement, aux actes respectueux, à la capacité, etc.

(1) L'article 6 du Code d'instruction criminelle donne à ce principe une extension remarquable. L'étranger qui, *même en pays étranger*, se serait rendu coupable de crimes contre la sûreté de l'État, de contrefaçon de sceaux de l'État, de monnaies, etc., pourra être traduit devant les tribunaux français, si l'on parvient à l'arrêter en France ou à obtenir son extradition. — Art. 5 et 6 du Code d'instruction criminelle.

(2) Ainsi la loi réelle oblige les étrangers même non résidant en France; et quel que soit le propriétaire d'un immeuble situé en France, il ne pourra l'hypothéquer que dans les formes voulues par la loi française (M. Delv.)

vant un tribunal de France, pour l'exécution des obligations contractées à l'étranger?

R. Oui, lors même que l'obligation aurait été contractée avec un étranger. *C. c. art.* 15.

D. A qui appartient le droit d'appliquer la loi?

R. Au pouvoir judiciaire exercé en France par des magistrats inamovibles.

D. Les juges peuvent-ils refuser de prononcer sur la contestation qui leur est soumise?

R. Ils ne le peuvent en matière civile sous prétexte du silence, de l'obscurité ou de l'insuffisance de la loi; et ils pourraient même, si le cas échéait, être poursuivis comme coupables de déni de justice (1). *Cod. civ. art.* 4; *pén.* 185; *proc. civ.* 585 *et suiv.*

D. Les jugemens ou arrêts sont-ils comme les lois obligatoires pour tous?

R. Ils ne sont obligatoires que pour ceux qui étaient parties au procès.

D. Pourquoi ne peuvent-ils pas être obligatoires pour d'autres personnes que celles parties au procès?

R. Parce qu'il est défendu aux juges de prononcer par voie de dispositions générales et réglementaires (2). *Cod. civ. art.* 5.

---

(1) En matière criminelle au contraire, le juge ne peut prononcer que la peine textuellement établie par la loi. L'article 364 du Code d'instruction criminelle porte : la cour prononcera l'absolution de l'accusé, si le fait dont il est déclaré coupable n'est pas défendu par une loi pénale. Tout est alors de rigueur, et aucune extension ni interprétation ne peut être donnée à la loi, *odiosa restringenda.*

(2) Sans quoi le pouvoir judiciaire usurperait le pou-

D. Est-il permis de déroger aux lois par des conventions particulières?

R. On ne peut ainsi déroger à celles qui intéressent l'ordre public et les bonnes mœurs (1). *Cod. civ. art.* 6. *Loi* 45, *ff. de div. rég. juris.*

LIVRE PREMIER.

DES PERSONNES.

TITRE PREMIER.

De la jouissance et de la privation des droits civils.

CHAPITRE Ier.

De la jouissance des droits civils.

D. Qu'entend-on par droits civils en général?

R. Tous ceux dont jouit l'homme dans l'état de société, et qui lui sont garantis par les lois.

---

voir législatif, qui seul a droit d'établir des dispositions générales, obligatoires pour tous.

« Ainsi, dit M. Toullier, les juges mêmes, dans les cours souveraines, ne peuvent faire de réglemens comme le faisaient les parlemens sous les rois de France, et comme les préteurs et les proconsuls le faisaient à Rome sous le nom d'édits. »

Les arrêts, dit-on au palais, sont pour ceux qui les obtiennent.

(1) Voyez par exemple les articles 1387 et suivans du Code civil, au titre du contrat de mariage. Mais on peut déroger aux lois qui ne sont que facultatives, c'est-à-dire,

D. Comment se divisent les droits civils?

R. En droits civils proprement dits, et en droits politiques (1).

D. Quels sont les principaux droits civils?

R. Le droit de puissance paternelle et maritale, tous les droits de famille, ceux d'être nommé tuteur ou curateur, de voter dans le conseil de famille, etc., le droit de succéder, de disposer de ses biens, et de recevoir par donation entre vifs ou par testament, etc. (*M. Toullier.*)

D. Quels sont les droits politiques?

R. Les droits politiques sont, le droit de suffrage que le citoyen exerce dans les assemblées électorales, celui d'être élu et admissible à tous les emplois et à toutes les dignités, celui de concourir en qualité de témoin aux actes authentiques reçus par un notaire. (*M. Toullier.*)

D. A qui appartient l'exercice des droits civils proprement dits?

R. 1°. Tout Français jouit des droits civils (*Code civ.*, *art.* 8.); 2°. l'étranger admis par l'autorisation du roi à établir son domicile en France, y jouit de tous les droits civils, tant qu'il continue d'y résider (*art.* 13.); 3°. l'étranger résidant en France, mais non autorisé par le

---

qui accordent un droit dont on peut user ou ne pas user, chacun pouvant renoncer à un droit introduit en sa faveur.

(1) Les droits politiques consistent dans la faculté de participer plus ou moins immédiatement soit à l'exercice soit à l'établissement de la puissance et des fonctions publiques. Les droits civils sont ceux qui n'y ont pas de rapport (M. Toullier).

roi, ne jouira que de ceux accordés aux Français par les traités de la nation à laquelle cet étranger appartiendra (*art.* 11).

D. L'étranger, même celui qui jouirait en France de tous les droits civils comme le Français, ne pourrait-il pas être soumis pour plaider, par exemple, à certaines obligations particulières ?

R. En toutes matières autres que celles de commerce, l'étranger qui sera demandeur, c'est-à-dire qui voudra introduire une action en justice, sera tenu de donner caution pour le paiement des frais et dommages-intérêts, résultant du procès, à moins qu'il ne possède en France des immeubles suffisans pour assurer le paiement (1). *Cod. civ.*, *art.* 16.

D. Comment s'acquiert la qualité de Français?

R. Par la naissance ou la naturalisation.

D. Quelles personnes sont Françaises par la naissance ?

R. Celles qui sont nées en France ou dans l'étranger d'un Français qui n'avait pas perdu cette qualité. *Cod. civ.*, *art.* 10.

D. Quelles personnes peuvent, par suite de leur naissance, réclamer ou recouvrer la qualité de Français ?

R. 1°. Tout individu né en France d'un étran-

---

(1) L'étranger n'est pas tenu de donner caution dans les trois cas suivans :

1° Si l'affaire est commerciale ; 2° s'il est défendeur ; 3° s'il possède en France des immeubles suffisans pour assurer le paiement des frais. (*Vide* les articles 166, 167, 423. C. de proc. civile.

Voy. la loi du 10 *septembre* 1807, *relative à la contrainte par corps contre les étrangers.*

ger, pourra réclamer la qualité de Français (*Cod. civ. art.* 9). 2°. Tout individu né en pays étranger d'un Français qui aurait perdu la qualité de Français, pourra aussi recouvrer cette qualité. *Cod. civ. art.* 10.

D. Quelles formalités devront remplir ces deux classes d'individus?

R. Ils devront, dans l'année qui suivra l'époque de leur majorité, réclamer la qualité de Français : dans le cas où ils résideraient en France, ils seront tenus de déclarer que leur intention est d'y fixer leur domicile, et dans le cas où ils résideraient en pays étranger, ils devront faire leur soumission de fixer en France leur domicile, et l'y établir dans l'année à compter de l'acte de soumission (1). *C. c. art.* 9-10.

D. Vous avez dit qu'on acquiert la qualité de Français par la naturalisation, qu'entendez-vous par la naturalisation? (2)

R. La naturalisation est un acte par lequel un individu étranger, par la naissance, acquiert la qualité de citoyen français, et les droits attachés à cette qualité.

D. Quelle formalité doit remplir l'étranger pour obtenir la naturalisation?

R. L'étranger qui voudra obtenir la natura-

---

(1) Mais s'ils laissent passer l'année qui suit la majorité sans faire la réclamation, ils perdeut ainsi le bénéfice que la loi établit en leur faveur, et ne peuvent devenir Français qu'en remplissant toutes les obligations imposées aux étrangers pour acquérir cette qualité.

(2) De même que dans la famille on distingue les enfans, de même dans l'état on distingue les sujets. Les enfans sont naturels ou adoptifs, les sujets sont naturels ou naturalisés.

Gaschon. Cod. des Aubains. pag. 40.

lisation devra, après avoir atteint l'âge de 21 ans accomplis, déclarer l'intention de se fixer en France, et y résider pendant dix années consécutives. *Const. du* 22 *frimaire an* 8, *art.* 3.

D. Cette déclaration et cette résidence de dix années suffisent-elles pour devenir *citoyen français?* (1)

R. Non : il faut encore que la naturalisation ait été prononcée par le roi. *Décret du* 17 *mars* 1809, *art.* 1.

D. Les dix années de résidence sont-elles toujours nécessaires?

R. Non : il suffit d'un an de domicile pour ceux qui rendront ou qui auraient rendu des services importans à l'état, ou qui apportent dans son sein des talens, des inventions, ou une industrie utiles, ou qui forment de grands établissemens. *Décret du* 19 *février* 1808.

D. N'existe-t-il pas une autre espèce de naturalisation?

R. Oui : l'étrangère qui épouse un Français, est de plein droit naturalisée Française, par le seul fait du mariage ; elle suit la condition de son mari. *Cod. civ. art.* 12.

2°. Les naturels d'un pays légalement réuni à la France, sont aussi de plein droit naturalisés Français par le seul fait de la réunion de leur pays à la France.

---

(1) Quoique par la naturalisation l'étranger jouisse en France des mêmes droits que les citoyens français, il ne peut cependant siéger soit dans la chambre des pairs, soit dans celle des députés, sans avoir obtenu préalablement de nouvelles lettres de naturalisation, vérifiées par les deux chambres. (*Vid.* Gaschon, *pag.* 53. — *Ord. du roi du* 4 *juin* 1814.)

D. A qui appartient l'exercice des droits politiques ?

R. Pour jouir des droits civils proprement dits, il suffit d'être Français ; mais il faut être citoyen français pour jouir des droits politiques. *Art.* 7.

D. Comment acquiert-on la qualité de citoyen français ?

R. Par l'inscription de son nom après l'âge de 21 ans, sur le registre civique de son arrondissement communal, suivie d'une année de résidence sur le territoire français (1). *Constit. an* 8, *art.* 2.

CHAPITRE II.

De la privation des droits civils.

SECTION Ire.

De la privation des droits civils, par la perte de la qualité de Français.

D. Comment se perd la qualité de Français ?

R. Elle se perd 1°. par la naturalisation acquise en pays étranger ; 2°. par l'acceptation

(1) Il est important d'observer que cette formalité de l'inscription sur le registre civique, imposée par la Constitution de l'an 8, n'a pas été reproduite par la Charte, seule constitution que nous puissions reconnaître aujourd'hui ; la loi des élections (1817) dit bien que pour être électeur, il faut jouir des droits civils et politiques ; mais à quelle condition jouit-on des droits politiques ? Ni la charte, ni aucunes lois postérieures ne s'expliquent à cet égard ! Attendons, dit M. Toullier, qu'une loi ait réglé ce point important.

non autorisée par le roi, de fonctions publiques ou de service militaire conférés par un gouvernement étranger ; 3°. par l'affiliation également non autorisée à une corporation militaire étrangère ; 4°. à l'égard de la femme, par le mariage avec un étranger ; 5°. par tout établissement fait en pays étranger sans esprit de retour. *Cod. civ.*, *art.* 17-19-21.

D. Tout établissement fait en pays étranger est-il présumé fait sans esprit de retour?

R. Les établissemens de commerce ne sont regardés que comme momentanés, et n'entraînent pas la perte de la qualité de Français. *Art.* 17.

D. Comment se recouvre la qualité de Français perdue par l'un des motifs ci-dessus établis ?

R. Les conditions pour la recouvrer diffèrent suivant les motifs qui l'ont fait perdre.

D. Quelles sont ces différentes conditions ?

R. 1°. Si la qualité de Français a été perdue par suite de naturalisation, d'acceptation de fonctions publiques, ou d'établissement fait en pays étranger sans esprit de retour, il suffira, dans ces trois cas, de rentrer en France avec l'autorisation du roi, de déclarer qu'on veut s'y fixer, et qu'on renonce à toute distinction contraire à la loi française (1). (*Cod. civ.*, *art.* 18.) ; 2°. si cette qualite a été perdue par la femme, par suite de son mariage avec un étranger, devenue veuve, elle recouvrera

(1) C'est-à-dire qu'en rentrant en France, on déclare renoncer, par exemple, à toute prérogative de naissance, aux priviléges, et qu'on se soumet à l'égalité légale.

de plein droit la qualité de Française, pourvu qu'elle réside en France, ou qu'elle y rentre avec l'autorisation du roi, et en déclarant qu'elle veut s'y fixer (*Cod. civ. art.* 19); 3°. si c'est par suite d'acceptation de service militaire, ou d'affiliation à une corporation militaire chez l'étranger, l'individu qui aura perdu par ce motif la qualité de Français, ne pourra la recouvrer qu'en remplissant les conditions imposées à l'étranger pour devenir citoyen, sans préjudice des peines prononcées par le Code pénal contre ceux qui ont porté ou porteront les armes contre la patrie (1). *Cod. civ. art.* 21; *C. pén.* 75.

D L'individu ainsi réintégré dans la qualité de Français, peut-il réclamer indistinctement tous les droits ouverts à son profit?

R. Il ne peut se prévaloir de la qualité qu'il a recouvrée que pour les droits ouverts à son

---

(1) On voit, par cette disposition de l'article 21, que les conditions imposées pour recouvrer la qualité de Français à celui qui a pris du service chez l'etranger, sont plus rigoureuses que celles imposées dans les autres cas. En effet, il devra remplir les conditions imposées à l'étranger pour devenir citoyen français; c'est-à-dire, qu'il ne redeviendra Français qu'après avoir résidé en France pendant dix années consecutives depuis sa rentrée autorisée, et la declaration faite de vouloir s'y fixer.

Sans préjudice des peines. « Il resulte de cette disposition, dit M. Malleville, qu'on a voulu conserver ces peines contre ceux dont le gouvernement ne voudrait pas permettre la rentrée en France; mais on sent bien que par cela seul qu'il la permettrait, il ferait grâce de la peine. » Il serait barbare en effet de n'autoriser un individu à rentrer en France que pour le soumettre à une peine capitale.

profit depuis l'époque de sa réintégration ; mais tous les droits ouverts auparavant, sont irrévocablement perdus pour lui (1). *Cod. civ. art.* 21.

SECTION II.

Privation des droits civils par suite de condamnations judiciaires.

D. Qu'entendez-vous par mort civile ?

R. J'entends par mort civile l'état d'un individu privé pour toujours de toute participation aux droits civils.

D. Quel caractère doit avoir une peine pour entraîner la mort civile ?

R. Il faut qu'elle soit afflictive et infamante ; de plus, qu'elle soit perpétuelle. *Art.* 24. (2)

---

(1) Si l'individu réintégré dans la qualité de Français pouvait exercer les droits qui se sont ouverts à son profit avant sa réintégration, il en résulterait de grands sujets de troubles et de discordes dans les familles. C'est dans ce même esprit qu'ont été consacrées les ventes des biens dits nationaux, qui sont désormais inattaquables, malgré le retour de leurs anciens propriétaires.

(2) Il serait en effet injuste d'infliger une peine perpétuelle comme conséquence d'une peine temporaire. Le législateur, en établissant des peines qui doivent avoir un terme, a admis la possibilité du repentir et du retour à la vertu, sans quoi toutes les peines devraient être perpetuelles. Nous voyons cependant, contrairement à ce principe, la marque infligée au faussaire, lors même qu'il n'est condamné qu'aux travaux forcés à tems ou à la réclusion : espérons que nous verrons un jour sur ce point une législation plus conforme à la raison et à l'humanité!

D. Quelles peines ont ce double caractère dans notre législation ?

R. La peine de mort (1), les travaux forcés à perpétuité, la déportation : ce sont les seules auxquelles nos lois aient attaché la mort civile. *Cod. civ.*, *art.* 23. *Cod. pén.*, *art.* 18. (2)

D. Quand commence la mort civile ?

R. La mort civile n'étant que la conséquence d'une peine, ne commence qu'avec la peine elle-même ; c'est-à-dire, pour les condamnations contradictoires, du jourde leur exécution, soit réelle, soit par effigie (3).

Mais si la condamnation est par contumace, elle commence seulement après les cinq années qui suivent l'exécution par effigie, tems pendant lequel le contumax peut se représenter. *Cod. civ.*, *art.* 26-27-30.

---

(1) Le testament fait par le condamné serait inefficace, et ses biens seraient dévolus à ses heritiers, comme s'il était mort naturellement et sans testament.

(2) Une peine peut être afflictive sans être infamante, ou infamante sans être afflictive, ou bien elle peut avoir ces deux caractères.

La peine afflictive (répert. de Merlin) est celle qui afflige le corps et le prive de la liberté (l'emprisonnement). La peine infamante est celle qui attache l'infamie à celui qui l'a subie.

D'après le Code pénal qui nous régit, les peines afflictives infamantes sont, 1° la mort ; 2° les travaux forcés à perpétuité ; 3° la déportation ; 4° les travaux forcés à tems ; 5° la réclusion.

Les peines seulement infamantes sont, 1° le carcan ; 2° le bannissement ; 3° la dégradation civique.

(3) Ainsi la mort civile ne frappe un individu que du jour où a commencé sa peine ; sa peine commence lorsqu'il s'agit des travaux forcés à perpétuité du jour de l'exposition au carcan, quand il s'agit de la mort, du jour

D. Qu'entendez-vous par condamnation contradictoire?

R. Celle prononcée contre un individu présent, qui a pu *contredire* l'accusation, et présenter sa défense.

D. Qu'entendez-vous par condamnation par contumace?

R. Celle prononcée contre un individu qui s'est soustrait aux poursuites, et n'est pas présent au jugement.

D. Pourquoi un délai de cinq ans est-il accordé au contumax?

R. Parce que des circonstances indépendantes de sa volonté ont pu l'empêcher de se

---

où l'exécution a eu lieu sur la place publique. Il est dressé par le greffier procès-verbal de l'exécution dans l'un et l'autre cas. Quant à la déportation, dit M. Toullier, il est difficile de fixer le jour précis où la condamnation est exécutée.

Est-ce du moment de l'exécution seulement ou du jour même de l'exécution que commence la mort civile (*Voyez sur cette question M. Toullier, tome* 1, *page* 199, *et M. Berryat Saint-Prix. Cours de droit criminel, p.* 68)? Ils sont d'opinion différente.

L'exécution par effigie se fait au moyen d'un extrait du jugement de condamnation affiché par l'exécuteur des jugemens criminels à un poteau planté au milieu d'une place publique. *Art.* 472 *du Code d'instruction criminelle.*

Quand la peine n'entraîne qu'une interdiction des droits civils, pendant sa durée, comme les travaux forcés à temps ou la réclusion, cette interdiction ne commence aussi que du jour de l'exécution; aussi tous les actes faits pendant le temps qui s'est écoulé depuis la condamnation jusqu'à l'exécution, seraient valables, et le condamné pourrait intenter toute action sans l'assistance d'un curateur.

présenter, et qu'on veut lui donner tous les moyens de se justifier avant de rendre la condamnation définitive.

D. Quel sera pendant ces cinq années l'état du condamné, relativement aux droits civils ?

R. Il sera pendant ce délai de cinq ans, ou jusqu'au moment où il se présentera ou sera constitué prisonnier, privé de l'exercice des droits civils. *Art.* 28.

D. Comment ses biens seront-ils administrés?

R. Ses biens sont mis en séquestre sous la main du directeur des domaines et droits d'enregistrement de son domicile. *Cod. d'inst. crim. art.* 471. *Avis du cons. d'état app. le* 20 *septembre* 1809.

D. Que deviendra le premier jugement, si le condamné se présente ou est constitué prisonnier dans le délai de cinq ans qui lui est accordé?

R. Ce premier jugement sera anéanti de plein droit; l'accusé sera remis en possession de ses biens, et jugé de nouveau. *Art.* 29.

D. De quel jour commencera la mort civile, si le second jugement l'emporte comme le premier ?

R. Elle ne commencera que du jour de l'exécution du second jugement. *Art.* 29. (1)

D. Qu'arrivera-t-il si le contumax meurt dans le délai de grâce ?

R. Il sera réputé mort dans l'intégrité de

---

(1) Les actes que le contumax aurait faits pendant que la contumace le constituait en état d'interdiction légale, reprennent toute leur force, à l'exception de ceux qui seraient jugés frauduleux (Toullier, tome 1er, p. 202. — Locre, tome 1er, p. 437.)

ses droits (1), et le jugement de contumace sera anéanti de plein droit. *Art.* 31.

D. L'action civile sera-t-elle éteinte par la mort du condamné?

R. Non : mais elle ne pourra être intentée contre les héritiers du condamné que par la voie civile. *Art.* 31. (2)

D. Quels sont les effets de la mort civile ?

R. Par la mort civile le condamné perd la propriété de tous les biens qu'il possédait, sa succession est ouverte au profit de ses héritiers, auxquels ses biens sont dévolus comme s'il était mort naturellement et sans testament. (3) Il ne peut plus recueillir de succession, (4) ni transmettre, à ce titre, les biens qu'il a acquis par la suite.

Il ne peut ni disposer de ses biens en tout

---

(1) *Vide* la note précédente. De plus, le testament serait valable ; car il sera mort capable de tester.

(2) Tout crime ou délit donne lieu à une action publique et à une action civile ou privée. La première est exercée par le ministère public dans l'intérêt de la société toute entière attaquée dans la personne de l'un de ses membres. La seconde est exercée par la personne qui a souffert du crime ou du délit en réparation de la lésion qu'elle a éprouvée. La première de ces actions est éteinte par la mort du coupable, parce que nos mœurs ne permettent plus qu'on fasse le procès à la mémoire, et qu'on trouble les cendres des morts ; mais l'action de la partie lésée subsiste, parce qu'il serait injuste que des héritiers profitassent du crime de leur auteur.

(3) En sorte que toute disposition de dernière volonté qu'il pourrait avoir faite, même antérieurement à sa mort civile, demeure sans effet.

(4) Mais il n'est pas dépouillé de la faculté d'acqué-

ou en partie, soit par donation entre vifs, soit par testament, ni recevoir à ce titre, si ce n'est pour cause d'alimens (1). Il ne peut être tuteur, ni concourir aux opérations relatives à la tutelle, parce que tous les liens de parenté civile qui l'attachaient à une famille sont rompus.

Il ne peut être témoin dans un acte solennel ou authentique, ni être admis à porter témoignage en justice. (2)

---

rir à titre onéreux, de posséder, de commercer. *Toullier, tome 1, page 207, et la note.*

Comme il n'est privé que des droits qui dérivent de l'organisation sociale, il reste capable de toutes espèces de conventions qui n'ont point de formes particulières, et qui n'appartiennent qu'au droit des gens primitif, telles que la vente, l'échange, etc. *Proudhon, tome 1, page 78.*

Cette opinion se trouve confirmée par l'article 33 du Code civil. Les biens *acquis*, dit cet article, par le condamné depuis la mort civile encourue, appartiennent à l'état, et l'art. 25, *les biens qu'il a acquis*; donc il a la faculté d'acquérir. Ainsi jugé par plusieurs arrêts de cassation des 28 frimaire an 13, 28 juin 1808, 17 août 1809.

(1) La fiction doit le céder à la vérité : or le mort civilement, quoique moralement retranché de la société, y conserve, en certains cas, la vie naturelle; par conséquent on doit lui laisser les moyens de pourvoir à la vie qu'on lui laisse : cette disposition ne peut toutefois trouver d'application que dans le cas où la peine est la déportation, ou dans celui de prescription de la peine.

(2) On s'était réservé d'examiner, lors de la discussion du Code criminel, s'il convenait de faire une exception à cette règle, pour le cas où le mort civilement serait témoin nécessaire dans une procédure criminelle; mais on ne trouve aucune disposition sur ce point dans le Code d'instruction criminelle. L'art. 28 du Code pénal n'est relatif qu'aux condamnations temporaires qui, comme on le

Il ne peut procéder en justice, ni en demandant, ni en défendant, que sous le nom et par le ministère d'un curateur spécial, qui lui est nommé par le tribunal où l'action est portée.

Il est incapable de contracter un mariage qui produise aucun effet civil. (1)

Le mariage qu'il aurait contracté avant la mort civile, est dissous quant à tous ses effets civils. (2)

Son époux et ses héritiers peuvent exercer contre lui tous les droits et actions auxquels la mort naturelle donnerait ouverture.

Les biens qu'il aurait acquis depuis la mort civile encourue, et dont il se trouverait en possession au jour de sa mort naturelle, appar-

---

sait, n'emportent pas la mort civile. Ceux qui ont subi une des condamnations portées en cet article, ne peuvent être entendus qu'à titre de renseignemens, et par conséquent sans prestation de serment. Mais le pouvoir discrétionnaire donné au président, l'autoriserait sans doute à entendre un tel individu, non comme témoin, mais *à titre de renseignemens.*

(1) Ainsi les enfans qui naîtraient de cette union ne seraient pas légitimes; ils ne seraient qu'enfans naturels et ne pourraient qu'être reconnus ou légitimés, si la mort civile venait a cesser.

(2) Ainsi son conjoint peut se remarier; c'est depuis l'abolition du divorce la seule cause qui puisse, du vivant des époux, dissoudre le mariage. Les enfans qui naîtraient depuis la mort civile encourue, seraient bâtards, et si la mort civile venait à cesser par la grâce ou l'acquittement; comme pendant le tems qu'elle a frappé le condamné, elle a détruit son mariage et les effets civils qui s'y rattachent, il devrait le contracter de nouveau, afin de donner aux enfans la légitimité.

tiennent à l'état par droit de déshérence (1), sauf au roi à en faire telles dispositions que l'humanité lui suggérera au profit de la veuve et des enfans du condamné. *Art.* 25-33.

D. Comment la mort civile peut-elle cesser?

R. Elle peut cesser de deux manières : par la grâce du roi, ou par un jugement d'absolution.

D. Quand la mort civile cessé-t-elle par la grâce du roi?

R. Quand le roi, usant de la prérogative que lui donne la charte constitutionnelle, juge à propos d'accorder la grâce au condamné, soit avant, soit après l'exécution du jugement. (2) (3)

---

(1) Déshérence pour déhérence. Ce mot vient des deux mots latins *de*, privatif, et *hœres*, héritier. Le droit de déshérence est donc, en général, le droit de succéder à celui qui n'a pas d'héritier, soit qu'il n'en ait pas réellement, comme celui qui décède veuf ou célibataire, sans enfans, ni parens connus, soit qu'il ne puisse en avoir, comme le mort civilement. (M. Delvincourt, 2e. éd., tom., 1er. pag. 27, note 2.)

Il faut bien remarquer qu'il ne s'agit ici que des biens acquis par le condamné depuis la mort civile encourue. La confiscation générale étant abolie par la Charte, quel que soit le motif de la condamnation, les biens qu'il possédait avant d'être frappé de mort civile, appartiennent à ses héritiers naturels, et sont recueillis par eux.

(2) Si la grâce est accordée avant l'exécution du jugement, il n'y a point de mort civile ; le condamné n'a pas perdu un seul instant les droits civils ; si elle est accordée après l'exécution, la mort civile a été encourue pendant le tems qui s'est écoulé depuis l'exécution jusqu'au jour de la grâce ; le condamné gracié ne recouvre les droits civils que depuis le jour de la grâce, et seulement pour l'avenir.

(3) *Après l'exécution* ; on sait que la mort civile ne s'applique pas seulement aux condamnations entraînant la peine capitale.

D. Quand cesse-t-elle par l'absolution?

R. Lorsque le condamné par contumace, qui se présente à la justice, ou est arrêté après les cinq ans, à compter du jour de l'exécution par effigie, est absous par le second jugement.

D. Quels sont les effets du jugement d'absolution, relativement à la mort civile?

R. Ce jugement réintègre le condamné absous dans tous ses droits civils pour l'avenir; mais il laisse subsister tous les effets que la mort civile a produits depuis l'exécution du jugement jusqu'au jour de sa comparution en justice. *Art.* 30. (*Vid. note* 1 *de la page* 21).

D. La mort civile ne pourrait-elle pas également cesser par la réhabilitation ou par la prescription de la peine?

R. La réhabilitation n'étant admissible qu'en faveur de ceux qui ont subi leur peine, ne peut évidemment s'appliquer aux peines qui entraînent la mort civile, puisqu'elles sont toutes perpétuelles. *Cod. d'inst. crim.*, *art.* 79 *et suiv.*

Quant à la prescription de vingt ans, admise contre les condamnations en matière criminelle, elle ne peut avoir d'autre effet que de soustraire le condamné à la peine prononcée contre lui; mais elle ne peut jamais le réintégrer dans ses droits civils pour l'avenir. *Cod. civ. art.* 32; *d'instr. crim. art.* 635.

D. Est-il d'autres peines, qui, sans entraîner pour toujours la privation des droits civils, entraînent néanmoins, comme conséquence nécessaire, la suspension pour un tems, de ces mêmes droits?

R. Les peines qui, sans être perpétuelles, sont néanmoins afflictives et infamantes comme les travaux forcés à tems et la réclusion, entraînent, pendant toute leur durée, l'interdiction légale de tous les droits civils. *Cod. pén. art.* 29. (1)

D. N'est-il point des peines qui, sans être perpétuelles, entraînent néanmoins pour toujours la privation de certains droits ?

R. Les peines des travaux forcés à tems, du bannissement, de la réclusion, ou du carcan (2), privent pour toujours celui qui y a été condamné, du droit d'être juré, expert, témoin dans un acte, témoin en justice (*il ne peut être entendu qu'à titre de renseignement et sans prêter serment*), tuteur ou curateur, si ce n'est de ses propres enfans et sur l'avis de la famille, du droit de port d'armes, enfin de celui de servir dans les armées françaises. *Cod pén.* 28; *loi du recrut. art.* 2.

D. La privation de certains droits civils ne pourrait-elle pas encore résulter de condamnations afflictives, sans être infamantes ?

R. Les tribunaux jugeant correctionnellement, pourront, en certains cas, interdire, en tout ou en partie, l'exercice des droits mentionnés en l'art. 42 du Code pénal.

D. Que faudra-t-il pour que les tribunaux puissent prononcer cette interdiction ?

R. Il faudra que cette interdiction soit autorisée ou ordonnée par une disposition parti-

---

(1) Il sera nommé un curateur au condamné pour gérer et administrer ses biens dans les formes prescrites pour la nomination des curateurs aux interdits (*vide* art. 29, 30, 31 du c. p.).

(2) Toutes ces condamnations sont infamantes. *Code pénal*, 7-8.

culière de la loi. *Voy. par exemple les art.* 405, 410 *du Code pénal*, *l'art.* 9 *de la loi du* 17 *mai* 1819.

TITRE II.

Actes de l'état civil.

CHAPITRE Ier.

Dispositions générales.

D. Quentend-on par acte de l'état civil ?

R. On entend les actes qui servent à constater le rang qu'un individu doit tenir dans la cité et dans la famille. Ainsi, sous le rapport de l'état civil, un homme est majeur ou mineur, marié ou célibataire, père ou fils, etc. Les actes qui servent à établir ces qualités, sont nommés actes de l'état civil.

D. Combien y a-t-il de sortes d'actes de l'état civil ?

R. Il y en a de six sortes : les actes de naissance, de publication de mariage, de mariage, de décès, d'adoption, et de reconnaissance d'enfans naturels ?

D. Qu'ont-ils de commun ?

R. Ils ont de commun qu'ils doivent tous être inscrits sur des registres tenus, à cet effet, dans chaque commune. Toute inscription d'acte de l'état civil faite sur une feuille volante, et autrement que sur les registres à ce destinés, expose l'officier de l'état civil à un emprisonnement de trois mois, et à une amende de 16 à 200 fr. *Cod. pén. art.* 192, sans préjudice des dommages intérêts des parties. *Cod. c. art.* 40-52.

D. Quelles sont les formalités relatives aux registres?

R. Ils doivent tous être tenus doubles, à l'exception de celui de publication de mariage, cotés par première et dernière, et paraphés, sur chaque feuille, par le président du tribunal de première instance de l'arrondissement, ou par le juge qui le remplace. 40. 41.

D. Quand ces registres sont-ils clos et arrêtés?

R. Ils le sont à la fin de chaque année par l'officier de l'état civil, et sont déposés par lui dans le mois, savoir : un des doubles aux archives de la commune, et l'autre au greffe du tribunal. A ce dernier double doivent être jointes la procuration, et autres pièces qui seraient annexées aux actes. 43. 44.

D. Qu'est-ce que l'officier de l'état civil?

R. C'est la personne chargée de la tenue des registres dans chaque commune. (1)

D. Les registres sont-ils ouverts à tout le monde?

R. Oui : et chacun en peut prendre communication, et s'en faire délivrer des extraits, qui, lorsqu'ils sont délivrés conformes aux registres par l'autorité compétente, et dûment légalisés (2), font foi jusqu'à l'inscription de faux. 45.

D. Comment les actes de l'état civil doivent-ils être inscrits?

R. Ils doivent être inscrits de suite, sans aucun

(1) Le maire.

(2) La légalisation est un certificat de l'autorité compétente, qui constate que celui qui a reçu ou délivré un acte, est revêtu de la fonction, qui lui donne qualité pour le recevoir ou le délivrer, (M. Delvincourt.)

blanc ; ils ne doivent contenir aucune abréviation, ni aucune date en chiffres, ni ratures, ni renvois, sans être approuvés et signés de la même manière que le corps de l'acte. 42.

D. Que doit énoncer tout acte de l'état civil?

R. Il doit énoncer l'année, le jour et l'heure où il est reçu, les prénoms, noms, âges, profession et domicile, tant des parties, que des témoins qui sont choisis par elles, pour y paraître, et qui doivent être mâles, majeurs, parens ou autres. *Art.* 34-37.

D. Peut-on insérer toutes les déclarations des comparans ?

R. Non : on n'insère, soit par notes, soit par énonciation quelconque, que ce qui doit être déclaré par eux. Ainsi, si un enfant naturel est présenté, toute déclaration relative à la paternité, faite par un autre que par le père, ne devrait pas être écoutée, parce que la recherche de la paternité est interdite. 35. 340.

D. Les parties intéressées sont-elles toujours tenues de se présenter en personne ?

R. Non : elles peuvent se faire représenter par un fondé de procuration spéciale et authentique, pour les actes autres que ceux de célébration de mariage ; et alors cette procuration est annexée à l'acte, après avoir été paraphée par la personne qui l'a produite, et par l'officier de l'état civil. 36. 44.

D. Quelles sont les autres formalités relatives à tous les actes de l'état civil ?

R. Il est donné lecture des actes par l'officier de l'état civil, et mention est faite de l'accomplissement de cette formalité. Les actes sont ensuite signés des comparans, des témoins et de l'officier de l'état civil, ou mention est faite de la cause qui empêche les parties ou les témoins de signer. 38. 39.

D. Les actes de l'état civil, faits dans l'étranger, sont-ils valables?

R. Oui, pourvu qu'ils aient été passés avec les formalités voulues dans le pays pour ces sortes d'actes. Pareillement tout acte civil des Français en pays étranger est valable, s'il a été reçu par les agens diplomatiques ou les consuls, conformément aux lois françaises. 47. 48.

D. Toutes ces formalités sont-elles prescrites à peine de nullité?

R. Non, si ce n'est en certains cas pour le mariage. Mais leurs inobservations, lors même qu'elles résultent de l'erreur ou de la négligence, expose l'officier de l'état civil à une amende, qui ne peut excéder cent francs, laquelle est prononcée par le tribunal de première instance, soit sur la poursuite des parties, soit d'office, par le procureur du roi, qui est chargé de vérifier l'état des registres, lors du dépôt fait au greffe, de dresser procès-verbal sommaire de la vérification, et de requérir, en cas de contraventions ou de délit, la condamnation aux amendes. 50. 53.

D. Sur qui pèse la responsabilité résultant des altérations ou faux, commis dans les registres de l'état civil?

R. Sur le dépositaire des registres : s'il est auteur ou complice de faux et altérations, il est soumis aux peines portées par le Code pénal, et de plus aux dommages-intérêts des parties. *Les mêmes peines ont lieu à l'égard de tout individu coupable de pareil délit.* Mais s'il n'est ni auteur ni complice, il n'en est pas moins responsable civilement envers les parties intéressées, sauf son recours contre les auteurs du délit. 51. 52.

D. Comment peut-on prouver son état civil, s'il n'a pas existé de registres, ou s'ils ont été détruits ou perdus?

R. On est admis à prouver la non-existence des registres tant par titres que par témoins. Cette preuve faite, les mariages, naissances, ou décès pourront être prouvés, tant par les registres émanés des pere et mère décédés, que par témoins. 46.

D. Comment et par qui doit être demandée la rectification des registres contenant des faux ou altérations?

R. Elle ne peut l'être que par les parties intéressées, qui doivent présenter requête au président du tribunal. Il y est statué sur rapport et sur les conclusions du ministère public, les parties intéressées, à contester la rectification, appelées s'il y a lieu. *C. de pr.* 855. *civ. art.* 99.

D. Les demandeurs en rectification ont-ils intérêt à mettre en cause les personnes intéressées à contester la rectification?

R. Oui, sans doute; car le jugement à intervenir ne peut être opposé qu'à ceux qui y auront été appelés, ou qui l'auront requis. 100.

D. Les jugemens de rectification doivent-ils être inscrits sur les registres de l'état civil?

R. Oui; mais la rectification n'a pas lieu dans l'acte; on le laisse tel qu'il était, et l'officier de l'état civil, à la requête des parties intéressées, inscrit le jugement de rectification sur ses registres, et en fait mention en marge de l'acte reformé, soit sur ses registres courans, soit sur ceux déposés aux archives de la commune. La même mention est faite par le greffier de première instance, sur les registres déposés au greffe. L'officier de l'état civil en donne avis dans les trois jours au procureur du roi, qui veille à ce que la mention soit faite d'une manière uniforme sur les deux registres. 49. 101.

CHAPITRE II.

Actes de naissance.

D. Quelle est la première formalité à remplir, lors de la naissance d'un enfant?

R. C'est d'en faire la déclaration à l'officier de l'état civil du lieu, en lui présentant l'enfant. *Art.* 55.

D. Par qui, et dans quel délai cette déclaration doit-elle être faite?

R. Elle doit l'être dans les trois jours de l'accouchement; par le père, à son défaut, par les officiers de santé, sages-femmes, ou autres personnes qui ont assisté à l'accouchement, ou par la personne chez qui la mère est accouchée, si elle est accouchée hors de son domicile. 56.

D. Que fait l'officier de l'état sur cette déclaration?

R. Il rédige de suite l'acte de naissance en présence de deux témoins. 56.

D. Que contient cet acte de naissance?

R. Il énonce le jour, l'heure et le lieu de la naissance, le sexe de l'enfant, et les prénoms qui lui sont donnés, enfin les prénoms, nom, profession et domicile des père et mère, et des témoins. 57.

D. Que doit faire toute personne qui trouve un enfant nouveau né?

R. Elle doit le remettre à l'officier de l'état civil, avec les vêtemens et autres effets trouvés sur lui, et déclarer toutes les circonstances du tems et du lieu où il aura été trouvé 58.

D. Que fait l'officier de l'état civil lors de cette présentation?

R. Il dresse du tout un procès-verbal détaillé, qu'il inscrit sur ses registres, et qui énonce, en outre, l'âge apparent de l'enfant, son sexe, les noms qui lui sont donnés, et l'autorité civile à laquelle il est remis. *Id.*

D. Si un enfant vient à naître pendant un voyage de mer, comment doit-on constater sa naissance?

R. L'acte de naissance sera dressé dans les vingt-quatre heures, en présence du père, s'il est présent, et de deux témoins pris parmi les officiers du bâtiment, ou à leur défaut, parmi les hommes de l'équipage. *Art.* 59.

D. Par qui cet acte doit-il être rédigé?

R. Par l'officier d'administration de la marine, sur les bâtimens du roi; par le capitaine, maître ou patron, sur les bâtimens appartenant à un armateur ou négociant. *Id.* (1)

D. Quelles formalités doivent remplir les officiers de l'administration de la marine, capitaine, maître ou patron, à leur arrivée au

---

(1) Lorsque le bâtiment est destiné à un voyage de long cours, le commandant a le titre de *capitaine;* sinon il se nomme *maître* dans l'Océan, et *patron* dans la Méditerranée.

premier port, autre que celui du désarmement?

R. Ils doivent déposer au bureau de l'inscription maritime, si c'est en France, ou entre les mains du consul français, si c'est dans l'étranger, deux expéditions authentiques des actes de naissance qu'ils ont reçus dans la traversée. 60.

D. Que fait-on de ces expéditions ainsi déposées?

R. Une d'elles reste au bureau de l'inscription maritime, ou à la chancellerie du consulat: l'autre est envoyée au ministre de la marine, qui transmet copie de chacun de ces actes, par lui certifiée, à l'officier de l'état civil du domicile du père, ou de la mère si le père est inconnu, laquelle copie est de suite inscrite sur les registres. *Id.*

D. Quelle formalité doit être remplie à l'arrivée du bâtiment dans le port de désarmement?

R. Le rôle d'équipage est déposé au bureau du préposé à l'inscription maritime, qui envoie une expédition de l'acte de naissance, de lui signée, à l'officier de l'état civil du domicile du père de l'enfant, ou de la mère, si le père est inconnu. L'officier inscrit de suite cette expédition sur ses registres. 61.

D. Comment s'inscrivent les actes de reconnaissance d'enfans?

R. Ils s'inscrivent sur les registres à leur date, et il est fait mention en marge de l'acte de naissance, s'il en existe un. 62.

CHAPITRE III.

Actes de mariage.

D. Combien y a-t il de sortes d'actes de l'état civil relatifs au mariage ?

R. Il y en a de deux sortes : les actes de publication, et les actes de célébration de mariage.

D. Quand les actes de publication de mariage doivent-ils être faits ?

R. Ils doivent être faits deux fois à huit jours d'intervalle, un jour de dimanche, devant la porte de la maison commune (1), avant qu'on puisse procéder à la célébration du mariage. 63. 64.

D. Que doivent-ils énoncer ?

R. Ils énoncent les prénoms, noms, professions et domiciles des futurs époux, et de leurs père et mère ; si les futurs époux sont majeurs ou mineurs. Ils énoncent, en outre, les jours, lieux et heures où les publications ont été faites. Ces actes sont inscrits sur un seul registre, qui est coté et paraphé comme tous les registres de l'état civil. *Id.*

D. Les deux publications faites, peut-on célébrer le mariage immédiatement ?

R. Non, il ne peut être célébré avant le troisième jour, depuis et non compris celui de la seconde publication. Il doit l'être au plus tard dans l'année, à compter du délai des publications ; sinon il ne pourra plus être célébré qu'après de nouvelles publications. 64. 65.

---

(1) La mairie de l'arrondissement de chacun des époux.

D. Est-il permis de former opposition à un mariage ?

R. Oui : mais à certaines personnes seulement, désignées art. 172, 173, 174 du Code civil.

D. Comment cet acte se fait-il ?

R. Comme les oppositions ordinaires, seulement il faut qu'il soit signé sur l'original et la copie par les opposans ou leurs fondés de procuration spéciale et authentique. (1) 66.

D. A qui cette opposition doit-elle être signifiée ? (2)

R. Elle doit l'être avec copie de la procuration, à la personne ou au domicile des parties, et à l'officier de l'état civil, qui mettra son visa sur l'original. *Id.*

D. Que doit faire l'officier de l'état civil au reçu de l'opposition ?

R. Il doit faire mention sommaire des oppositions sur le régistre des publications, il fait aussi, en marge de l'inscription, mention des jugemens et actes de main levée, dont l'expédition lui a été remise. 67.

D. L'officier de l'état civil peut-il passer outre à la célébration du mariage, nonobstant l'opposition ?

R. Non, il ne le peut avant qu'on lui en ait remis la main levée, à peine de trois cents francs

---

(1) *Spéciale.* Ainsi une procuration à l'effet de représenter le constituant, et d'agir généralement pour lui et en son nom, ne serait pas suffisante : *Authentique*, il faut qu'elle soit passée pardevant notaires ; ainsi une procuration sous seing-privé ne suffirait pas.

(2) La signification est un exploit par lequel un huissier constate avoir laissé copie d'un acte, ou d'un jugement à une personne, afin qu'elle en ait connaissance.

d'amende et de tous les dommages-intérêts. 65.

D. Doit-on faire mention dans l'acte de mariage qu'il n'y a point eu d'opposition ?

R. Oui : et si les publications ont été faites dans diverses communes, les parties remettent un certificat de l'officier de l'état civil de chaque commune, constatant qu'il n'existe point d'opposition. 69.

D. Quelles sont les pièces qui doivent être remises à l'officier de l'état civil, avant la célébration du mariage ?

R. Ce sont :

1°. L'acte de naissance de chacun des futurs époux. 70.

2°. Le consentement, par acte authentique, de ceux dont il est requis. Cet acte doit contenir les prénoms, noms, professions et domicile de l'époux, auquel ce consentement est nécessaire, ainsi que de tous ceux qui ont concouru à l'acte, et leur degré de parenté. 73.

3°. Les actes respectueux, s'il en a été fait. 76.

4°. Les certificats constatant que les publications ont eu lieu dans les divers domiciles.

5°. La main-levée des oppositions, s'il y en a eu, ou les certificats des officiers de l'état civil, attestant qu'il n'y a pas eu d'opposition. 69. 76.

D. Si les époux, ou l'un deux, se trouvaient dans l'impossibilité de se procurer l'acte de naissance, comment peut-on y suppléer ?

R. On y supplée par un acte de notoriété, délivré par le juge de paix du lieu de sa naissance ou de son domicile. 70.

D. Que doit contenir cet acte de notoriété ?

R. Il contient la déclaration faite par sept

témoins de l'un ou de l'autre sexe, parens ou non parens, les prénoms, nom, profession et domicile du futur époux et de ceux de ses père et mère, s'ils sont connus : le lieu et, autant que possible, l'époque de sa naissance, et les causes qui empêchent d'en rapporter l'acte. Cet acte est signé des témoins et du juge de paix; et s'il en est qui ne le puissent ou ne le sachent, il en est fait mention. 71.

D. Cet acte de notoriété ne doit-il pas être homologué?

R. Oui, il sera présenté, à cet effet, au tribunal de première instance du lieu où doit se célébrer le mariage, qui, le procureur du roi entendu, donnera ou refusera son homologation, selon qu'il trouvera suffisantes ou non les déclarations des témoins, et les causes qui empêchent de rapporter l'acte de naissance. 71.

D. Où le mariage doit-il être célébré?

R. Dans la commune où l'un des époux a son domicile. 74.

D. Comment s'établit le domicile pour le mariage?

R. Par six mois de résidence dans la même commune. *Id.*

D. Comment le mariage est-il célébré?

R. Il est célébré, le jour désigné par les parties, après le délai des publications, dans la maison commune, en présence de quatre témoins, parens ou non, par l'officier de l'état civil, qui fait lecture aux parties des pièces relatives à leur état et aux formalités du mariage, et du chapitre VI du titre *du Mariage sur les droits et devoirs respectifs des époux*, et reçoit de chaque partie la déclaration qu'elles veulent se prendre pour mari et femme, et il prononce, au nom de la loi, qu'elles sont unies par le mariage, et en dresse acte sur le-champ. 75.

D. Que doit énoncer l'acte de mariage?

R. Il énonce :

1°. Les prénoms, noms, professions, âges, lieux de naissance et domicile des époux.

2°. Leur qualité de majeurs ou de mineurs.

3°. Les prénoms, noms, professions et domicile des pères et mères.

4°. Le consentement des pères et mères, aïeuls et aïeules, et celui de la famille, dans le cas où il est requis.

5°. Les actes respectueux, s'il en a été fait.

6°. La publication dans les divers domiciles.

7°. Les oppositions, s'il y en a eu, leur main-levée ou la mention qu'il n'y a point eu d'opposition.

8°. La déclaration des conjoints de se prendre pour mari et femme, et le prononcé de leur union par l'officier public.

9°. Les prénoms, noms, âges, professions, et domiciles des témoins, leur déclaration s'ils sont parens ou alliés des parties, de quel côté, et à quel degré. 76.

CHAPITRE IV.

Actes de décès.

D. Quelle est la première formalité à remplir lors du décès d'une personne ?

R. C'est de le déclarar à l'officier de l'état civil du domicile du défunt. *Art.* 77.

D. Que fait l'officier de l'état civil sur cette déclaration ?

R. Il se transporte auprès de la personne décédée pour s'assurer du décès, et délivre une autorisation d'inhumer sur papier libre et sans frais. *Id.*

D. Cette autorisation reçue, peut-on inhumer desuite ?

R. Non, on ne le peut que vingt-quatre heures après le décès, hors les cas prévus par les règlemens de police. *Id.*

D. Par qui est dressé l'acte de décès ?

R. Il est dressé par l'officier de l'état civil, sur la déclaration de deux témoins. Ces deux témoins sont, autant que possible, deux des plus proches parens ou voisins, ou la personne chez laquelle le décès a eu lieu avec un parent ou autre. *Art.* 78.

D. Les témoins peuvent-ils être les mêmes que les déclarans ?

R. Oui, la loi ne fait pas de distinction : les deux témoins peuvent être en même tems les déclarans, parce que cet acte n'impose pas d'autres obligations à celui qui le fait que d'attester la vérité.

D. Que doit contenir l'acte de décès ?

R. Il contient les prénoms, nom, âge, profession et domicile de la personne décédée ; les prénoms et nom de l'autre époux, si la personne décédée était mariée ou veuve. Les prénoms, noms, âge, professions et domiciles des déclarans, s'ils sont parens, leur degré de parenté, et, autant qu'on le peut, les prénoms, noms, profession et domicile des père et mère du décédé, et le lieu de sa naissance. *Art.* 79.

D. Telles sont les formalités prescrites pour les cas ordinaires, mais n'est-il pas des cas extraordinaires qui exigent des formalités différentes?

R. Oui, il y en a plusieurs : les décès dans les hôpitaux militaires; lorsqu'il y a indice de mort violente; les décès dans les prisons, ou par suite de jugement; enfin, le décès sur mer.

D. En cas de décès dans les hôpitaux militaires ou autres maisons publiques, que doivent faire les supérieurs, directeurs, ou maîtres de ces maisons?

R. Ils doivent, dans les vingt-quatre heures, en donner avis à l'officier de l'état civil, qui se transporte pour s'assurer du décès, et en dresse l'acte, comme il est dit ci-dessus, sur les déclarations qui lui auront été faites, et les renseignemens qu'il aura pris. *Art.* 80.

Ces déclarations et ces renseignemens sont inscrits sur un registre tenu à cet effet dans lesdits hôpitaux et maisons. *Id.*

D. Que doit faire l'officier de l'état civil après avoir dressé cet acte de décès?

D. Il doit l'envoyer à l'officier de l'état civil du dernier domicile de la personne décédée, qui l'inscrit sur ses registres. *Id.*

D. Lorsqu'il y a des indices de mort violente, ou des circonstances qui donnent lieu de la soupçonner, quelle formalité particulière doit précéder l'inhumation?

R. Il faut qu'un officier de police, assisté d'un docteur en médecine ou en chirurgie, dresse procès-verbal de l'état du cadavre, et des circonstances y relatives, ainsi que des renseignemens qu'il a pu recueillir sur les prénoms, nom, âge, profession, lieu de naissance, et domicile de la personne décédée. *Art.* 81.

D. Que doit faire cet officier de police aussitôt que le procès-verbal a été dressé?

R. Il est tenu de transmettre de suite les renseignemens énoncés dans le procès-verbal, à l'officier de l'état civil du lieu où la personne est décédée, qui rédige l'acte de décès, mais sans énoncer qu'il y a eu mort violente, et en envoie une expédition à l'officier de l'état civil du domicile du défunt, s'il est connu; cette expédition est inscrite sur les registres. *Art.* 82. 85.

D. Comment l'acte de décès est-il dressé, lorsque la personne est morte par l'exécution de jugemens ou arrêts portant peine de mort?

R. Les greffiers criminels sont tenus d'envoyer, dans les vingt-quatre heures de l'exécution, à l'officier de l'état civil du lieu où le condamné aura été exécuté, tous les renseignemens nécessaires, d'après lesquels l'acte sera dressé, mais sans énoncer le genre de mort. 83-85.

D. En cas de décès dans les prisons, ou maisons de réclusion et de détention, que doivent faire les concierges ou gardiens?

R. Ils doivent en donner avis sur-le-champ à l'officier de l'état civil, qui s'y transporte, et rédige l'acte de décès, sans faire mention que le décès a eu lieu dans les prisons, maisons de réclusion ou de détention. *Art.* 84. 85.

D. En cas de décès pendant un voyage de

mer, quelles sont les formalités prescrites pour le constater.

R. Les actes de décès en voyage de mer sont reçus et déposés de la même manière que les actes de naissance en mer. *Art.* 86. 87. 60.

CHAPITRE V.

Des actes de l'état civil concernant les militaires hors du territoire du royaume.

D. Les militaires en activité de service dans l'intérieur du royaume, sont-ils exceptés du droit commun ?

R. Non ; ils sont soumis aux règles prescrites pour tous les citoyens, relativement aux actes de l'état civil ; mais lorsqu'ils sont en expédition hors du territoire, la loi, pour assurer leur état, et constater leur décès, prescrit un mode particulier. *Art.* 88.

D. Qu'est-ce qui remplit alors les fonctions d'officier de l'état civil ?

R. C'est le quartier-maître, lorsque le corps est au moins d'un bataillon ou d'un escadron ; dans les autres corps, c'est le capitaine commandant ; pour les officiers sans troupes et les employés de l'armée, c'est l'inspecteur aux revues. *Art.* 89. 96.

Dans les hôpitaux ambulans ou sédentaires, c'est le directeur qui rédige les actes de décès, et les envoie ou au quartier-maître, ou à l'inspecteur aux revues, selon la qualité de la personne décédée. *Art.* 96.

D. Combien est-il tenu de registres ?

R. Il en est tenu deux : un dans chaque corps pour les hommes qui le composent, et un à l'état-major de l'armée, pour les officiers sans troupes et les employés : le premier est coté et paraphé par l'officier-commandant, le second par le chef de l'état-major. A la rentrée sur le territoire français, ces registres sont déposés aux archives de la guerre. *Art.* 90. 91.

D. Dans quel délai les déclarations de naissance doivent-elles être faites?

R. Elles doivent l'être dans les dix jours de l'accouchement ; au lieu que pour les personnes non militaires elles doivent l'être dans les trois jours. *Art.* 92.

D. Combien faut-il de témoins pour constater un décès ?

R. Il en faut trois ; au lieu que pour les personnes non militaires, où pour les militaires en service sur le territoire français, il n'en faut que deux, ainsi que nous l'avons vu. *Art.* 96.

D. Quelle formalité particulière est prescrite pour les publications de mariage ?

R. Elles doivent être faites dans la forme ordinaire au dernier domicile des parties, et, en outre, être mises vingt-cinq jours avant la célébration, à l'ordre du jour du corps, pour ceux qui tiennent à un corps, et à celui de l'armée pour les autres. *Art.* 94.

D. Que doit faire l'officier chargé de la tenue des registres à l'armée, aussitôt qu'il a célébré un mariage ou rédigé un acte de décès ?

R. Il doit en envoyer une expédition à l'officier de l'état civil du dernier domicile, soit des époux, soit de la personne décédée. *Art.* 96. 97.

Au reçu de ces expéditions, l'officier de l'état civil du domicile des parties est tenu de les transcrire de suite sur ses registres. *Art.* 98.

CHAPITRE VI.

Les articles de ce chapitre ont été fondus dans le chapitre I du titre II.

TITRE III.

Du domicile. (1)

D. Qu'est-ce que le domicile ?

R. C'est le lieu où l'on a son principal établissement, le siége ordinaire de sa fortune et de ses affaires. *Art.* 102.

D. Combien y a-t-il d'espèces de domicile ?

R. Il y en a deux : le domicile d'origine et le domicile d'élection.

D. Qu'est-ce que le domicile d'origine ?

R. C'est celui qui s'acquiert par la naissance. L'enfant, jusqu'à la majorité ou l'émancipation, n'a d'autre domicile que celui de ses père et mère, ou tuteur.

D. Comment s'opère le changement de domicile ?

R. Le mineur émancipé, ou devenu majeur, peut transférer son domicile où bon lui semble, mais il faut, pour que cette translation de do-

---

(1) Il ne s'agit ici que du domicile civil, c'est-à-dire, de celui où s'exercent les droits civils : il y a aussi un domicile politique, celui où l'on exerce ses droits politiques. La manière de l'acquérir et de le perdre était établie par la constitution de l'an 8 ; mais la charte est muette a cet égard; et la constitntion de l'an 8, étant évidemment abrogée, il faut attendre les lois qui fixeront ce domicile politique, les conditions pour être citoyen, etc., etc.

micile soit opérée, le fait de la résidence réelle dans un autre lieu, joint à l'intention d'y fixer son principal établissement.

D. D'où résulte la preuve de cette intention?

R. Elle résulte ou d'une déclaration expresse, ou de présomptions légales, ou de circonstances particulières.

D. Comment doit être faite la déclaration pour opérer le changement de domicile?

R. Il faut qu'elle soit faite tant à la municipalité du lieu que l'on quitte, qu'à celle du lieu où l'on veut fixer son domicile. *Art.* 104.

D. Dans quels cas y a-t-il présomption légale de changement de domicile? (1)

R. 1°. Lorsqu'un citoyen accepte des fonctions à vie, cette acceptation emporte de plein droit translation immédiate de son domicile dans le lieu où il doit exercer ses fonctions; mais si les fonctions étaient temporaires ou révocables, il faudrait, pour opérer la translation, qu'il eut manifesté son intention à cet égard. 106-107.

2°. Les majeurs qui servent ou qui travaillent habituellement chez autrui, ont le même domicile que la personne qu'ils servent ou chez laquelle ils travaillent, et leur domicile s'y trouve transféré par le seul fait de l'habitation,

(1) Il y a présomption légale, quand la loi décide que, par cela seul que telle circonstance existe, tel fait est suffisamment prouvé. Ainsi, quand l'enfant est conçu pendant le mariage, il y a présomption légale que le mari de la femme en est le père. Quand un mur sépare deux héritages, il y a présomption légale de mitoyenneté. (M. Delv. tom. 1, pag. 61.).

sans qu'il soit besoin de la manifestation de leur intention. *Art.* 109.

3°. La femme, par le seul fait du mariage, transfère son domicile dans celui de son mari, et n'en a point d'autre jusqu'à la dissolution du mariage, ou la séparation de corps. *Art.* 108.

D. La loi établit-elle une présomption légale de domicile, à l'égard de ceux qui ne peuvent manifester leur intention?

R. Oui, le mineur, l'interdit, n'ont d'autre domicile que celui de leurs père et mère, tuteur ou curateur : la loi, par cette présomption, supplée à l'impossibilité où ils se trouvent de manifester leur volonté. *Art.* 108.

D. A défaut de déclaration expresse et de présomption établie par la loi, par quel moyen déterminera-t-on l'intention de changer de domicile?

R. Cette intention résultera, dans ce cas, des circonstances particulières dont l'appréciation est abandonnée à la sagesse des juges. (1) *Art.* 105.

D. Quels sont les effets du domicile?

R. C'est par le domicile, et non d'après la situation des biens (2) que se détermine le lieu

---

(1) Quant aux circonstances qui peuvent faire présumer l'intention, on peut indiquer les suivantes : 1°. si l'individu réside dans la commune où il est né ; car on est présumé retenir son domicile d'origine ; 2°. s'il exerce ses droits politiques dans le lieu où il a son habitation ; 3°. si l'individu acquitte dans le même lieu ses contributions personnelles, (Toullier, tom. 1, pag. 289 et 290, 1re. édit.).

(2) Une succession pouvant comprendre des biens situés à des distances fort éloignées les uns des autres, si l'on eût déterminé le lieu de l'ouverture de la succession

de l'ouverture de la succession : c'est devant le tribunal de ce domicile que doivent être portées toutes les difficultés qui peuvent s'élever relativement à la succession. *Art.* 110.

C'est aussi le domicile des futurs époux, qui détermine l'officier de l'état civil, devant lequel le mariage est célébré; enfin, c'est devant le juge de paix du tribunal de son domicile que l'on doit être cité en conciliation en matières personnelles ou réelles, devant le tribunal de son domicile que l'on doit être assigné en matière personnelle. *Cod. civ. art.* 65. *Cod. de proc. art.* 50 et 59.

D. Qu'est-ce que le domicile d'élection?

R. C'est celui qu'une partie indique et constitue dans un acte pour l'exécution de ce même acte, et qui est différent du domicile réel. *Art.* 111.

D. Quels seront les effets de cette élection de domicile?

R. L'effet de cette élection de domicile est de valider les significations, demandes et poursuites faites à ce domicile; mais cette élection de domicile n'empêchera pas l'autre partie de faire valablement toutes significations, demandes et poursuites au domicile réel et devant le juge de ce domicile. *Cod. civil. art.* 111. *proc.* 59. (1)

---

par celui de leur situation, il eût fallu porter devant divers tribunaux, toutes les difficultés relatives à la succession, et l'on a évité tous les inconvéniens qui pourraient résulter d'une semblable procédure, en centralisant toutes les opérations devant le tribunal du domicile du défunt.

(1) Malgré l'élection de domicile, on voit que la

TITRE IV.

Des absens.(1) (2)

D. Qu'entend-on en droit par absent ?

R. On entend par absent celui qui a quitté son domicile, et dont l'existence est devenue incertaine, par la raison qu'on ignore absolument le lieu de sa résidence. (3)

D. A quelle mesure donne lieu l'absence ?

R. Elle donne lieu à des mesures différentes

---

partie qui a intérêt à poursuivre, conserve toujours le droit de le faire devant le tribunal du domicile réel du défendeur : il serait en effet de toute injustice que le demandeur fut forcé par le seul fait de la volonté de son adversaire, de porter sa demande souvent devant un tribunal fort éloigné, ce qui pourrait lui occasionner des frais et des lenteurs très-préjudiciables à ses intérêts.

(1) Les moyens de constater le sort des militaires ou marins qui étaient en activité, pendant les guerres qui ont eu lieu depuis le 21 avril 1792, jusqu'au traité de paix, du 20 novembre 1815, ont été réglés par la loi du 13 janvier 1817. (*Bulletin des Lois*; *septième série*, *n*°. 131).

(2) Le titre des absens est d'un très-grand intérêt : il remplit, dans la législation une lacune, dont les suites devenaient de plus en plus désastreuses... On ne trouve pas de règles sur ce sujet, dans le droit romain, et il n'était réglé en France par aucune loi générale. Le législateur l'avait abandonné à la sagesse des juges : la jurisprudence était donc le seul guide qu'on eut sur la matière des absens. (Locré, Esprit du Code civil, tome 2).

(3) On entend par absent, dans le langage ordinaire, celui qui est hors de lieu de sa résidence, soit que l'on ait, ou non, de ses nouvelles; en droit, celui qui est absent, seulement du lieu où se traite l'affaire dont il s'agit, est dit : *non présent*, *art.* 840 *du Code civil.* M. Delvincourt.

que la loi a graduées sur l'incertitude plus ou moins grande de la vie ou de la mort de l'absent, ainsi ces mesures sont plus restreintes ou plus étendues, selon qu'il y a absence présumée ou absence déclarée. (*Elles seront successivement détaillées.*)

CHAPITRE Ier.

De la présomption d'absence.

D. Qu'est-ce que la présomption d'absence?

R. C'est l'état d'une personne qui a disparu du lieu de sa résidence accoutumée, et dont on n'a pas de nouvelles, mais dont la disparition n'a pas encore duré cinq ans. (*M. Le Roy Tribun.*)

D. Suffit-il pour qu'il y ait présomption d'absence dans le sens de la loi qu'une personne ait quitté momentanément sa demeure, sans faire connaître le lieu de sa nouvelle résidence?

R. La présemption légale d'absence n'a lieu que lorsqu'on peut raisonnablement concevoir des inquiétudes sur l'existence de la personne *non presente*, et regarder son retour comme incertain. (1)

D. Cette présomption légale d'absence suf-

---

(1) Si, par exemple, elle continue à ne pas donner de ses nouvelles, si son éloignement et son silence se prolongent, si le tems fixé pour son retour s'est écoulé, sans que l'on sache la cause de son retardement, s'il est arrivé quelque événement malheureux dans lequel on peut craindre qu'elle ait été enveloppée. (M. Toullier.)

fit-elle pour donner le droit de s'immiscer dans les affaires du présumé absent ?

R. Non, pour qu'il soit permis de pourvoir à l'administration des biens d'une personne présumée absente, il faut :

1°. Que des circonstances particulières en démontrent *la nécessité* (1).

2°. Qu'elle n'ait pas laissé de procureur fondé. *Cod. civ. art.* 112.

D. Quand y a-t-il nécessité ?

R. La loi s'en est rapportée sur ce point à la sagesse de l'autorité publique ; toutefois il faut qu'il y ait des preuves positives et des faits particuliers qui ne permettent pas de douter qu'on ne peut abandonner les affaires du présumé absent au cours ordinaire des événemens, sans causer du dommage, soit à lui-même, soit à des tiers. *Locré*, *pag.* 303. (2)

D. Pourquoi ne doit-on pas pourvoir à l'administration des biens, quand il a laissé un procureur fondé ?

R. Parce qu'alors il y a pourvu lui-même, et que ce mandataire est responsable de sa gestion.

---

(1) La loi, pour venir au secours de l'absent présumé, ne se règle pas comme à l'égard de l'absent déclaré sur le tems plus ou moins long qu'a duré sa disparition. On reconnut en effet, dans la discussion, qu'il eût été difficile de fixer un délai précis, et l'on posa en principe que *c'était par la nécessité et par les circonstances qu'il en fallait juger*. (Locré, tom. 2, pag. 301 et 302.)

(2) Par exemple, il est possible que ses terres demeurent sans culture, que ses meubles et provisions dépérissent, qu'il faille prévoir l'insolvabilité de ses débiteurs, empêcher la prescription de s'accomplir contre lui. (Locré, t. 2, p. 304.)

D. Quelles personnes peuvent provoquer ces mesures ?

R. Les parties intéressées (*art.* 112) et le ministère public que la loi charge de veiller aux intérêts des personnes présumées absentes, et qui doit être entendu sur toutes les demandes qui les concernent. *Art.* 114. (1)

D. Que doit-on entendre par parties intéressées ?

R. On doit entendre seulement les créanciers, les associés, en un mot, les tiers qui ont un intérêt né et actuel à provoquer la mesure sur laquelle ils veulent faire prononcer. (2)

D. A quelle autorité doivent-elles s'adresser?

R. A l'autorité judiciaire, et elles doivent porter leur demande devant le tribunal du domicile du présumé absent et non devant celui de la situation des biens. (3)

---

(1) Ainsi le ministère public doit non-seulement être entendu dans toutes les causes qui intéressent les présumés absens, mais encore il doit d'office provoquer les mesures que nécessitent les circonstances. « Il peut » arriver, en effet, que l'intérêt de l'absent soit telle- » ment isolé, qu'il n'y ait pas de tiers intéressé à pro- » voquer les mesures nécessaires. Il en est ainsi, par » exemple, lorsque l'absent n'a pas de créanciers, que, » cependant, ses terres et ses maisons ne sont pas louées, » ses revenus pas recouvrés, ses débiteurs près de faillir. (Locré, p. 237.)

(2) Un intérêt éventuel, tel que celui des héritiers présomptifs, un intérêt de pure affection, tel que celui des parens, ne suffirait pas pour autoriser à venir, par action directe, et à provoquer une mesure déterminée : la loi a fixé le moment où il est permis aux héritiers d'agir, c'est celui où il y a lieu de suivre la déclaration d'absence. (Toullier. Locré.)

(3) Le texte du Code ne s'explique pas sur la ques-

D. Quelles mesures doit ordonner le tribunal?

R. Elles sont entièrement abandonnées à sa prudence, et peuvent s'étendre, suivant les circonstances, à la totalité ou seulement à une partie des biens. *Art.* 112.

D. La loi ne prescrit-elle, dans aucun cas, de mesures particulières?

R. Le seul cas dans lequel la loi détermine les mesures à prendre pour l'absent présumé, est celui des successions, inventaires, partages, comptes, liquidations, dans lesquels il est intéressé; il doit être nommé un notaire pour le représenter à la requête de la partie la plus diligente. *Cod. civ. art.* 113. (1)

---

tion de savoir à quel tribunal la demande doit être portée, mais la discussion qui eut lieu au conseil-d'état ne laisse aucun doute sur l'intention du législateur. En effet, le tribunal du domicile peut seul apprécier en connaissance de cause, les circonstances qui peuvent donner lieu à la présomption d'absence; lui seul peut donc déclarer qu'il y a présomption d'absence, sauf à renvoyer devant le tribunal de la situation des biens, par exemple, pour apprécier les mesures que les circonstances locales peuvent rendre nécessaires. (Voyez au surplus, Delvincourt, tome 1er, note 6 de la p. 44; p. 256, dernière édition; Toullier, tome 1er, p. 302; première édition; Locré, tome 2, page 305 et suivantes; Proudhon, tome 1er, pag. 132.)

(1) Vid., Code de procéd. — Art. 69, §. 8, 928-931-942-943.

CHAPITRE II.

De la déclaration d'absence. (1)

D. Qu'est-ce que la déclaration d'absence ?

R. C'est une formalité qui consiste dans un jugement par lequel, avant de statuer sur l'administration des biens d'une personne qui a disparu de son domicile, les juges déclarent qu'elle doit être considérée comme absente. *M. Toullier.*

D. Quelles circonstances autorisent à poursuivre la déclaration d'absence ?

R. Il faut la réunion des trois circonstances suivantes : (2)

1°. Éloignement du domicile ou de la résidence (3);

---

(1) Lorsqu'il y a seulement présomption d'absence, on est encore dans l'incertitude sur la vie ou la mort du présumé absent, aussi la présomption d'absence ne donne-t-elle lieu qu'à des mesures d'administration, qui n'intervertissent point l'ordre de choses existant. Mais lorsque l'absence est déclarée, il y a présomption de mort : aussi les effets de la déclaration d'absence sont-ils, comme on va le voir, bien différens de ceux de la présomption d'absence.

(2) Ces circonstances sont indivisibles. Une seule ne suffirait pas ; car on est absent que lorsqu'on a entièrement disparu, et depuis un tems assez long pour faire craindre que le retour ne soit éloigné, ou en faire même douter. (Locré, tom. 2, pag. 343.) A défaut de l'une de ces trois circonstances, la demande en déclaration d'absence doit être rejetée. (Toullier, tom. 1er., pag. 311, 1re. édit.)

(3) Le mot domicile et le mot résidence ont été placés dans cet article, afin que sa disposition atteigne tous les individus absens, ceux qui ont un domicile, comme ceux qui n'ont qu'une simple résidence. (Locré.)

2°. Défaut de nouvelles ;

3°. Un laps de quatre années, écoulé depuis l'éloignement et le défaut de nouvelles. *Art.* 115.

D. Le laps de quatre années, écoulé depuis l'éloignement et le défaut de nouvelles, est-il toujours suffisant, pour provoquer la déclaration d'absence?

R. Non : dans le cas où l'absent aurait laissé une procuration, on ne pourrait poursuivre la déclaration d'absence qu'après dix ans révolus, depuis sa disparition ou ses dernières nouvelles, quand même sa procuration viendrait à cesser avant l'expiration de dix années. *Art.* 121-122. (1)

D. Quelles personnes pourront provoquer cette mesure ?

R. Les parties intéressées, c'est-à-dire, par exemple, les héritiers présomptifs, l'autre époux, en un mot, tous ceux qui ont, sur les biens de l'absent, des droits subordonnés à la condition de son décès. *Art.* 115. (2)

---

(1) *Vid. art.* 2003 *et suivans, les différentes manières dont le mandat finit.* Lorsque l'absent n'a pas laissé de fondé de pouvoir, on peut penser qu'il espérait un prompt retour, en omettant de pourvoir à ses affaires : mais s'il a laissé une procuration, il a pu, au moyen des précautions par lui prises, se croire dispensé de donner de ses nouvelles. (Proudhon.)

(2) L'art. 112, relatif à la présomption d'absence, se sert aussi de l'expression *parties intéressées ;* dans l'hypothèse de cet article, cette expression convient aux créanciers, aux associés, enfin à une foule de tiers ; mais elle n'indique pas les héritiers dans l'art. 115 ; elle ne concerne qu'eux, ou l'autre époux, *ou ceux qui auraient des droits subordonnés à la condition du décès de l'absent.*

Cette différence est cependant produite par le même

D. Devant quel tribunal les parties intéressées doivent-elles porter leur demande en déclaration d'absence ?

R. Devant le tribunal de première instance du domicile de l'absent. *Art.* 115. (1)

D. Que fera le tribunal pour constater l'absence ?

R. Le tribunal, d'après les pièces et documens produits, ordonnera qu'une enquête (2) soit faite contradictoirement avec le procureur du roi (3); dans l'arrondissement du domicile, et dans celui de la résidence, s'ils sont distincts l'un de l'autre. *Art.* 116.

---

principe, elle ne vient que de ce que les circonstances en changent l'application.

En effet les créanciers, les associés et tous les autres tiers que concerne l'art. 112, n'ont aucun intérêt légal à poursuivre la déclaration d'absence; une autre voie leur est ouverte, c'est de s'adresser à la justice et de provoquer les mesures que la situation des affaires exige.

Il n'y a donc d'intéressés à la déclaration d'absence que les héritiers, à raison de l'envoi en possession qu'elle leur donne.

Les art. 120 et 140 viennent à l'appui de cette explication, et fixent le sens de l'expression *parties intéressées*. (Locré, tom. 2, pag. 348.)

On trouve la même explication dans MM. Delvincourt, tom. 1er, pag. 260; Toullier, tom. 1er, pag. 312; Proudhon, tom. 1er, pag. 143.)

(1) Voyez Locré, tom. 2, pag. 350.

(2) L'enquête est la preuve par témoins des faits qui sont mis en avant par une partie. (Ferrières.)

(3) *Contradictoirement avec le procureur du roi*, c'est-à-dire que ce magistrat peut lui-même requérir contre enquête et faire entendre des témoins de son côté. (Proudhon.)

D. Si le résultat de l'enquête établit d'une manière positive, les faits allégués par les parties intéressées, c'est-à-dire, l'existence des trois circonstances exigées pour être admis à provoquer la déclaration d'absence, les juges sont-ils impérieusement tenus de la prononcer ?

R. Non : les juges, en statuant sur la demande, auront égard aux motifs de l'absence, et aux causes qui ont pu empêcher d'avoir des nouvelles de l'individu présumé absent ; s'ils sont persuadés que l'absence n'est pas certaine, ils peuvent rejeter la demande, ou prolonger les délais. *Art.* 117.

D. Si les circonstances paraissent aux juges de nature à motiver la déclaration d'absence, peuvent-ils prononcer immédiatement après l'enquête terminée ?

R. Non : le jugement de déclaration d'absence ne pourra être rendu qu'un an après celui qui aura ordonné l'enquête (*art.* 119) ; ainsi l'absence ne peut être déclarée qu'après cinq ans au moins, si l'absent n'a point laissé de procuration ; et onze, s'il en a laissé une.

D. Que doit faire le procureur du roi, lorsque les jugemens, tant préparatoires que définitifs, ont été rendus ?

R. Il doit les envoyer aussitôt au ministre de la justice, qui les rendra publics. *Art.* 118. (1)

---

(1) Le ministre emploiera non-seulement la voie des papiers publics, mais encore il provoquera, dans les places de commerce, les correspondances avec toutes les parties du globe. (Locré, tom. 2, pag. 382.)

Le but de la publicité donnée au jugement prépa-

CHAPITRE III.

Des effets de l'absence.

SECTION Ire.

Des effets de l'absence, relativement aux biens que l'absent possédait au jour de sa disparition.

D. Quels sont les effets de la déclaration d'absence, relativement aux biens que possédait l'absent au jour de sa disparition ?

R. Ses effets sont de donner lieu à l'envoi en possession provisoire, et à l'envoi en possession définitive de ses biens.

D. Qu'est-ce d'abord que l'envoi en possession provisoire ?

R. La possession provisoire n'est qu'un dépôt qui donne, à ceux qui l'obtiennent, l'administration des biens de l'absent, et qui les rend comptables envers lui, en cas qu'il reparaisse, ou qu'on ait de ses nouvelles. *Art.* 125.

---

ratoire (*celui qui ordonne l'enquête*), est d'avertir l'absent que son absence va être déclarée, et qu'il lui importe de donner de ses nouvelles, s'il veut éviter les conséquences fâcheuses de cette déclaration, c'est-à-dire, l'envoi en possession provisoire de ses biens.

Quant à la publicité donnée au jugement définitif (*celui qui déclare l'absence*), elle n'a plus le même but, mais faisant connaître à l'absent la déclaration d'absence et l'envoi en possession qui en est la conséquence, elle l'avertit de prendre les mesures nécessaires pour faire cesser l'envoi en possession. (Vid. art. 131.)

D. Quelles personnes peuvent demander l'envoi en possession provisoire ?

R. Les héritiers présomptifs, *au jour de la disparition, ou des dernières nouvelles. Art.* 120. (1)

D. A quelle époque peuvent-ils le demander?

R. Il faut distinguer : si l'absent a laissé une procuration, ils ne le peuvent qu'après dix années révolues, depuis sa disparition, ou depuis ses dernières nouvelles (*art.* 121), quand même la procuration aurait cessé auparavant. *Art.* 122.

S'il n'a pas laissé de procuration, ils le peuvent quatre ans après la disparition, ou les dernières nouvelles. *Art.* 120. (2)

D. Que deviendront les biens de l'absent, si la procuration vient à cesser avant les dix ans révolus, après lesquels seulement on peut

---

(1) Et non ceux qui occuperaient le premier rang de la successibilité au tems de la demande en déclaration d'absence.

Supposons, par exemple, qu'au jour de la disparition, les plus près parens de l'absent aient été deux cousins, et que l'un d'eux soit mort depuis, laissant deux enfans: si l'on considérait la parenté au tems de l'envoi en possession, les enfans du prédécédé seraient exclus comme étant à un degré plus éloigné; (*à ce degré il n'y a pas lieu au bénéfice de la représentation, art.* 741.) Mais en rapportant la présomption de mort au tems du départ, leur père est considéré comme ayant été saisi, et leur ayant transmis ses droits. (*MM. Proudhon, tom.* 1er, *pag.* 154; *Delvincourt, tom.* 1er, *pag.* 265, *note* 4.)

(2) Bien entendu qu'ils ne pourront toujours l'obtenir qu'après la déclaration d'absence, c'est-à-dire, après onze ans, s'il y a procuration, cinq ans, s'il n'y en a pas.

demander l'envoi en possession provisoire ?

R. Les biens seront administrés, s'il y a nécessité, ainsi que le tribunal jugera à propos de le régler. *Art.* 122-112.

D. Comment cet envoi en possession provisoire sera-t-il prononcé ?

R. L'envoi en possession ne résulte pas nécessairement de la déclaration d'absence. Il faut qu'il soit prononcé par un jugement postérieur et séparé, sur la demande des héritiers munis du jugement de déclaration d'absence, et portée par eux devant le tribunal qui l'a déclarée. *Art.* 120. (1)

D. Sur quels biens peut porter l'envoi en possession ?

R. Sur ceux seulement qui appartiennent à l'absent au jour de sa disparition ou de ses dernières nouvelles. *Art.* 120. (2)

D. Sous quelles charges et conditions cet envoi en possession peut-il être accordé aux héritiers ?

R. 1°. De donner pour sûreté de leur administration, une caution qui sera reçue dans les

---

(1) Locré, tom. 2, pag. 404; Delvincourt, tom. 2, pag. 262, note 10; Proudhon, tom. 1er., pag. 156.

(2) Si donc en vertu de l'art. 113, ses co-héritiers présens avaient, comme ils en ont le droit, fait nommer un notaire pour le représenter dans les partages d'une succession échue depuis son départ, les biens compris dans ses lots ne retourneraient pas à ses héritiers présomptifs, au jour de sa disparition, à moins qu'ils ne fussent eux-mêmes appelés à les recueillir à son défaut, au moment de l'ouverture de la succession; autrement ils appartiendraient à ceux qui, à défaut de l'absent, les auraient recueillis à cette dernière époque. (M. Toullier.)

formes prescrites pour les cautions judiciaires (*Code civil*, *art.* 120 ; *procéd.* 517 *et suiv.*), et dont la solvabilité est discutée par le procureur du roi. *Art.* 119.

2°. De rendre compte de leur administration en cas que l'absent reparaisse ou qu'on ait de ses nouvelles. *Art.* 125.

3°. De faire procéder à l'inventaire (1) du mobilier et des titres de l'absent en présence du procureur du roi, ou d'un juge de paix par lui requis. *Art.* 126.

4°. De n'aliéner ni hypothéquer les immeubles de l'absent, que pour les causes et dans les formes établies par la loi ou en vertu de jugement. *Art.* 128-2126.

D. Les juges peuvent-ils ordonner ou les parties requérir d'autres mesures ?

R. Le tribunal peut, s'il le juge à propos pour l'intérêt de l'absent, ordonner la vente de tout ou partie du mobilier ; et, dans le cas de vente, il doit être fait emploi du prix ainsi que des fruits échus. *Art.* 126. (2)

Ceux qui auront obtenu l'envoi, pourront, pour leur sûreté, faire procéder, par un expert nommé par le tribunal, à la visite des immeubles, à l'effet d'en constater l'état.

---

(1) *Inventaire :* état exact et détaillé des biens laissés par l'absent.

(2) Le code ne prescrivant ni le mode, ni la nature de l'emploi, ils sont laisses à la prudence des héritiers, qui, à défaut d'emploi, devraient tenir compte des intérêts, de plein droit, du jour où il a pu être fait. Ils sont en faute, s'ils ont laissé oisifs les capitaux de l'absent ; ils sont censés les avoir employés à leur profit. (M. Toullier.)

Le rapport de l'expert est homologué (1) par le tribunal en présence du procureur du roi : les frais en sont pris sur les biens de l'absent. *Art.* 126.

D. Qui peut empêcher l'envoi en possession provisoire ?

R. Si l'absent est marié *et commun en biens*, l'autre époux peut, en optant pour la continuation de la communauté, empêcher l'envoi en possession, et prendre, (*si c'est la femme*) ou conserver (*si c'est le mari*), par préférence, l'administration des biens ; mais *la femme*, en optant pour la continuation de la communauté, conserve toujours le droit d'y renoncer ensuite. *Art.* 124. (2)

D. Quels sont les droits de l'époux qui opte pour la dissolution provisoire de la communauté ?

R. Il exerce ses reprises et tous ses droits légaux et conventionnels, à la charge de donner caution pour les choses *susceptibles de restitution* (*art.* 124) (3) ; de faire, ainsi que

---

(1) L'homologation est une adhésion, une sanction donnée par la justice à un acte quelconque.

(2) *Commun en biens* : il n'en serait pas de même sous le régime dotal ; *mais la femme en optant*, le mari ne peut jamais, contre les intérêts des créanciers, renoncer à la communauté.

(3) *Susceptibles de restitution* : cette caution est exigée dans l'intérêt de l'absent, pour le cas de son retour ; en conséquence, les expressions de la loi s'appliquent directement à tous gains de survie, à toutes libéralités qu'il aurait faites à l'époux présent, et dont le donataire ne devrait jouir qu'après la mort du donateur, parce

les envoyés en possession, inventaire du mobilier et des titres de l'absent, et emploi du prix du mobilier, si la vente en est ordonnée. *Art.* 126.

D. Quels sont les effets de l'envoi en possession provisoire à l'égard des tiers?

R. 1°. Lorsque l'époux commun en biens aura opté pour la dissolution de la communauté (*art.* 124), et que les héritiers présomptifs auront obtenu l'envoi en possession provisoire, le testament, s'il en existe un, sera ouvert à la réquisition des parties intéressées ou du procureur du roi; et les légataires, les donataires, ainsi que tous ceux qui avaient sur les biens de l'absent, des droits subordonnés à la condition de son décès, pourront les exercer provisoirement, à la charge de donner caution. *Art.* 123. (1)

2°. Après le jugement de déclaration d'absence, toute personne qui aurait des droits à

---

que la restitution en serait due à l'absent qui reparaîtrait. (*Voyez, sur les questions qui peuvent s'élever à cet égard, M. Proudhon, tom.* 1er, *pag.* 124; *M. Delvincourt, tom.* 1er, *pag.* 271, *note* 1.)

(1) Il faut remarquer, dit M. Toullier, que cet article ne permet l'exercice de ces droits que lorsque les héritiers présomptifs ont obtenu l'envoi en possession provisoire.

Toutefois, ce principe peut souffrir quelques exceptions, et présenter de sérieuses difficultés; mais sans entrer dans un examen qui sortirait du cadre de cet ouvrage, nous nous contenterons d'indiquer les auteurs où l'on trouvera la solution de plusieurs questions *sur ce point.* (*Locré, tom.* 2, *pag.* 434 *et suiv.*; *Proudhon, tom.* 1er, *pag.* 162; *Delvincourt, tom.* 1er, *pag.* 265, *note onze*; *Toullier, tom.* 1er, *pag.* 337.)

exercer contre l'absent, ne pourra les poursuivre que contre ceux qui auront obtenu l'envoi en possession provisoire des biens, ou l'époux qui a opté pour la continuation de la communauté. *Art.* 134.

D. Quels avantages retirent les héritiers de l'envoi en possession provisoire, ou l'époux de l'administration légale ?

R. Ils ne seront tenus de rendre que *le cinquième* des revenus, si l'absent reparaît avant *quinze ans révolus* depuis sa disparition :

Le dixième, s'il ne reparaît qu'*après quinze ans. La totalité des revenus* leur appartiendra s'il ne reparaît qu'*après trente ans. Art.* 127.

D. Comment cesse l'envoi en possession provisoire ou l'administration légale ?

R. Par le retour de l'absent, par les nouvelles qu'on reçoit de son existence, par la preuve de son décès, enfin, par l'envoi en possession définitive.

D. Qu'arrive-t-il donc si l'absent reparaît, ou si l'on a des nouvelles de son existence ?

R. Les effets du jugement de déclaration d'absence et par conséquent l'envoi provisoire cesseront; il exerce ses droits contre ceux qui ont obtenu cet envoi, et recouvre les fruits et revenus, sauf les modifications établies par l'article 127.

Si l'on a simplement de ses nouvelles, mais qu'il ne reparaisse pas, l'envoi en possession cesse bien; mais si les circonstances l'exigent, il est pourvu à l'administration de ses biens comme dans le cas de présomption d'absence. *Art.* 131.

D. Quels sont les effets du décès de l'absent ?

R. L'envoi provisoise devient alors définitif, si ceux qui l'ont obtenu sont encore les plus proches héritiers au moment du décès qui donne lieu à l'ouverture de la succession. Mais comme la succession de l'absent n'est ouverte que du jour de son décès prouvé, s'il existe au jour de ce décès des héritiers plus proches que ceux qui auraient obtenu l'envoi en possession, ils recueilleront la succession à l'exclusion de ces derniers, qui auront droit seulement aux fruits par eux perçus d'après les distinctions établies par l'article 127. *Art.* 130. (1)

D. Quand peut-on demander l'envoi en possession définitive ?

R. On le peut dans deux cas : 1°. lorsqu'il s'est écoulé trente ans depuis l'envoi en possession provisoire, ou depuis l'époque à laquelle l'époux commun en biens aura pris l'administration des biens de l'absent ;

2°. Lorsqu'il s'est écoulé cent ans depuis la naissance de l'absent. *Art.* 129. (2)

---

(1) Exemple : un individu, au moment de sa disparition, a pour plus proches parens, ses deux frères ; comme héritiers présomptifs, ils sont envoyés en possession : depuis sa disparition, l'absent se marie et devient père ; l'enfant existant au jour du décès de l'absent, sera plus proche héritier que les frères du défunt, il devra recueillir la succession.

(2) L'envoi en possession définitive et l'envoi en possession provisoire ne sont pas de la même nature ; ce dernier n'est qu'un dépôt, l'autre transfère la propriété ; (*Locré, tom.* 2, *pag.* 477) mais cette propriété n'est point incommutable ; elle est résoluble par le retour de l'absent.

D. Par qui cet envoi en possession définitive peut-il être demandé ?

R. Cette faculté appartient non-seulement aux héritiers, mais à tous les ayant-droit, tels que les légataires, les donataires et autres personnes ayant sur les biens de l'absent des droits subordonnés à la condition de son décès. *Art.* 129.

D. A quelle autorité doit-il être demandé ?

R. Au tribunal de première instance du domicile de l'absent (*art.* 129), qui le prononce après avoir pris les mesures convenables. (1)

D. Quel est l'effet de l'envoi en possession définitive ?

R. Par cet envoi, les ayant-droit se trouvent revêtus de la propriété des biens, les possèdent à titre de maîtres, peuvent les hypothéquer, les vendre et aliéner, sans que les tiers-acquéreurs puissent être évincés par l'absent qui reparaîtrait. *Art.* 132.

---

(1) Avant de prononcer l'envoi en possession définitive, le tribunal doit, si la demande est fondée sur trente ans de possession provisoire, constater, dans la forme ordinaire, qui est celle d'une enquête contradictoire avec le procureur du roi, que depuis le premier envoi en possession, l'absence a continué 30 ans sans qu'on ait de nouvelles.

Si la demande est motivée sur la présomption de mort, le tribunal, avant de prononcer, doit exiger la justification de deux faits : 1°. l'époque de la naissance de l'absent ; 2°. la continuation de l'absence s'il y a envoi en possession provisoire, ou l'absence même s'il n'y a pas d'envoi provisoire. (*Locré*, *tom.* 2, *pag.* 393 *et* 394 ; *Toullier*, *tom.* 1er, *pag.* 344 ; *Delvincourt*, *pag.* 179, *note* 1 ; *Proudhon*, *tom.* 1er, *pag.* 177.)

D. Comment cesse l'envoi en possession définitive ?

R. Par le retour de l'absent, ou la preuve acquise de son existence. Art. 132.

D. Quels seront les droits de l'absent s'il ne reparaît, ou si son existence n'est prouvée qu'après l'envoi définitif ?

R. Il recouvrera ses biens dans l'état où ils se trouveront, le prix de ceux qui auraient été aliénés, ou les biens qui auraient été acquis avec le prix des biens vendus. *Art.* 132.

D. Quels seront les droits des enfans et descendans directs de l'absent ?

R. Ils auront les mêmes que ceux que nous venons d'énoncer ; mais ces droits imprescriptibles dans la personne de l'absent, ne pourront plus être exercés par eux, s'ils ne l'ont été dans les *trente ans*, à compter de l'envoi définitif. *Art.* 133. (1)

D. Vous avez dit que dans le cas ou trente ans se sont écoulés depuis l'envoi provisoire, ou cent ans depuis la naissance de l'absent, il y avait lieu à demander l'envoi définitif, ces circonstances ne produisent-elles pas d'autre effet ?

R. Oui : après ce laps de tems, les cautions des envoyés en possession provisoire, sont, de plein droit et sans aucune demande, déchargées de toute responsabilité. *Art.* 129.

---

(1) *A compter de l'envoi définitif :* donc le délai ne court pas s'il n'y a pas eu d'envoi définitif. (*M. Delvincourt.*)

SECTION II.

Des effets de l'absence, relativement aux droits éventuels qui peuvent compéter à l'absent.

D. Que doit faire tout individu, qui réclamera un droit échu à une personne dont l'existence ne sera pas reconnue? (1)

R. Il devra prouver que cette personne existait quand le droit a été ouvert; jusqu'à cette preuve il sera déclaré non-recevable dans sa demande. *Art.* 135.

D. Qu'arrive-t-il s'il s'ouvre une succession à laquelle soit appelée une personne dont l'existence n'est pas reconnue?

R. Cette succession sera dévolue exclusivement à ceux avec lesquels elle aurait eu droit de concourir, ou à ceux qui l'auraient recueillie à son défaut. *Art.* 136. (2)

---

(1) *Dont l'existence n'est pas reconnue :* mais quelque incertaine que soit l'existence, si les parties intéressées à la contester, consentent à la reconnaître, elles peuvent renoncer à la fin de non recevoir que leur offre l'art. 135.

Il faut remarquer encore, que bien que cet article soit placé sous le titre des absens, ses dispositions ne s'appliquent pas seulement aux individus présumés ou déclarés absens, mais à toute personne qui réclame, ou au nom de laquelle on réclame un droit subordonné à la condition de survie : ainsi le propriétaire d'une rente viagère, n'en pourrait demander les arrérages, qu'en justifiant de son existence; et ceux qui agiraient en son nom, ne pourraient également les réclamer, qu'en prouvant l'existence a chaque échéance. *Art.* 1983.

(2) Même observation qu'à la note précédente, Ier. alinéa, et si les co-héritiers consentent à reconnaître l'existence, le tribunal commet un notaire, pour représenter l'absent, ainsi que nous l'avons vu par l'*art.* 113.

D. La personne absente est-elle définitivement déchue des droits qu'elle n'a pu exercer faute de prouver son existence, et de la succession recueillie à son défaut ?

R. Non ; elle conserve pendant trente ans, ainsi que ses représentans ou ayant-cause, le droit de les réclamer (1) (*art.* 137), à l'exception des fruits, qui seront acquis à ceux qui les auront recueillis pour tout le tems que l'absent ne se représentera pas, ou que les actious ne seront pas exercées de son chef, s'ils ont été perçus de bonne foi, c'est-à-dire, dans l'ignorance de son existence. *Art.* 138.

SECTION III.

Des effets de l'absence, relativement au mariage.

D. Quels sont les effets de l'absence, relativement au mariage ?

R. Quelque prolongée que soit l'absence, elle ne dissout pas le mariage et, par conséquent, ne donne pas à l'époux de l'absent le droit d'en contracter un second (2).

D. Si toutefois un second mariage avait été

---

(1) Si cette réclamation a pour but d'obtenir la succession, dont elle a été provisoirement exclue, cette réclamation prend le nom de *pétition d'hérédité*.

(2) La présomption, qui résulte de l'absence la plus longue, et de l'âge le plus avancé, fut-il de cent ans, ne suffit pas pour dissoudre le mariage. Une présomption ne peut suppléer à la preuve du décès de l'un des époux, suivant la disposition prohibitive de l'art. 147, qui dé-

contracté par l'époux de l'absent; par qui pourrait-il être attaqué ?

R. Il ne pourrait l'être que par l'absent lui-même, lors de son retour, ou par son fondé de pouvoir, *muni de la preuve de son existence* (*art.* 139), parce que l'incertitude de la vie de l'absent, doit empêcher de troubler inconsidérément le second mariage, dont la nullité est subordonnée à l'existence incertaine du premier époux.

D. Quels seront les droits de l'époux de l'absent, relativement aux biens, si l'époux absent n'a pas laissé de parens habiles à lui succéder ?

R. Il pourra demander l'envoi en possession provisoire des biens (*art.* 140) aux droits et charges ordinaires, parce qu'il est regardé comme héritier dans ce cas. (*Art.* 767.)

CHAPITRE IV.

De la surveillance des enfans mineurs du père qui a disparu.

D. A qui est confiée la surveillance des enfans mineurs, issus d'un commun mariage, si le père a disparu ?

R. Elle est confiée à la mère, qui exerce alors

---

fend de contracter un second mariage, avant la dissolution du premier. Si l'époux d'un absent voulait former de nouveaux liens, sans rapporter la preuve que les premiers sont rompus, toutes les personnes que la loi admet à former des oppositions aux mariages, et même le ministère public, pourraient s'y opposer. (*Toullier*).

tous les droits du mari, quant à leur éducation et à l'administration de leurs biens. (*Art.* 141.)

D. A qui sera déférée cette surveillance, si la mère était morte lors de la disparition du père, ou si elle vient à mourir avant que l'absence ait été déclarée ?

R. Dans ce cas, *six mois* après la disparition du père, elle sera déférée, par le conseil de famille, aux ascendans les plus proches, et à leur défaut, à un tuteur provisoire. *Art.* 142.(1)

D. A qui serait confiée la surveillance des enfans mineurs laissés par l'un des époux, qui aura disparu, si ces enfans sont issus d'un mariage précédent ?

R. Six mois après la disparition de l'époux absent, elle sera déférée aux ascendans les plus proches, et à leur défaut, a un tuteur provisoire, et non pas à l'autre époux, ce dernier n'ayant aucun droit à la tutelle. *Art.* 143.

---

(1) La loi ne devait point s'attacher au cas où la mère aurait disparu; le père ayant autorité sur toute la famille, et puissance paternelle sur ses enfans, la disparition de la mère ne change rien à l'état des choses. (*Locré*).

(2) On voit par cet article, que les mineurs peuvent rester pendant six mois sans être confiés à la surveillance de personne : mais il fallait avant de s'immiscer dans les affaires de l'absent, laisser un tems suffisant, pour que l'absence acquière un certain degré de probabilité, et
» *l'on suppose*, dit M. Malleville, que, pendant les six
» premiers mois, *les voisins* auront soin des enfans, et
» que le ministère public y veillera; il ne faut pas en effet
» se presser de nommer des tuteurs, et de causer des frais
» à l'absent, dont on espère le retour. »

TITRE V.

Du mariage.

CHAPITRE Ier.

Des qualités et conditions requises pour pouvoir contracter mariage.

D. Qu'est-ce que le mariage ?

R. Le mariage peut être défini l'union légitime de l'homme et de la femme.

M. DELVINCOURT.

R. Le mariage est l'union ou la société légitime de l'homme et de la femme, qui s'unissent pour perpétuer leur espèce, pour s'aider à supporter le poids de la vie, et pour partager leur commune destinée.

M. TOULLIER.

D. Quelles sont les conditions nécessaires pour pouvoir valablement contracter mariage ?

R. Ces conditions sont au nombre de cinq. Il faut :

1°. L'âge compétent des parties contractantes ;

2°. Leur consentement ;

3°. Le consentement de ceux à l'autorité desquels elles sont soumises, relativement au mariage ;

4°. L'absence de tout empêchement établi par la loi ;

5°. L'observation de toutes les formalités prescrites.

D. Quel est l'âge compétent pour le mariage?

R. Celui de dix-huit ans révolus pour l'homme, celui de quinze ans également révolus pour la femme. *Art.* 144. (1)

D. N'est-il jamais possible de contracter mariage avant l'âge fixé par la loi ?

R. On le peut, en obtenant du roi des dispenses d'âge ; il lui est loisible de les accorder pour des motifs graves. *Art.* 145. (2)

D. Pourquoi exige-t-on le consentement des parties contractantes ?

R. Parce que le mariage est un contrat, et que nul contrat ne peut exister sans le consentement, qui en est l'essence ; aussi il n'y a pas de mariage, lorsqu'il n'y a pas de consentement. *Art.* 146. (3)

---

(1) Avant cet âge, la loi ne présume, dans les époux, ni la capacité de remplir les devoirs du mariage, ni celle d'apprécier les obligations importantes qu'il impose. (Proudhon.)

(2) Les formalités relatives à ces dispenses, sont déterminées par l'arrêté du 20 prairial an II. (Bulletin n°. 2792.)

(3) Il ne s'agit pas ici du cas où le consentement serait supposé dans un acte faux, auquel l'une des parties n'aurait pas concouru ; ce serait alors un délit, qui devrait être poursuivi criminellement : mais il s'agit ici du cas où il existe un consentement apparent, qui se trouve détruit par l'incapacité de l'individu, qui a paru le donner. (MM. Locré, Toullier.) Ainsi l'interdit, le furieux, le mort civilement, incapables de contracter, ne pourront, par conséquent, donner un consentement valable au mariage. Le consentement n'est point valable, quand il a été donné par erreur, ou extorqué par violence ; il en résulte que le mariage peut

D. Faut-il un autre consentement que celui des parties contractantes?

R. Il faut encore le consentement des personnes sous la puissance desquelles les futurs époux sont constitués, relativement au mariage.

D. Dans quels cas ce consentement est-il donc nécessaire ?

R. S'il existe des ascendans, l'homme qui n'a pas atteint l'âge de vingt-cinq ans accomplis, la fille qui n'a pas atteint l'âge de vingt-un ans accomplis, ne peuvent contracter mariage sans le consentement de leur père et mère, et si le père et la mère sont morts, ou s'ils sont dans l'impossibité de manifester leur volonté (1), sans le consentement des aïeuls et aïeules. *Art*, 148-150.

D. Qu'arrive-t-il si le père consent au mariage, et que la mère refuse d'y consentir, ou si l'un d'eux seulement est mort, ou dans l'impossibilité de manifester sa volonté ?

R. Dans le premier cas, le consentement du père suffit, dans le second, celui de l'autre époux suffit également. *Art.* 148-149.

être annulé, quand il a été contracté par suite d'une crainte grave, ou d'une erreur, quant à la personne. (M. Delvincourt). On verra au chapitre IV, par quelles personnes et dans quel délai la nullité peut être demandée.

(1) *Dans l'impossibilité de manifester leur volonté*; un ascendant est réputé dans l'impossibilité de manifester sa volonté, s'il est en démence, contumax (*art.* 28), condamné à une peine entraînant mort civile, ou même à une peine afflictive et infamante, pendant la durée de la peine.

D. Qu'arrive-t-il si l'aïeul et l'aïeule de la même ligne ne consentent pas tous deux au mariage, où s'il y a dissentiment entre les deux lignes ?

R. Si c'est l'aïeule qui refuse son consentement, celui de l'aïeul suffit, et s'il y a dissentiment entre les deux lignes, ce partage emporte consentement. *Art.* 150. (1)

D. S'il n'y a ni père ni mère, ni aïeuls ni aïeules, ou s'ils se trouvent tous dans l'impossibilité de manifester leur volonté, peut-on se marier, sans obtenir aucun consentement?

R. Il faut distinguer : dans ce cas, les fils ou fille, qui n'ont pas encore vingt-un ans accomplis, ne peuvent se marier sans le consentement du conseil de famille (2). *Art.* 160.

S'ils ont atteint cet âge, ils peuvent se ma-

---

(1) Observez que le consentement des aïeuls n'est nécessaire que si le père et la mère sont morts ou dans l'impossibilité de manifester leur volonté.

L'espèce suivante fera saisir facilement les dispositions de l'art. 150.

L'individu qui veut se marier, n'a plus ni père, ni mère, mais il a seulement son aïeul et son aïeule paternels (*le père et la mère de son père*), l'aïeule refuse son consentement, celui de l'aïeul suffit.

A-t-il, au contraire, son aïeul et son aïeule paternels, et de plus son aïeul et son aïeule maternels (*le père et la mère de sa mère*) ou seulement un aïeul du côté paternel, et un aïeul du côté maternel, l'un d'eux consent, l'autre refuse son consentement, voilà le dissentiment des deux lignes; et que ce soit l'aïeul paternel ou l'aïeul maternel qui consente, peu importe, ce partage emporte consentement.

(2) *Conseil de famille* : Voy. au titre de la Tutelle.

rier sans être obligés d'obtenir aucun consentement. (1)

D. L'homme, après l'âge de vingt-cinq ans, la femme, après celui de vingt-un ans, peuvent-ils se marier sans demander aucun consentement ?

R. Après cet âge, ils ne sont plus, comme avant, tenus d'obtenir le consentement de leur père, mère et aïeuls; mais le respect et la déférence, qu'ils doivent toujours à leurs ascendans, exigent qu'avant de contracter mariage, ils demandent, par un acte respectueux et formel, le conseil de leur père et mère, ou celui de leurs aïeuls et aïeules, lorsque leur père et mère sont décédés, ou dans l'impossibilité de manifester leur volonté. *Art.* 151.

D. Si le consentement n'est point donné après cet acte respectueux, peut-on passer outre au mariage ?

R. Si le fils n'a pas encore trente ans accomplis, la fille vingt-cinq ans accomplis, l'acte

---

(1) La loi, comme nous le verrons plus tard, a fixé la majorité à vingt-un ans; à cet âge, l'on est capable de tous les actes de la vie civile, si l'on excepte toutefois certaines fonctions, qu'on ne peut remplir qu'à vingt-cinq, trente ou quarante ans. Mais l'importance du mariage, l'influence qu'il peut avoir sur le sort de la vie entière, a fait établir une majorité spéciale pour le mariage, fixée pour les hommes à vingt-cinq ans accomplis, et pour les femmes à vingt-un ans accomplis. (*A l'égard de la femme, la majorité est également fixée à vingt-un ans pour tous les autres actes.*) Mais on n'exige cette majorité spéciale, que lorsqu'il y a des ascendans, autrement on n'exige, pour les deux sexes, que la majorité ordinaire.

respectueux sera renouvelé deux autres fois, de mois en mois, et un mois après le troisième acte, il pourra être passé outre au mariage. *Art.* 152.

Depuis l'âge de trente ans pour le fils, de vingt-cinq ans pour la fille (1), il pourrra être, à défaut de consentement sur un acte respectueux, passé outre, un mois après, à la célébration du mariage. *Art.* 153.

D. Comment et à qui doit-on faire connaître l'acte respectueux ?

R. On doit le faire connaître aux ascendans, dont le consentement serait nécessaire, si les enfans n'étaient pas majeurs, par une notification qui leur est faite par deux notaires, ou par un notaire et deux témoins; et dans le procès-verbal, qui doit en être dressé, il sera fait mention de la réponse. *Art.* 154. (2)

---

(1) L'art. 153 dit : *Après l'âge de trente ans, il pourra être, à défaut, etc.* La lettre de cet article semble indiquer que le fils et la fille doivent indistinctement, jusqu'à l'âge de trente ans, renouveler trois fois l'acte respectueux. On peut cependant se convaincre, en lisant l'article qui précède, que telle n'est pas l'intentiou du législateur : en effet, cet article veut que l'acte respectueux soit renouvelé trois fois, jusqu'à trente ans accomplis, pour les fils, jusqu'à vingt-cinq ans seulement, pour les filles. D'ailleurs, pour se convaincre qu'il y a omission dans l'article 153, il suffit de lire la discussion et l'exposé des motifs. (Voy. Locré, tome 3, page 125.)

Il est important de remarquer que tant qu'il existe des ascendans, l'obligation de leur notifier *un acte respectueux*, subsiste pour les fils et les filles, à quelque âge qu'ils soient parvenus.

(2) La notification est, ainsi que l'indique son étymo-

D. Si l'ascendant, auquel eût dû être notifié l'acte respectueux, était absent, comment peut-on suppléer à la notification prescrite ?

R. Il peut y être suppléé par la représentation du jugement de déclaration d'absence, ou à défaut de ce jugement, de celui qui a ordonné l'enquête, ou, enfin, s'il n'y a pas encore de jugement, par un acte de notoriété, délivré par le juge de paix du lieu où l'ascendant a eu son dernier domicile connu, lequel acte contiendra la déclaration de quatre témoins appelés d'office par le juge de paix. *Art.* 155. (1)

D. Quelle serait la peine infligée à l'officier de l'état civil, qui aurait procédé à la célébration d'un mariage en contravention aux dispositions relatives au consentement des ascendans, ou aux actes respectueux ?

R. L'officier de l'état civil, qui aurait célébré un mariage, sans énoncer dans l'acte le consentement des père, mère, aïeuls, ou celui de la famille, dans les cas où il est requis, est

---

logie, un acte, à l'aide duquel on fait connaître une chose, *notum facere* ; au lieu d'employer, comme pour les autres notifications ou significations, le ministère d'un huissier, qui offre quelque chose de rigoureux, on a préféré celui des notaires, comme plus en harmonie avec le respect dû aux ascendans.

(1) *Acte de notoriété* ; l'acte de notoriété est ici un acte passé devant le juge de paix, dans lequel les témoins déclarent ce qui est à leur connaissance, pour suppléer à la preuve par écrit de l'absence, qu'on ne peut se procurer.

Voyez un avis du conseil d'état, approuvé le 4 thermidor an XIII, Bulletin n°. 858, pour le cas où l'on ne connaîtrait pas le dernier domicile des ascendans, etc.

passible d'une amende de 16 à 300 fr.; et d'un emprisonnement de six mois au moins, et d'un an au plus. *Cod. civ. art.* 156, *pén. art.* 193.

Celui qui aura célébré le mariage, sans qu'il ait été précédé d'actes respectueux, dans le cas où ils sont requis, est passible de la même amende, et d'un emprisonnement qui ne pourra être moindre d'un mois. *Art.* 157.

D. Les enfans naturels sont-ils, comme les enfans légitimes, obligés d'obtenir le consentement de leurs père, mère, aïeuls, ou celui de la famille, et de faire des actes respectueux?

R. Les enfans naturels, mais seulement ceux qui ont été légalement reconnus (1), sont tenus d'obtenir le consentement de leur père et mère, dans le cas où ce consentement est nécessaire aux enfans légitimes, et de faire les actes respectueux, dans les mêmes circonstances où les enfans légitimes y sont tenus. Mais on ne peut leur imposer ni l'obligation d'obtenir le consentement des aïeuls, ou de la famille, ni de faire aux premiers d'actes respectueux, attendu que les enfans naturels n'appartiennent à aucune famille. *Art.* 158.

D. Si l'enfant naturel n'avait pas été reconnu, ou que ses père et mère, qui l'auraient reconnu, fussent morts, ou dans l'impossibilité de manifester leur volonté, quelle formalité devrait

(1) Voy. titre 7, chap. III.

L'enfant naturel pouvant, comme on le verra, n'être reconnu que par son père ou par sa mère, il ne sera tenu d'obtenir le consentement que de celui qui l'aura reconnu; même observation à l'égard des actes respectueux.

être observée, avant de procéder au mariage?

R. Si l'enfant naturel, qui se trouverait dans l'une de ces catégories, avait moins de vingt-un ans, il devrait obtenir le consentement d'un tuteur *ad hoc*, qui sera nommé à cet effet. *Art.* 159. (1)

S'il avait plus de vingt-un ans, il n'aurait besoin, dans ce cas, du consentement de personne.

D. Vous avez établi, comme une des conditions pour contracter mariage, l'absence de tout empêchement établi par la loi, qu'est-ce donc qu'un empêchement?

R. On entend ici, par empêchement de mariage, une qualité de la personne, qui la rend incapable soit de contracter un mariage quelconque, soit d'en contracter un avec telle ou telle personne. *M. Delvincourt.* (2)

D. Comment divisez-vous ces empêchemens?

R. En absolus et en relatifs.

---

(1) *Tuteur ad hoc*; c'est-à-dire, exprès pour consentir au mariage; si l'enfant naturel avait déjà un tuteur, il faudrait donc qu'il fût autorisé à consentir au mariage. (M. Toullier.)

(2) On entend, en général, par empêchement de mariage, tout obstacle qui s'oppose, ou pour un tems, ou pour toujours, à ce que deux personnes se marient ensemble (M. Proudhon). Mais il ne s'agit ici que des empêchemens, résultant de la qualité de la personne. Les autres empêchemens résultent de l'inaccomplissement des conditions imposées, et se divisent en prohibitifs, qui n'entraînent pas la nullité du mariage, et en dirimans, qui entraînent cette nullité. (Voy. chap. IV des Demandes en nullité.)

D. Qu'entendez-vous par empêchement absolu ?

R. L'empêchement absolu est celui qui empêche de contracter mariage avec qui que ce soit. *M. Delv.*

D. Combien existe-t-il d'empêchemens absolus ?

R. Deux : 1°. le lien d'un premier mariage; on ne peut contracter un second mariage avant la dissolution du premier (*Art.* 147.) (1) : et même la femme ne peut contracter un nouveau mariage, qu'après dix mois révolus depuis la dissolution du mariage précédent. *Cod. civil, art.* 228, *pén.* 194 (2).

2°. La mort civile : car nous avons vu que l'un de ses effets et de rendre incapable de contracter un mariage, qui produise aucun effet civil. *Art.* 25, *pag.* 21.

D. Qu'est-ce que l'empêchement relatif ?

R. L'empêchement relatif est celui qui n'empêche pas de contracter mariage en général, mais seulement avec certaines personnes. *M. Delv.*

D. Combien existe-t-il d'empêchemens relatifs ?

R. Deux : la parenté et l'alliance.

---

(1) La bigamie est un crime. — Art. 340. Cod. pénal. Remarquez que si, malgré la prohibition, l'époux d'un absent avait contracté un second mariage, l'absent seul aurait le droit de l'attaquer. *Suprà pag.* 68.

(2) Ces dix mois de viduité sont imposés à la femme, d'abord par un motif d'honnêteté publique, en second lieu et essentiellement, *propter vitandam confusionem partûs.*

D. Qu'est-ce que la parenté ?

R. La parenté est un lien produit par la nature seule, ou par la loi seule, ou par la nature et la loi tout ensemble : ainsi l'on distingue trois sortes de parentés ; la naturelle, la civile et la mixte.

D. Qu'est-ce que la parenté naturelle ?

R. C'est celle qui résulte de la nature seule : elle existe entre les enfans naturels, leurs père et mère, et les parens de ceux-ci. (1)

D. Qu'est-ce que la parenté civile ?

R C'est l'ouvrage de la loi seule : elle a lieu entre l'adoptant, l'adopté et les descendans de celui-ci, ainsi qu'entre l'adopté et les enfans naturels ou adoptifs de l'adoptant.

D. Qu'est-ce que la parenté mixte ?

R. Celle qui resulte de la nature et de la loi tout ensemble : elle a lieu entre les enfans légitimes, leurs père et mère, et tous les parens de ceux-ci.

D. Que doit-on distinguer dans la parenté ?

R. La ligne et le degré.

D. Qu'est-ce que la ligne ?

R. La ligne est l'ordre ou la série des personnes unies par la parenté.

D. Combien y a-t-il de lignes ?

R. Deux : la ligne directe et la ligne collatérale.

D. Qu'est-ce que la ligne directe ?

R. C'est la série des personnes qui descendent l'une de l'autre. (2)

---

(1) La maxime que les enfans naturels n'ont pas de famille, ne s'applique qu'aux rapports civils, *jura sanguinis nullo jure civili dirimi possunt.*

(2) Cette ligne est ascendante ou descendante : la ligne

D. Qu'est-ce que la ligne collatérale?

R. C'est la série des personnes qui ne descendent pas l'une de l'autre, mais qui ont une souche commune. (1)

D. Qu'est-ce que le degré?

R. C'est la distance qu'il y a entre deux parens.

D. Comment se comptent les degrés?

R. Par le nombre des générations, ainsi l'on compte autant de degrés qu'il y a de personnes engendrées, soit en ligne directe, soit en ligne collatérale. (2)

---

directe descendante est la série des personnes, qui descendent de celle dont il s'agit. *De moi*, par exemple. Dans cette ligne, sont le fils, le petit-fils, l'arrière-petit-fils, etc.

La ligne directe ascendante est la série des personnes de qui je descends : dans cette ligne sont, le père, l'aïeul, le bisaïeul, le trisaïeul, etc.

(1) On l'appelle collatérale, *quasi à latere*, parce qu'elle est composée de deux lignes directes, qui s'élèvent à côté l'une de l'autre, en partant de leur auteur commun, qui est le point de leur union. (M. Toullier.)

Ainsi deux frères sont parens en collatérale, ils ne descendent pas l'un de l'autre, mais ils ont le père pour auteur commun; l'oncle et le neveu sont parens en collatérale, ils ne descendent pas non plus l'un de l'autre, mais ils ont une souche commune, qui est l'aïeul du neveu.

(2) Il est, comme on le voit, facile de compter les degrés en ligne directe; du bisaïeul à son arrière-petit-fils, il y a trois degrés, parce qu'il y a trois générations. Le bisaïeul a engendré l'aïeul, *première génération*, un degré; l'aïeul a engendré le père, *deuxième génération*, deux degrés : le père a engendré le fils, qui est l'arrière-petit-fils du bisaïeul, *troisième génération*, trois degrés. (M. Delv. Cod. civ. art. 737.)

En ligne collaterale, les degrés, entre deux parens,

D. Quest-ce que l'alliance ou affinité ?

R. L'alliance, ou affinité, est un lien qui unit l'un des époux aux parens de l'autre époux. (1)

D. Quels sont les empêchemens de mariage, résultant de la parenté ou de l'alliance ?

R. En ligne directe, le mariage est prohibé entre tous les ascendans et descendans légitimes ou naturels, et les alliés dans la même ligne. *Art.* 161.

En ligne collatérale, le mariage est prohibé entre le frère et la sœur légitimes ou naturels, et les alliés au même degré. *Art.* 162.

---

se comptent en remontant de l'un d'eux à la souche commune, puis en descendant de cette souche jusqu'à l'autre parent, et autant, d'après ce calcul, il se trouve, dans les deux lignes, de personnes engendrées, autant il y a de degrés de parenté.

Ainsi, supposons que je veuille connaître à quel degré de parenté je suis avec ma cousine, issue de germain, c'est-à-dire avec la petite-fille de mon oncle, je suppute ainsi : la souche qui nous est commune, est mon aïeul : de moi a mon père, *première génération*, un degré; de mon père à mon aïeul, *deuxième génération*, deux degrés ; de mon oncle à son fils, qui est mon cousin-germain, *quatrième génération*, quatre degrés ; enfin, de mon cousin-germain à sa fille, qui est ma cousine, issue de germain, *cinquième génération*, cinq degrés ; je suis donc, à son égard, au cinquième degré de parenté. (M. Delvincourt, *art.* 738.)

(1) Il n'y a réellement dans l'alliance, ni ligne, ni degrés, puisqu'il n'y a ni génération, ni souche commune : mais elle les emprunte de la parenté ; ainsi une personne est alliée de l'un des époux, au même degré qu'elle est parente de l'autre époux. Par exemple, la sœur de ma femme, qui est sa parente collatérale au second degré, est mon alliée au second degré en collatérale, *et vice versâ*.

Entre l'oncle et la nièce, la tante et le neveu *Art.* 163 (1), le grand oncle et la petite nièce. *Avis du conseil d'état, app. le* 7 *mai* 1808.

Le mariage est encore prohibé entre l'adoptant, l'adopté et ses descendans ; entre les enfans adoptifs du même individu ; entre l'adopté et les enfans, qui pourraient survenir à l'adoptant ; entre l'adopté et le conjoint de l'adoptant, et réciproquement entre l'adoptant et le conjoint de l'adopté. *Art.* 348.

D. Le roi ne peut-il lever aucune des prohibitions de mariage, dont il vient d'être parlé ?

R. Il est loisible au roi de lever, pour des causes graves, les prohibitions établies relativement au mariage de l'oncle et de la nièce, de la tante et du neveu, mais le roi ne peut lever les autres prohibitions. *Art.* 164.

CHAPITRE II.

Des formalités relatives à la célébration du mariage.

D. Vous avez indiqué, comme cinquième condition pour pouvoir contracter mariage,

---

(1) La prohibition ne s'étend pas aux oncles et tantes, nièces et neveux par alliance ; et comme le code ne reconnait la parenté naturelle qu'entre les ascendans et les descendans, les frères et les sœurs, on voit, en comparant l'art. 163 avec les deux précédents, que le mariage n'est défendu qu'entre l'oncle et la nièce, la tante et le neveu légitimes, et non entre les mêmes parens naturels, ou simplement unis par alliance. (Toullier. Malleville.)

l'observation des formalités prescrites, faites-nous connaître quelles sont ces formalités?

R. Il existe deux sortes de formalités pour le mariage, les unes le précèdent, les autres l'accompagnent. (1)

D. Quelles sont celles qui précèdent le mariage?

R. Ce sont : 1°. les publications ; 2°. la remise des pièces exigées par la loi.

D. Qu'entendez-vous par publication ?

R. Les publications sont l'annonce publique du mariage qui doit être fait.

D. Où et comment doivent-elles être faites?

R. Elles doivent l'être le dimanche, par l'officier de l'état civil, à la municipalité du domicile de chacun des contractans, et devant la porte de la maison commune. *Art.* 63-166.

D. Mais si le domicile actuel n'est établi que par six mois de résidence, suffit-il que les publications soient faites à ce domicile? (2)

R. Non : il faut qu'elles soient faites, en outre, à la municipalité du dernier domicile. *Art.* 167.

D. Suffit-il toujours que les publications soient faites à la municipalité du domicile des contractans?

R. Si les parties contractantes, ou l'une d'elles, sont, relativement au mariage, sous

---

(1) Voyez pag. 33, chap. III, *Actes de mariage.*

Ce chapitre, dit M. Malleville, semble déplacé : les dispositions qu'il renferme, pouvaient se mettre au chapitre III du titre II. Il est embarrassant d'aller chercher dans deux titres différens, les formalités relatives à la célébration du mariage.

(2) Nous avons vu que le domicile, quant au mariage, s'établit par six mois de résidence. (Code civil, art. 74, pag. 36.)

la puissance d'autrui, c'est-à-dire si elles sont âgées, les filles de moins de vingt-un ans accomplis, et les garçons de moins de vingt-cinq, lorsqu'ils ont des ascendans vivans, et de vingt-un ans, lorsqu'ils n'en ont point, les publications doivent-être faites encore à la municipalité du domicile de ceux sous la puissance desquels ils se trouvent. *Art.* 168. (1)

D. Combien doit-il être fait de publications?

R. Il doit en être fait deux, ainsi que nous l'avons déjà vu (*pag.* 33); mais il est loisible au roi, ou aux officiers qu'il préposera à cet effet, de dispenser, pour des causes graves, de la seconde publication. *Art.* 169. (2)

Nous avons dit que l'une des formalités qui précèdent le mariage, est la remise des pièces exigées par la loi: quelles sont ces pièces? Vid. pag. 35.

D. Quelles sont les formalités qui accompagnent le mariage?

R. 1°. Il doit être célébré dans la commune où l'un des époux a son domicile, et devant l'officier de l'état civil du domicile de l'une des deux parties. *Art.* 74-165.

2°. Il doit être célébré publiquement dans la maison commune, en présence de quatre témoins. 37-75-165.

---

(1) C'est-à-dire au domicile des ascendans, dont le consentement est nécessaire pour le mariage: et s'il n'en existe point à la municipalité, dans laquelle doit être convoqué le conseil de famille, sans le consentement duquel le mariage ne peut être fait. (M. Toullier.)

(2) Le procureur du roi a été investi du droit d'accorder cette dispense, par l'arrêté du 20 prairial an XI. (Bulletin n°. 2792.)

Voyez le surplus de ces formalités, pag. 36-37.

D. Le mariage contracté, en pays étranger, entre Français, et entre Français et étranger, doit-il, pour être valable, être précédé et accompagné des mêmes formalités que le mariage contracté en France?

R. Ce mariage sera valable, s'il a été célébré dans les formes usitées dans le pays, pourvu qu'il ait été précédé des publications prescrites par la loi française, et que le Français ait rempli les conditions imposées également par la loi française, pour pouvoir contracter mariage. *Art.* 170. (1)

D. Que doit-il être fait, lors du retour du Français, qui a contracté mariage en pays étranger?

R. Dans les trois mois après le retour, l'acte de célébration de mariage sera transcrit sur le registre public des mariages du lieu de son domicile. *Art.* 171. (2)

---

(1) On priverait les Français du droit de se marier en pays étrangers, si on les obligeait d'y observer les formes établies en France. Le mariage doit donc alors être contracté selon les formes établies dans le lieu où il est célébré, suivant la règle *locus regit actum*, appliquée aux actes de l'état civil par les art. 47 et 48. Mais comme les lois personnelles, ainsi que nous l'avons vu au titre préliminaire, *obligent le Français, même en pays étranger*, il s'ensuit qu'il doit se conformer aux dispositions des lois françaises, relativement à l'âge des contractans, à leur consentement, à celui de la famille et aux empêchemens..

(2) M. Toullier pense que ce délai n'est pas de rigueur, et que la transcription pourrait être faite après son expiration.

CHAPITRE III.

Des oppositions aux mariages (1).

D. A quelle personne appartient le droit de former opposition au mariage?

R. Il appartient, 1°. à l'époux de l'individu qui veut contracter un second mariage avant la dissolution du premier. *Art.* 172. (2)

2°. Aux pères, mères, aïeuls et aïeules;

3°. Aux collatéraux;

4°. Au tuteur et au curateur.

D. Les pères, mères, aïeuls et aïeules ont-ils concurrement le droit de former opposition au mariage?

R. Le droit n'est donné aux ascendans que graduellement; le père seul peut l'exercer, et à son défaut, c'est-à-dire, s'il est dans l'impossibilité physique ou morale d'agir, la mère seule, à défaut du père et de la mère, les aïeuls, et à défaut d'aïeuls, les aïeules. *Art.* 173.

Mais, jusqu'à la transcription, le mariage n'étant pas légalement connu en France, n'aurait aucun effet civil à l'égard des Français, ou des biens situés en France. (Voyez Toullier, *tom.* 1er, *pag.* 465; Delvincourt, *pag.* 380, *note* 6.)

(1) Il vaut mieux prévenir les contraventions, que d'avoir à les punir ou à les réparer. De là le droit de former opposition aux mariages, qui seraient près d'être célébrés contre les prohibitions de la loi (M. *Toullier*).

(2) On ne pouvait refuser à une personne, engagée dans un mariage, la faculté de défendre son titre et de réclamer ses droits. Ainsi, l'époux absent qui, comme on le sait, aurait le droit de demander la nullité du mariage contracté par son conjoint, aurait également celui de former opposition au mariage.

D. Pourraient-ils former cette opposition, si les contractans étaient majeurs pour le mariage ?

R. Ils le peuvent, quelque âge que puissent avoir atteint les enfans et descendans. *Art.* 173.

D. Pour quelles causes peuvent-ils former opposition ?

R. Le droit des ascendans est illimité à cet égard ; il n'est point restreint à certaines causes particulières (1).

D. Quels collatéraux ont droit de former opposition ?

R. Ce sont le frère ou la sœur, l'oncle ou la tante, le cousin ou la cousine germains. *Art.* 174.

D. A quelles conditions est subordonné l'exercice de ce droit ?

R. A deux conditions : 1°. il faut que les collatéraux soient majeurs ;

2°. Qu'il n'existe pas d'ascendans. *Art.* 174.

D. Pour quelles causes peuvent-ils former opposition ?

R. Pour deux causes seulement : 1°. lorsque le consentement du conseil de famille, lorsqu'il est nécessaire, n'a pas été obtenu (2) ;

2°. Lorsque l'opposition est fondée sur l'état de démence du futur époux. *Art.* 174.

D. Que doivent faire les collatéraux, pour

---

(1) La loi s'en rapporte à leur prudence. Le tribunal, d'ailleurs, examinera le mérite de l'opposition, et en donnera main-levée, si elle est mal fondée.

(2) *Consentement du conseil de famille.* Art. 160.

que l'opposition soit recevable, si elle est fondée sur la démence ?

R. Ils devront se soumettre à provoquer l'interdiction dans le délai, qui sera fixé par le jugement.

D. Que fait le tribunal sur cette opposition ?

R. S'il la trouve évidemment mal fondée, il en prononce la main levée pure et simple. (*Art.* 174.) S'il pense qu'il soit nécessaire d'examiner plus à fond l'allégation de démence, il fixe, par son jugement, un délai, dans lequel l'opposant devra faire statuer sur l'interdiction. (1)

D. Pour quelles causes, et à quelle condition, le tuteur ou curateur pourra-t-il former opposition pendant la durée de la tutelle ou curatelle ?

R. Il ne pourra former opposition qu'autant qu'il y aura été autorisé par le conseil de famille, qu'il pourra convoquer, et pour les deux causes seulement pour lesquelles cette faculté est accordée aux collatéraux. *Art.* 175.

---

(1) Ou la démence est évidemment mal fondée, ou c'est un fait à examiner.

Dans le premier cas, le juge userait du droit de faire comparaître d'office le prévenu de démence, de l'examiner, de rejetter l'opposition, s'il la trouve mal fondée, et d'ordonner qu'on passera outre.

C'est pour ne laisser aucune équivoque sur cette faculté qu'ont les tribunaux, qu'on ajoute dans l'article : *Le tribunal pourra prononcer la main-levée pure et simple.*

Dans le second cas, celui où il serait nécessaire d'examiner plus à fond l'allégation de démence, le mariage ne peut pas non plus être indéfiniment différé, puisque l'opposition n'est reçue qu'à la charge de provoquer l'interdiction, *et d'y faire statuer dans un délai, qui sera fixé par le jugement.* (Locré, tome 3, p. 151-152).

D. Que doit énoncer et contenir l'acte d'opposition ?

R. Il énoncera la qualité, qui donne à l'opposant le droit de la former : il contiendra l'élection de domicile dans le lieu où le mariage devra être célébré : il devra également, à moins qu'il ne soit fait à la requête d'un ascendant, contenir les motifs de l'opposition. (*Art.* 176) (1).

D. Qu'arriverait-il si l'une de ces formalités avait été omise ?

R. L'opposition serait nulle, et l'interdiction de l'officier ministériel, (*l'huissier*) qui aurait signé l'acte d'opposition devrait être prononcée. (*Art.* 176.)

D. Comment et par qui est-il statué sur l'opposition ?

R. Par le tribunal de première instance, qui prononcera dans les dix jours, sur la demande en main-levée (*Art.* 177.) et, s'il y a appel, il y sera statué dans les dix jours de la citation. (*Art.* 178).

D. A quoi pourront être condamnés les opposans, si l'opposition est rejettée ?

R. Les opposans, autres néanmoins que les

Ces dispositions ont pour but d'empêcher les abus, qui pourraient résulter de l'opposition, fondée sur l'allégation de démence.

(1) Voyez page 34 et suivantes, les autres formalités relatives à l'opposition.

L'élection de domicile est attributive de jurisdiction ; elle est prescrite afin que celui au mariage duquel on s'oppose, ne soit pas obligé d'aller plaider devant le tribunal du domicile de l'opposant.

ascendans pourront être condamnés à des dommages-intérêts. (*Art.* 179) (1).

CHAPITRE IV.

Des demandes en nullité de mariage (2).

D. Comment le mariage peut-il être prouvé?

R. Il faut distinguer les personnes auxquelles la preuve est demandée, car il n'en est pas de même à l'égard des époux ou de l'un d'eux, et à l'égard des enfans.

D. Comment doit être prouvé le mariage de la part des époux ?

R. Il ne peut l'être que par la représentation de l'acte de célébration, inscrit sur le registre de l'état civil, sauf le cas de non existence de registres. *art.* 195.

La possession d'état (3) même ne peut dis-

---

(1) *Dommages-intérêts.* C'est en général une indemnité qu'on accorde en raison du gain qu'on a manqué à faire, et de la perte qu'on a éprouvée par le fait d'autrui.

(2) Bien que ce chapitre soit intitulé uniquement, *des demandes en nullité*, il contient aussi *la preuve du mariage*; nous croyons devoir commencer par faire connaître comment on peut établir la preuve de l'existence du mariage; nous verrons ensuite dans quel cas, et par qui, la nullité du mariage peut-être demandée.

(3) On entend en général par possession d'état, la notoriété qui résulte d'une suite non interrompue de faits tendans à prouver l'état dont une personne a joui dans la société et dans la famille. Ainsi, deux personnes qui ont vécu publiquement comme mari et femme, et qui ont passé pour tels sans contradiction, ont *la possession d'état* de mari et de femme. (*MM. Delvincourt et Toullier*).

penser les prétendus époux de représenter l'acte de célébration, non-seulement lorsqu'ils voudraient opposer cette possession à des tiers; mais encore, lorsqu'ils voudraient se l'opposer respectivement l'un à l'autre. *Art.* 195. (1)

D. La possession d'état ne peut-elle pas au moins servir à corroborer l'acte de mariage ?

R. Lorsqu'il y a possession d'état, et que l'acte de célébration de mariage devant l'officier de l'état civil est représenté (2), les époux sont respectivement non-recevables à demander la nullité de cet acte. *Art.* 196. (3)

D. La preuve du mariage ne peut-elle jamais, sauf le cas de non existence de registres, résulter à l'égard des époux que de la représentation de l'acte ?

R. Dans le cas où l'on aurait par malveillance supprimé la preuve du mariage, par exemple, en falsifiant ou déchirant la feuille du registre, cette suppression donnerait lieu à une pour-

---

(1) Elle ne peut être opposée à des tiers, autrement, comme il dépend des époux seuls de se procurer cette possession; il dépendrait également d'eux seuls de se procurer une preuve de leur mariage (*M. Delv.*)

Elle ne peut non plus être opposée par les prétendus époux respectivement l'un à l'autre, c'est-à-dire, que si l'un des prétendus époux contestait le mariage, l'autre ne pourrait lui opposer une fin de non recevoir, tirée de ce qu'il l'a laissé jouir du titre et des droits d'époux légitime. (*Idem.*)

(2) Quelque vicieux que puisse être cet acte, quand même il ne serait inscrit que sur une feuille volante (*M. Toullier.*)

(3) Elle sert donc ainsi à corroborer l'acte de mariage, qu'elle ne peut remplacer, et à en couvrir les vices, excepté, par exemple, dans le cas d'inceste et de bigamie.

suite criminelle, et si par le résultat de la procédure, la preuve de la célébration se trouve acquise, l'inscription du jugement, sur les registres de l'état civil, assure au mariage à compter du jour de sa célébration, tous les effets civils tant à l'égard des époux qu'à l'égard des enfans issus de ce mariage. *Art.* 198.

D. Si les époux, ou l'un d'eux, étaient mort, sans avoir découvert la fraude, par qui l'action criminelle peut-elle être intentée ?

R. Elle peut l'être par tous ceux qui ont intérêt de faire déclarer le mariage valable, et par le procureur du Roi. *Art.* 199.

D. Comment et contre qui l'action sera-t-elle dirigée, si l'officier public est décédé lors de la découverte de la fraude ?

R. Elle sera dirigée au civil, contre ses héritiers, par le procureur du Roi, en présence des parties intéressées, et sur leur dénonciation. *Art.* 200. (1)

D. Les enfans sont-ils toujours tenus de représenter l'acte de célébration pour prouver leur état d'enfans légitimes ?

R. Ils peuvent être dispensés de représenter cet acte; mais il faut pour qu'ils le soient, la réunion des trois conditions suivantes :

1°. Que les deux époux soient décédés.

2°. Qu'il y ait possession d'état de la part des père et mère.

---

(1) Et le jugement du tribunal civil aura, dans ce cas, le même effet relativement à la preuve du mariage, que l'aurait eu le jugment criminel. (*M. Delvincourt.*)

3°. Que cette possession ne soit pas contredite par l'acte de naissance, *art.* 197. (1)

D. Combien distingue-t-on d'espèces de nullités de mariages ? (2)

R. Deux espèces ; les nullités absolues et les nullités relatives.

D. Qu'entendez-vous par nullités absolues et par nullités relatives ?

R. Les nullités absolues sont celles qui sont fondées sur des raisons d'ordre public, et qui, par conséquent, peuvent être invoquées, non-seulement par tous ceux qui y ont intérêt, mais même par les époux et par le ministère public.

Les nullités relatives sont celles qui sont fondées sur des motifs d'intérêt privé; elles ne peuvent, par conséquent, être invoquées que par les personnes, dans l'intérêt desquelles elles sont établies, et dont le silence, pendant un intervalle donné, suffit pour qu'on ne puisse plus attaquer le mariage sous ce rapport. (*M. Delvincourt*).

D. Par qui peut être demandée la nullité,

---

(1) Il ne suffit pas que l'enfant ait la possession d'état d'enfant légitime, il faut encore que les père et mère soient morts en possession de l'etat de mari et femme.

Il y aurait contradiction, si l'enfant était qualifié d'enfant naturel par son acte de naissance.

(2) Il eût été inutile de soumettre le mariage à des conditions et à des formes, si les unes pouvaient être impunément méconnues, les autres impunément violées.

Dans le chapitre précédent, on avait créé des moyens pour prévenir les unions illégales ; mais si ces moyens étaient négligés, si aucune opposition n'arrêtait des mariages, réprouvés par la loi, il ne resterait plus qu'à les dissoudre. Delà *les nullités*. (*Locré*, *tom.* 3, *p.* 267.)

fondée sur le défaut de consentement libre des deux époux ou de l'un deux ?

R. Cette nullité est une nullité relative, qui ne peut être proposée que par les époux, ou par celui dont le consentement n'a pas été libre ou qui a été induit en erreur sur la personne (*art.* 180) (1), parce que nul autre que lui ne peut être juge de son erreur ou de sa contrainte.

D. Comment cette nullité peut-elle être couverte ?

R. Cette nullité est couverte, et la demande n'est plus recevable, toutes les fois qu'il y a eu cohabitation continuée pendant six mois, depuis que l'époux a acquis sa pleine liberté, ou que l'erreur a été par luire connue (*art.* 181), parce qu'alors la ratification tacite du contrat est censée intervenue.

D. Par qui peut être demandée la nullité du mariage, fondée sur le défaut de consentement des ascendans ou du conseil de famille ?

R. Cette nullité est aussi une nullité relative, qui ne peut être demandée que par ceux dont le consentement était requis, ou par celui des deux époux, qui avait besoin de ce consentement (*art.* 182), parce que, s'ils n'agissent ni les uns, ni les autres, ils sont censés ou avoir voulu dans le temps, ou avoir ratifié après.

---

(1) Erreur *quant à la personne* ; par exemple si j'ai intention d'épouser Marie, et que l'on y substitue *Sophie*, que l'on me fait épouser à sa place. (*M. Delvincourt.*) Il n'y aurait pas nullité si l'erreur ne portait que sur une qualité, qui n'entraînât pas avec elle erreur sur la personne.

D. Quand cette action en nullité n'est-elle plus recevable?

R. Cette action n'est plus recevable, et toute réclamatisn est interdite soit aux époux, soit aux parens, si le mariage a été approuvé expressément ou tacitement (1) par ceux dont le consentement était requis, ou si, depuis qu'ils en ont connaissance, il s'est écoulé une année, sans réclamation de leur part.

L'action est interdite encore à l'égard de l'époux, lorsque, sans réclamer, il a laissé écouler une année, depuis l'âge compétent, pour consentir par lui-même au mariage. (*Article* 183.) (2)

D. Par qui peut être invoquée la nullité fondée sur le défaut d'âge compétent, le lien d'un premier mariage, la parenté ou l'alliance aux degrés prohibés? (3)

R. Elle peut l'être soit par les époux eux-mêmes (4), soit par tous ceux qui y ont in-

---

(1) *Expressément.* L'approbation est expresse quand elle résulte d'actes publics, ou même privés, qui ont pour objet l'approbation même du mariage.

Tacitement, quand l'approbation résulte d'actions, qui doivent la faire supposer. Par exemple, le père qui » reçoit sciemment la femme de son fils, qui la traite » comme sa bru, etc., est censé approuver le mariage. (*M. Delvincourt.*)

(2) Il faut remarquer que l'approbation, donnée par les parens, peut être opposée aux époux et les rend non recevables à attaquer le mariage; mais qu'au contraire, la ratification de l'époux, devenu majeur, ne peut être oppposée aux parens, dont l'autorité a été méprisée.

(3) Art. 144, 147, 161, 162 et 163.

(4) *Par les époux eux-mêmes.* Si la nullité est fondée sur le lien d'un premier mariage, il faut observer que

térêt, soit par le ministère public. (*Article* 184.) (1)

D. Quand la nullité, résultante du défaut d'âge compétent, se trouve-t-elle couverte?

R. Elle se trouve couverte, et, par conséquent, le mariage ne peut plus être attaqué, 1°. lorsqn'il s'est écoulé six mois depuis que les époux, ou celui qui n'avait pas l'âge compétent, l'ont atteint; 2°. lorsque la femme, qui n'avait pas l'âge compétent, a conçu avant l'échéance de six mois : et le ministère public serait lui-même non-recevable. *Art.* 185-190. (2)

---

l'action appartient aux deux éponx, sauf le cas d'absence; car nous avons vu que, d'après l'art. 139, l'époux absent, dont le conjoint aura contracté une nouvelle union, est seul recevable à attaquer le mariage; l'autre époux serait non-recevable; mais hors le cas d'absence, l'époux même qui aurait contracté mariage au préjudice d'un premier, qui subsiste encore, serait recevable à demander la nullité du second.

(1) Il faut que l'intérêt soit né et actuel, comme on le verra par l'art. 187; mais quelle doit être la nature de cet intérêt? « Dans les autres affaires, dit » M. Locré, la loi n'a égard qu'à l'intérêt pécuniaire, » seul il peut être le base d'une action.

» Dans la matière du mariage, elle a égard à l'intérêt » d'affection, d'honneur, et de direction qui se ren- » contre dans les ascendans et dans la famille ». Il faut conclure de ces réflexions, que les ascendans et la famille peuvent, aussi bien que les héritiers, que des enfans illégitimes privent d'une succession que la loi leur défère, invoquer la nullité dans les trois hypothèses auxquelles se réfère l'article 184.

(Voyez toutefois, Toullier, pag. 507, Locré, p. 366 et suivantes; Delvincourt, p. 324; Proudhon, p. 250.)

(2) Remarquez qu'il ne s'agit ici que de la nullité par suite du défaut d'âge compétent; les deux nullités, résultantes de la bigamie et de l'inceste, sont perpétuelles, et ne peuvent être couvertes.

L'action en nullité est encore non-recevable de la part des ascendans et de la famille, lorsqu'ils ont consenti au mariage. (*Art.* 186.)

D. Quand les trois espèces de nullités dont vous venez de parler peuvent-elles être invoquées ?

R. Il faut distinguer : le ministère public peut et doit demander la nullité du mariage *du vivant des époux*, et les faire condamner à se séparer (*art,* 190) ; après leur mort, il serait non-recevable.

L'époux, au préjudice duquel a été contracté un second mariage, peut en demander la nullité, du vivant même de l'époux, qui était engagé avec lui (*art.* 188) ; mais si les nouveaux époux opposent la nullité du premier mariage, la validité ou la nullité de ce mariage doit être jugée préalablement. *Art.* 189.

Quant aux parens collatéraux, ou aux enfans nés d'un autre mariage, l'action en nullité ne peut être intentée par eux, *du vivant des deux époux*, mais seulement lorsqu'ils y ont un intérêt né et actuel. *Art.* 187. (1)

D. Par qui peut être attaqué tout mariage, qui n'a pas été contracté publiquement, et qui n'a point été célébré devant l'officier pubic compétent ?

R. Il peut l'être par les époux eux-mêmes, par les père et mère, par les ascendans, et par

---

(1) L'action est interdite aux enfans, parce qu'étant obligés d'honorer et de respecter leurs père et mère, ils ne peuvent être recevables à les flétrir par une action infamante.

Elle est interdite à tout collatéral successible, parce qu'on ne peut ouvrir une action, en qualité d'héritier, quand il n'y a encore point d'hérédité ouverte (Proudhon.)

tous ceux qui y ont un intérêt né et actuel, ainsi que par le ministère public (*art.* 191) qui, lors même que les contraventions à la publicité et à la compétence de l'officier pbblic (*art.* 165) ne seraient pas suffisantes pour faire prononcer la nullité du mariage (1), fera prononcer contre l'officier public une amende, qui ne pourra excéder 300 fr., et contre les parties contractantes, ou ceux sous la puissance desquels elles ont agi, une amende proportionnée à leur fortune. *Art.* 192-193.

D. Peut-on demander la nullité du mariage lorsqu'il n'a pas été précédé des publications requises, ou si l'on n'a pas obtenu les dispenses permises par la loi, ou si les intervalles, prescrits dans les publications et célébrations, n'ont pas été observés?

R. Ces contraventions n'entraînent pas la nullité du mariage, mais le procureur du Roi fera prononcer contre l'officier public, les parties contractantes ou ceux sous la puissance desquels elles ont agi, la même amende que dans le cas de défaut de publicité lors de la célébration, et d'incompétence de l'officier public. *Art.* 192.

D. Le mariage déclaré nul produit-il néan-

---

(1) Cet article 193 suppose que le mariage n'est pas radicalement nul, par cela seul qu'il n'aura pas été célébré publiquement, ou devant l'officier compétent, et en cela il n'est pas en contradiction avec l'art. 191; car celui-ci dit seulement que le mariage *peut* être attaqué, etc.; il peut donc être ou n'être pas déclaré nul; cela dépend des circonstances, de la bonne foi des parties, du tems que le mariage a duré; c'est à la prudence du juge que la décision du tout est laissée. (M. *Malleville.*) Voyez M. Delvincourt, tome 1er. p. 324.

moins quelques effets, soit à l'égard des époux, soit à l'égard des enfans ?

R. Le mariage, déclaré nul, produit néanmoins les effets civils, tant à l'égard des époux qu'à l'égard des enfans, lorsqu'il a été contracté de bonne foi, *art.* 201 (1), et si la bonne foi n'a existé que de la part de l'un des époux, le mariage ne produit les effets (2) civils qu'en faveur de cet époux et des enfans issus du mariage. *Art.* 202. (3)

---

(1) On entend par bonne foi l'ignorance dans laquelle étaient les parties, de la cause qui les empêchait de contracter mariage ensemble. (M. Delvincourt.)

(2) Les effets de la bonne foi, relativement aux époux, se rapportent à trois objets : les droits pour la répétition de la dot et des autres conventions matrimoniales, le droit de succéder aux enfans.

Si les deux époux étaient obligés de se séparer, leurs droits seraient à tous égards les mêmes que si le mariage avait été légitime ; mais si l'un des deux époux était de mauvaise foi, il n'aurait rien à prétendre, en aucun cas, aux avantages stipulés en sa faveur, quand même ils auraient été stipulés réciproques, quoi qu'en ce cas l'autre époux conservât tous ses droits, parce que le mariage ne produit aucun effet civil à l'égard de l'époux de mauvaise foi.

Quand aux enfans nés de ces mariages, ils sont légitimes à tous les égards; ils jouissent des mêmes droits que s'ils étaient nés d'un mariage à la légitimité duquel il n'y aurait eu aucun obstacle (M. Toullier.)

(3) Les jurisconsultes appellent mariage putatif celui que les contractans ont cru légitime.

CHAPITRE V.

Des obligations qui naissent du mariage.

D. Quelles sont les obligations qui naissent du mariage ?

R. Ces obligations sont relatives aux époux entre eux (1) ou à leurs enfans, ou à leurs parens et alliés.

D. Quelles sont les obligations que contractent les époux, à l'égard des enfans, par le seul fait du mariage ?

R. Ils contractent celle de nourrir, entretenir et élever leurs enfans, *art.* 203 ; mais l'enfant n'a pas d'action contre ses père et mère pour un établissement, par mariage ou autrement. *Art.* 204. (2)

D. Les père et mère ne doivent-ils des alimens qu'à leurs enfans ?

R. Ils en doivent encore à leurs gendres et à leurs brus ou belles-filles. *Art.* 206-207.

D. Cette obligation de fournir des alimens est-elle réciproque ?

R. Oui. Les enfans doivent des alimens à

---

(1) Le chapitre suivant traite des droits et devoirs respectifs des époux : Ce chapitre traite exclusivement des alimens, que les parens et les enfans doivent se fournir réciproquement.

(2) Dans les pays de droit écrit, la fille qui se mariait avait contre ses père et mère une action pour obtenir une dot (*action en constitution de dot.*) Au contraire, dans les pays coutumiers, on tenait pour maxime : que *ne dote qui ne veut.* Il fallait se décider entre ces deux systêmes, et des motifs puissans ont fait adopté le second (Voyez *Locré, tome* 3, *pag.* 457 *et suivantes.*)

leurs père et mère, et autres ascendans, qui sont dans le besoin. *Art.* 205.

Les gendres et belles-filles en doivent également, *et dans les mêmes circonstances*, à leurs beau-père et belle-mère. *Art.* 206. (1)

D. En quoi consiste l'obligation de fournir des alimens?

R. Elle consiste à fournir tout ce qui est nécessaire à la vie, c'est-à-dire la nourriture, le logement, le vêtement, et ce, dans la proportion du besoin de celui qui réclame les alimens, et de la fortune de celui qui les fournit. *Art.* 208-210. (2)

D. Comment doivent être fournis les alimens?

R. Ils doivent l'être, ou par une pension alimentaire, ou en nature.

D. Dans quel cas les alimens peuvent-ils être fournis en nature?

R. Si la personne, qui doit fournir les alimens,

---

(1) *Dans les mêmes circonstances*, c'est-à-dire à leurs beau-père et belle-mère, qui sont dans le besoin.

Le gendre, *Gener*, est le mari de notre fille; la belle-fille ou la bru, *Nurus*, est la femme de notre fils; le beau-père, *Socer*, est le père du notre épouse ou de notre mari; la belle-mère, *Socrus*, est la mère de notre épouse ou de notre mari.

On appelle aussi beau-père, le second mari de notre mère; belle-mère, la seconde femme de notre père; beaux-fils et belles-filles, les enfans issus du premier mariage de notre femme ou de notre mari; mais ce n'est pas à eux que s'applique l'art. 206; c'est entre les premiers seulement qu'existe l'obligation réciproque de se fournir des alimens.

(2) *Legatis alimentis, cibaria et vestitus, et habitatio debebitur, quia sine his ali corpus non potest.* L. 6, ff. *de alim-vel cib. leg.*

justifie qu'elle ne peut payer *la pension alimentaire*, le tribunal pourra, en connaissance de cause, ordonner qu'elle recevra dans sa demeure, qu'elle nourrira et entretiendra celui auquel elle devra des alimens. *Art.* 210.

Le tribunal jugera également si le père ou la mère, qui offrira de recevoir, nourrir et entretenir dans sa demeure, l'enfant, à qui il devra des alimens, devra, dans ce cas, être dispensé de payer *la pension alimentaire.* Art. 211. (1)

D. Quand cesse l'obligation de fournir des alimens?

R. Les alimens n'étant accordés que pour les besoins de celui qui les réclame, et en proportion des facultés de celui qui les doit, il s'en suit que, lorsque celui qui fournit, ou celui qui reçoit des alimens est replacé dans un état tel, que l'un ne puisse plus en donner, ou que l'autre n'en ait plus besoin, en tout ou en partie, la décharge ou réduction peut en être demandée *Art.* 209.

---

(1) Remarquez que toute personne indistinctement ne peut se dispenser de payer la *pension alimentaire*, en offrant de recevoir, nourrir et entretenir celui à qui elle doit des alimens; le tribunal ne peut ordonner cette mesure, qu'autant que la personne justifie de l'impossibilité de fournir la pension.

Dans le cas seulement où c'est le père ou la mère, qui doit fournir les alimens, il est laissé à la prudence du tribunal d'examiner si l'offre de recevoir l'enfant doit les dispenser de fournir la pension alimentaire; mais le père ou la mère ne sont pas tenus de justifier de l'impossibilité de la fournir, et les circonstances seules doivent déterminer le juge pour l'une ou l'autre mesure.

D. Dans quels cas particuliers cette obligation peut-elle cesser encore?

R. L'obligation réciproque entre les gendres et belles-filles, d'une part, et les beaux-pères et belles-mères, d'autre part, n'étant attachée qu'au lien d'affinité qui les unit, cesse quand l'affinité elle-même est dissoute, c'est-à-dire, 1°. lorsque la belle-mère (1) a convolé en secondes noces; 2°. lorsque celui des époux (2), qui produisait l'affinité, et les enfans issus de son union avec l'autre époux, sont décédés. *Art.* 206.

CHAPITRE VI.

Des droits et des devoirs respectifs des époux. (3)

Dem. Quels sont les droits et devoirs

---

(1) L'obligation ne serait pas dissoute si c'était le beau-père, qui convolât en seconde noce, si toutefois le mariage de ses enfans du premier lit, ou leurs rejetons, subsistent encore; car le père continue de rester dans la famille ancienne; il en est toujours le chef, quoi qu'il devienne aussi le chef d'une famille nouvelle.

(2) 2°. *Lorsque celui des époux, etc.* L'espèce est facile à saisir. Ma femme produisait l'affinité entre ses parens et moi; je devais, de son vivant, des alimens à ses père et mère dans le besoin (mon beau-père et ma belle-mère). Elle meurt, mais il existe des enfans de notre union; je dois encore des alimens à mon beau-père et à ma belle-mère; au contraire, elle meurt, et il n'existe pas d'enfans, ou ils viennent à décéder, tous les liens d'affinité se trouvant détruits, je ne dois pas d'alimens. Il faut donc, pour dissoudre l'obligation de fournir des alimens dans ce cas, la réunion de deux circonstances : *décès de l'époux qui produisait l'affinité; décès des enfans issus de son union avec l'autre époux.*

(3) C'est de ce chapitre, que l'officier de l'état civil

réciproques des époux l'un envers l'autre?

R. Les époux se doivent mutuellement fidélité, secours, assistance. *Art.* 212.

Le mari doit protection à sa femme, la femme obéissance à son mari. *Art.* 213.

La femme est obligée d'habiter avec le mari, et de le suivre partout où il juge à propos de résider (1). Le mari est obligé de la recevoir et de lui fournir tout ce qui est nécessaire pour les besoins de la vie, selon ses facultés et son état. *Art.* 214.

La femme ne peut contracter, ni ester en jugement, sans l'autorisation de son mari. *Art.* 1124-215. (2)

D. Qu'est-ce que l'autorisation du mari?

R. L'autorisation du mari est l'approbation qu'il donne aux actes que la femme ne peut faire sans son consentement.

D. Dans quels cas l'autorisation est-elle nécessaire à la femme?

R. La femme même non commune, ou

---

doit donner lecture aux futurs époux, lors de la célébration du mariage.

(1) *Où il juge à propos de résider*, même hors du territoire français; cela a été formellement décidé dans la discussion. Le projet contenant une disposition, qui dispensait la femme de cette obligation, lorsque le mari quittait le sol du royaume pour autre cause que pour mission du gouvernement, exigeant résidence. Cette addition a été retranchée par la raison que l'obligation de la femme, de suivre son mari, est générale, et doit s'appliquer à tous les cas. (M. Delvincourt).

(2) *Ester en jugement*, *stare in judicio*. Paraître dans

séparée de biens, ne peut donner, aliéner, hypothéquer, acquérir, à titre gratuit ou onéreux, sans le concours du mari dans l'acte, ou son consentement par écrit. *Art.* 217.

La femme ne peut ester en jugement sans l'autorisation de son mari, quand même elle serait marchande publique, ou non commune, ou séparée de biens. *Art.* 215. (1).

D. Dans quels cas, l'autorisation n'est-elle pas nécessaire ?

R. Cette autorisation n'est pas nécessaire à la femme pour tester. *Art.* 226. (2).

Elle n'est pas nécessaire. non plus à la femme, lorsqu'elle est poursuivie en matière criminelle ou de police. *Art.* 216. (3)

La femme, si elle est marchande publique, peut sans l'autorisation de son mari, s'obliger pour ce qui concerne son commerce; et audit cas,

---

un procès, y être partie, soit en demandant, soit en défendant. (*M. Delvincourt.*)

(1). Voyez encore les art. 865 – 878 du code de procédnre civile; 776 du code civil.

(2) Parce que le testament, n'ayant son effet qu'après la mort, ne peut blesser en rien les droits du mari.

(3) Parce que le mari ne peut arrêter l'action de la loi, et que la nécessité de la défense dispense la femme de toutes formalités. (M. Proudhon.)

Mais si dans un procès criminel ou correctionnel, la femme voulait se rendre partie civile, c'est-à-dire, réclamer des dommages-intérêts contre l'accusé ou le prévenn, elle aurait besoin de l'autorisation, parce qu'il y n'y a pas *nécessité* de former cette demande, et que la partie civile, qui succombe, est condamnée aux frais.

elle oblige aussi son mari, s'il y a communauté entre eux. *Art.* 220. (1)

D. Quand la femme est-elle réputée marchande publique?

R. La femme n'est réputée marchande publique, que lorsqu'elle fait un commerce séparé, et non quand elle ne fait que détailler les marchandises du commerce de son mari. *Art.* 220. (2)

D. Quelle doit être la nature de l'autorisation?

R. Elle doit être spéciale, c'est-à-dire, particulière pour chaque acte où elle est nécessaire. Toute autorisation générale, même stipulée par contrat de mariage, n'est valable que quant à l'administration des biens de la femme. *Art.* 223.

D. L'autorisation du mari peut-elle être suppléée?

R. Oui, elle peut l'être par la justice.

D. Quand peut-elle et doit-elle être suppléée?

R. Quand le mari la refuse, ou est dans l'impossibilité de la donner, si, par exemple, il est condamné à une peine afflictive ou infamante, fût-elle même prononcée par contnmace, s'il est interdit, absent ou mineur, l'autorisation de la justice est nécessaire à la

---

(1) Le mari en permettant à sa femme de faire le commerce, l'a autorisée tacitement à faire tous les actes de son commerce.

Voy. encore les art. 940-2139-2194-2155-1096-1449 du code civil.

(2) Voyez les art. 4, 5 et 77 du code de commerce.

femme pour contracter ou pour ester en jugement.

D. Dans quelle forme est-elle suppléée, si le mari refuse d'autoriser sa femme à ester en jugement, ou à passer un acte?

R. Il faut distinguer : s'il s'agit d'autoriser la femme à ester en jugement, lorsque le mari refuse l'autorisation, le juge peut la donner, sans appeler ni entendre le mari.

Mais si le mari refuse d'autoriser sa femme à passer un acte, la femme doit, après sommation à lui faite, et sur son refus, présenter requête au président du tribunal de première instance du domicile commun, qui permet de citer le mari, à jour indiqué, à la chambre du conseil, pour déduire les motifs de son refus; et, au jour indiqué, il est rendu, sur les conclusions du ministère public, jugement qui statue sur la demande de la femme. (*Procedure civile*, *art.* 861-862.)

D. Dans quelle forme l'autorisation est-elle suppléée, si le mari est condamné à une peine infamante, interdit, absent ou mineur?

R. En cas d'absence du mari, la femme présente requête au président, qui commet un juge sur le rapport duquel le tribunal statue, le ministère public entendu.

La même forme est suivie dans le cas d'interdiction du mari, seulement alors il faut joindre à la requête le jugement d'interdiction.

Il doit en être de même dans le cas de minorité ou de condamnation à une peine afflictive ou infamante, encore qu'elle n'ait été prononcée que par contumace, et il suffit de représenter, dans le premier cas, l'acte de naissance du mari, et dans le second, le jugement de condamnation. (C. civ. 221-22-224. Procéd. civ. 863-864.)

D. Par qui peut être opposée la nullité fondée sur le défaut d'autorisation ?

R. Elle ne peut l'être que par la femme, par le mari, ou par leurs héritiers. *Art.* 225. (1)

CHAPITRE VII.

D. Comment se dissout le mariage ?

R. Par la mort naturelle ou civile de l'un des époux. *Art.* 227.

TITRE VI.

Du divorce.

Le divorce est aboli. (Art. 1er., loi du 8 mars 1816, bull. des lois, 7e. série, no. 84-645.)

De la séparation de corps.

D. Qu'est-ce que la séparation de corps?

R. La séparation de corps peut être définie, la faculté accordée par le juge, à l'un des

---

(1) Ainsi, celui qui, étant capable de s'engager, a traité avec une femme non autorisée, ne peut opposer l'incapacité de celle-ci (*art.* 1125), pour se décharger lui-même des obligations qu'il a souscrites envers elle, tandis qu'au contraire, la femme et le mari, et leurs héritiers, sont maîtres de décider du contrat. *M. Proudhon.*)

époux, d'habiter séparément de l'autre, sans pouvoir être forcé de le recevoir. (*M. Delvincourt.*)

D. Dans quel cas peut-on demander la séparation de corps?

R. Elle peut être demandée, 1°. pour adultère de la femme; pour adultère du mari, mais seulement lorsqu'il aura tenu sa concubine dans la maison commune;

2°. Pour excès, sévices, ou injures graves de l'un des époux envers l'autre. (1)

3°. Pour condamnation de l'un des époux à une peine infamante. *Art.* 306-229-230-231-232.

Mais la séparation de corps ne peut jamais avoir lieu par le consentement mutuel des époux. *Art.* 307. (2)

---

(1) *Excès.* On entend prindipalement, par ce mot, les actes qui peuvent mettre en danger la vie de l'époux.

Sevices : Mauvais traitemens personnels, et suiout continuels.

Iujures graves : Outrages, diffamation. Mais bien entendu que pour ce qui concerne les sévices ou injures, tout est relatif. Tel acte serait sévice ou injure grave à l'égard d'une personne d'un rang honnête, qui ne le serait pas à l'égard d'une personne d'une condition inférieure. (M. Delvincourt.)

(2) Le divorce pouvait avoir lieu par consentement mutuel; mais ce mode était environné d'une foule de formalites et de délais nécessaires pour prévenir les abus qui auraient pu en résulter. La séparation de corps ne pouvait, et ne peut encore avoir lieu par consentement mutuel, voici les raisons qu'en donne M. Delvincourt. « La première, c'est que la séparation » ne dissolvant pas le mariage, il serait impossible de » l'entourer de toutes les entraves dont on avait hé-

D. Dans quelle forme doit être intentée, instruite et jugée la demande en séparation de corps?

R. De la même manière que toute autre action civile. (1) *Art.* 507. (2)

D. Quels sont les principaux effets de la séparation de corps?

R. La séparation de cops entraîne toujours la séparation de biens. *Art.* 311.

La femme, contre laquelle la séparation de corps sera prononcée pour cause d'adultère, sera condamnée par le même jugement, et sur la réquisition du ministère public, à la réclusion dans une maison de correction pendant un tems déterminé, qui ne pourra être

---

» rissé anciennement le divorce par consentement mu-
» tuel. On ne pourrait défendre aux époux de se réunir;
» on ne pourrait les forcer d'abandonner une partie de
» leurs biens à leurs enfans, etc. (*ce qui avait lieu dans*
» *le cas de divorce.*).

» La deuxième raison, c'est que la séparation de
» corps entraîne la séparation de biens, qui est le plus
» souvent un changement aux conventionx matrimo-
» niales. Or, il est de principe que les époux ne peu-
» vent changer leurs conventions matrimoniales, pos-
» térieurement à leur mariage. *Art.* 1395. »

(1) Voyez toutefois la procédure particulière tracée dans les art. 875 et suivans du code de procédure civile.

(2) On peut opposer à la demande en séparation de corps, comme on le pouvait à celle de divorce, une fin de non recevoir tirée de la réconciliation, survenue soit depuis les faits, qui auraient donné lieu à la demande, soit depuis la demande formée.

Voyez les art. 272-273-274. (*MM. Delvincourt*, *tome* 1er., *pag.* 79.—*Toullier*, *tome* 2, *pag.* 204 *et suivantes.*)

moindre de trois mois ni excéder deux années (*art.* 308); mais le mari restera le maître d'arrêter l'effet de cette condamnation, en consentant à reprendre sa femme. *Art.* 309. (1)

TITRE VII.

De la paternité et de la filiation.

CHAPITRE Ier.

De la filiation des enfans légitimes ou nés dans le mariage. (1)

D. Qu'entendez-vous par les mots paternité et filiation?

R. J'entends la qualité de père et celle de fils ou d'enfant. La filiation vient de la naissance

---

(1) Voyez M. Delvincourt, tome 1, page 81. — M. Toullier, tome 2, pag. 115.

Comme nous l'avons déjà fait observer, la séparation de corps ne dissout pas le mariage, elle dispense seulement les époux du devoir de cohabiter ensemble, que leur imposait le mariage, et donne à la femme le droit d'avoir un domicile particulier.

Mais le mariage n'étant pas dissous, la présomption *is pater est quem nuptiæ demonstrant*, dont il est parlé dans le titre suivant, subsiste malgré la séparation de corps.

(2) Le législateur distingue entre les enfans légitimes et les enfans nés dans le mariage, parce que le mariage n'établit, en faveur des enfans qu'une présomption de légitimité, et qu'ils deviennent illégitimes, quoi que nés sous le mariage, s'ils sont valablement désavoués. (*M. Locré.*)

que nous recevons d'un tel père ou d'une telle mère, et la paternité, de la naissance que nous donnons à nos enfans.

D. Comment connaît-on la mère ?

R. La nature l'indique par des signes extérieurs et apparens ; mariée ou non mariée, elle est toujours certaine.

D. En est-il de même du père ?

R. Non, rien ne prouve qu'un individu est le père de l'enfant qu'on lui attribue, mais, la loi, ne pouvant pas laisser la paternité incertaine, à défaut de principe invariable, a consacré la présomption la plus voisine de la preuve.

D. Quelle est cette présomption ?

R. C'est que l'enfant conçu dans le mariage, a pour père le mari. (1) Art. 312.

D. Quand cette présomption cesse-t-elle ? (2)

R. Elle cesse, lorsqu'il est impossible que le mari soit le père.

Ainsi, il peut désavouer l'enfant, s'il prouve (3) que, pendant le temps qui a couru, depuis

---

(1) L'enfant né hors mariage n'a pas de père aux yeux de la loi, sauf le cas de reconnaissance, ainsi que nous le verrons ci-après.

(2) Cette présomption est fondée sur deux suppositions, l'une, de la cohabitation antérieure, *non*-seulement à la naissance, mais encore à la conception de l'enfant ; l'autre, que la mère a fidèlement gardé la foi promise à son mari. (*M. Toullier.*)

(3) C'est au mari à prouver, parce que l'effet d'une présomption légale (art. 1349 et 1352), est de dispenser, de toute preuve, celui qui peut l'invoquer en sa faveur.

le trois-centième, jusqu'au cent quatre-vingtième jour, avant la naissance de cet enfant, (1) il était, soit par cause d'éloignement, soit par l'effet de quelqu'accident, autre cependant que l'impuissance naturelle, dans l'impossibilité physique de cohabiter avec sa femme. *Art.* 312. 313.

D. Le mari pourra-t-il désavouer l'enfant pour cause d'adultère de sa femme? (2)

R. Non, il ne le peut, à moins que la naissance ne lui ait été cachée; auquel cas il sera admis à proposer tous les faits propres à établir qu'il n'est pas le père. *Art.* 313.

D. L'enfant né pendant le mariage, mais conçu auparavant, est-il légitime?

R. Oui, le fait de sa naissance, pendant le mariage, suffit pour lui donner la qualité d'enfant légitime, sauf le désaveu que peut faire le mari.

D. Quand l'enfant est-il présumé conçu avant le mariage?

R. Il est présumé conçu avant le mariage lorsqu'il est né avant le cent quatre-vingtième jour du mariage.

D. Le mari peut-il toujours, dans ce cas, le désavouer?

R. Non, il n'est pas admis à faire le désaveu,

---

(1) Ce sont les termes de la naissance réputée la plus précoce et la plus tardive.

(2) Faut-il que l'adultère soit constaté par jugement? MM. Toullier et Merlin étaient de l'avis de l'affirmative; mais un arrêt de la cour de cassation du 8 juillet 1812, a décidé que le recèlement de l'enfant est la seule condition exigée pour rendre l'action admissible, et qu'il n'est pas nécessaire que l'adultère soit préalablement jugé.

1°. S'il a eu connaissance de la grossesse avant le mariage. (1)

2°. S'il a assisté à l'acte de naissance, et si cet acte est signé de lui, ou contient sa déclaration qu'il ne sait signer. (2)

5°. Si l'enfant n'est pas déclaré viable. (3) *Art.* 314.

D. Les trois cas ci-dessus indiqués sont-ils les seuls où le désaveu ne soit pas admis?

R. Non; toute reconnaissance du mari, consignée dans un acte authentique ou même privé, suffirait pour le rendre non-recevable à contester ensuite l'état de l'enfant. (*M. Toullier.*)

D. Quel est le terme de la gestation présumée la plus longue?

R. C'est celui de trois cents jours; aussi la

---

(1) On présume que le mari n'a contracté le mariage, que dans la vue de réparer sa faute personnelle, et pour légitimer l'enfant dont il connaissait l'existence (*M. Toullier*). C'est au surplus à ceux qui soutiennent la légitimité à prouver que le mari a eu cette connaissance. (*M. Delvincourt.*)

(2) Il ne peut revenir contre sa propre déclaration, donnée dans l'acte même destiné à constater l'état civil de l'enfant. (*M. Bigot Preameneu, procès-verbal du* 21 *ventôse an* 11.)

(3) *Viable*, c'est-à-dire, qui peut vivre. Lorsque l'enfant n'est pas déclaré viable, sa non-viabilité prouve qu'il n'a pas encore atteint le septième mois, et que sa conception ne remonte pas à une époque antérieure au mariage. (*M. La Hary, tribun.*)

D'ailleurs, le mari n'aurait aucun but, en désavouant un enfant qui ne peut vivre, et qui est inhabile à succéder, si ce n'est de porter atteinte à la réputation de sa femme pour une faute antérieure au mariage. *Les tribunaux ne doivent pas l'écouter dans son aveugle ressentiment.*

légitimité de l'enfant, né le trois cent-unième jour après la dissolution du mariage, pourra être contestée. *Art.* 315. (1)

D. Dans quel délai le mari doit-il réclamer dans les cas où il est admis à le faire ?

R. Il doit réclamer, dans le mois (2), s'il se trouve sur les lieux de la naissance de l'enfant. (3)

Dans les deux mois après son retour (4), si, à la même époque, il est absent.

---

(1) La contestation de légitimité est un terme générique, qui dans sa généralité comprend le désaveu, car celui qui désavoue un enfant conteste sa légitimité.

Mais le désaveu est une action spécifique qui a ses règles particulières; ces deux actions ont cela de commun, qu'elles sont dirigées contre un enfant, dont l'identité n'est pas douteuse, et dont la mère est, ou a été, engagée dans un mariage valide.

Le désaveu ne s'applique qu'aux enfans nés ou conçus pendant le mariage, et qui sont sous la protection de la règle *pater is est quem justœ nuptiœ demonstrant.* Il a donc pour objet, de dépouiller de la qualité de fils ou de fille un enfant qui la tient de la présomption légale.

La contestation de légitimité, au contraire, s'étend aux enfans nés et conçus après la dissolution du mariage, contre lesquels s'elève la règle *pater is est.* Elle a pour objet d'empêcher d'entrer dans la famille, celui qui ne s'y trouve placé ni par sa naissance, ni par sa conception. (*M. Toullier.*)

(2) On lui accorde le délai d'un mois pour apprendre la naissance.

(3) Que doit-on entendre par les lieux? On doit entendre la circonférence dans laquelle on ne peut pas être instruit de ce qui se passe dans chaque localité, et surtout de faits auxquels on a intérêt. (*M. Locré.*)

(4) On accorde deux mois au mari, s'il est absent au moment de la naissance, parce qu'il est juste de donner au père, après que le fait est parvenu à sa connaissance,

Dans les deux mois après la découverte de la fraude, si la naissance de l'enfant lui a été cachée. *Art.* 316.

D. L'action en désaveu passe-t-elle aux héritiers du mari ?

R. Non : elle est inhérente à la personne du mari, lui seul peut l'exercer : mais s'il meurt avant de l'intenter, et qu'il soit encore dans le délai utile, elle est transmise à ses héritiers qui succèdent à tous ses droits, à toutes ses actions.

D. Dans quel délai cette action doit-elle être formée par les héritiers ?

R. Dans le délai de deux mois à compter de l'époque où cet enfant se serait mis en possession des biens du mari, ou de l'époque où les héritiers seraient troublés par l'enfant dans cette possession. (*Art.* 317.)

D. Comment le désaveu soit du mari, soit de ses héritiers, doit-il être formé ?

R. Il doit être formé devant les tribunaux civils, dans les formes ordinaires ; il peut se faire par un acte extra-judiciaire (1) ; mais

---

le tems de prendre des renseignemens ; car il voudra sans doute ne faire d'éclat qu'après s'être parfaitement convaincu. (*Le consul Cambacérès.*)

Il ne s'agit pas ici seulement de l'absence déclarée ou présumée, mais de l'absence improprement dite, ou de la non-présence. Il suffit que le mari ne soit pas sur le lieu de la naissance. (M. Toullier.)

(1) Il faut entendre par-là tout acte qui n'a pas pour but de mener à un jugement, telle qu'une simple protestation. Il suffirait d'une protestation devant notaires, parce que, s'il fallait nécessairement qu'elle fût faite par huissier, il vaudrait autant intenter l'action. (M. Delvincourt.)

cet acte est regardé comme non avenu, s'il n'est suivi, dans le délai d'un mois, d'une action en justice dirigée contre un tuteur *ad hoc* donné à l'enfant, et en présence de la mère. (*Art.* 317.)(1)

D. Mais si l'acte de désaveu reste sans effet, faute de poursuite dans le mois, le mari ou ses héritiers peuvent-ils en former un nouveau ?

R. Oui, l'acte seul est censé non avenu; mais le mari ou ses héritiers, auraient le droit d'en former un nouveau dans le cas où le délai de deux mois ne serait pas encore expiré. (*La Hary*, *Exposé des Motifs.*)

D. Vous avez dit que l'action doit être dirigée contre un tuteur *ad hoc* donné à l'enfant, comment ce tuteur doit-il être nommé ?

R. Il doit être nommé par le conseil de famille, composé dans la forme ordinaire. Le désaveu du mari n'empêche pas qu'on y doive appeler des parens de sa ligne, puisque la loi ne fait aucune exception pour ce cas particulier; et que jusqu'à la preuve du contraire, il doit être considéré malgré son désaveu, comme le père de l'enfant. (*M. Toullier.*)(2)

---

(1) La mère n'est pas une partie directe dans le procès, puisqu'on ne provoque aucune condamnation contre elle; elle peut y paraître ou faire défaut, mais elle doit y être appelée; la loi veut que ce soit en sa présence que la cause soit discutée, parce qu'elle a son honneur à venger, et qu'elle a intérêt aussi à défendre l'état de son enfant. (M. Proudhon.)

(2) C'est aussi l'opinion de M. Proudhon; mais M. Delvincourt pense que le tuteur doit être nommé d'office par le tribunal.

CHAPITRE II.

Des preuves de la filiation des enfans légitimes.

D. Comment se prouve la filiation (1) des enfans légitimes (2)?

R. Elle se prouve par les actes de naissance inscrits sur le registre de l'état civil : à défaut d'actes (3), la possession constante de l'état d'enfant légitime suffit. *Art.* 316-320.

D. Qu'entendez-vous par possession d'état?

R. J'entends la notoriété résultante d'une suite non interrompue de faits tendans à constater l'état dont un individu a joui dans la société ou dans la famille. *Art.* 321.

D. Comment la possession d'état s'établit-elle?

R. Elle s'établit par une réunion suffisante de faits, qui indiquent le rapport de filiation et de parenté entre un individu et la famille à laquelle il prétend appartenir. *Art.* 321.

---

(1) Il s'agit ici des preuves de la filiation des enfans légitimes, et non des preuves de la légitimité. En effet, ainsi que nous l'avons vu plus haut, outre leur acte de naissance, les enfans sont tenus, en général, pour prouver leur légitimité, de rapporter l'acte de célébration du mariage de leurs père et mère.

(2) L'acte de naissance, dressé sur la déclaration des personnes que la loi a chargées de la faire, fait preuve de la filiation, même à l'égard du père, parce qu'il fait preuve de l'accouchement, et que quand la mère est mariée, d'après la règle *is pater est*, tout enfant né depuis le mariage est présumé l'enfant du mari, sauf le cas de désaveu. (*M. Delvincourt.*)

(3) *A défaut d'actes*, c'est-à-dire, quand il n'est pas présenté d'actes de naissance, l'enfant peut ignorer à

D. Quels sont les faits principaux qui la caractérisent?

R. C'est, 1° que l'individu a toujours porté le nom du père auquel il prétend appartenir.

2°. Que le père l'a traité comme son enfant, et a pourvu, en cette qualité, à son éducation, à son entretien, à son établissement.

3°. Qu'il a été reconnu constamment pour tel dans la société.

4°. Qu'il a été reconnu pour tel par la famille. *Art.* 321.

D. Peut-on contester l'état de celui qui a une possession d'état conforme à son acte de naissance?

R. Non (1); et réciproquement nul ne peut réclamer un état contraire à celui que lui donnent son acte de naissance, et la possession conforme à ce titre. *Art.* 322.

D. Si l'enfant n'a ni titre ni possession constante, ou s'il a été inscrit sous de faux noms, ou comme né de père et mère inconnus, comment pourra-t-il prouver sa filiation?

R. Il peut la prouver par témoins. *Art.* 323.

à quelle municipalité il a été présenté au moment de sa naissance; mais si l'acte est produit, et qu'il soit contraire à la possession, elle n'est plus d'aucune importance. (*M. Delvincourt.*)

(1) Mais remarquez que quand on dit que l'état de celui qui réunit le titre et la possession, ne peut être contesté, il faut entendre simplement l'état d'enfant d'un tel ou d'une telle; mais quant à l'état d'enfant légitime, il faut encore, pour qu'il ne puisse être contesté, qu'il n'y ait aucun doute sur l'existence ou la validité du mariage de ceux que son acte de naissance lui donne pour père et mère, ou au moins qu'il se trouve dans le cas de l'art. 197.

D. La preuve testimoniale est-elle toujours admise dans ces cas?

R. Non; elle ne l'est que lorsqu'il y a commencement de preuve par écrit, ou lorsque les présomptions ou indices résultans de faits dès-lors constans (1), sont assez graves pour en déterminer l'admission. *Art.* 323.

D. Qu'entendez-vous par commencement de preuve par écrit?

R. J'entends un indice résultant des titres de famille, des registres et papiers domestiques du père ou de la mère, des actes publics et même privés, émanés d'une partie engagée dans la contestation, ou qui y aurait intérêt si elle était vivante. *Art.* 324.

D. Lorsque l'enfant est admis à prouver sa filiation par témoins, les parties intéressées sont-elles admises à faire la preuve contraire?

R. Oui (2), la preuve contraire pourra être faite par tous les moyens propres à établir que le réclamant n'est pas l'enfant de la mère qu'il prétend avoir, ou même la maternité prouvée, qu'il se trouve dans un des cas d'exception à la

(1) Il n'est pas nécessaire que les indices, les faits d'où résulte le commencement de preuve, soient consignés dans des écrits, ni surtout dans des écrits émanés des personnes intéressées, pour faire admettre la preuve testimoniale, mais il faut que ces faits soient dès-lors constans, c'est-à-dire qu'ils soient reconnus par toutes les parties, ou que leur existence soit démontrée aux juges, avant l'enquête demandée, autrement que par cette enquête. (*M. Toullier.*)

(2) La preuve contraire n'a pas besoin d'être ordonnée par jugement; elle est de droit. (*Code de procédure*, art. 256.)

règle que l'enfant, né d'une femme mariée, a pour père le mari. *Art.* 325.

D. Quels tribunaux sont compétens pour statuer sur les réclamations d'état?

R. Les seuls tribunaux civils, même lorsque l'état de l'enfant a été supprimé par un crime. *Art.* 326, 327.

D. Le crime de suppression d'état peut-il être poursuivi devant les tribunaux criminels, avant ou pendant l'instance devant les tribunaux civils?

R. Non, l'action criminelle contre le crime de suppression d'état, ne pourra commencer qu'après le jugement définitif sur la question d'état. *Idem.*

D. Quel est le motif de cette disposition, qui forme une exception au droit commun en matière de délits et de crimes (1)?

R. C'est que l'on a craint que pour éluder les dispositions de la loi, relativement à l'admission de la preuve testimoniale en matière de filiation, on ne commençât par la voie criminelle, en formant une plainte en suppresion ou en faux, contre l'acte de naissance; et que,

---

(1) Toute personne lésée par un crime ou par un délit, peut demander la réparation du dommage qu'elle en a souffert, et poursuivre son action en même tems, el devant les mêmes juges, que l'action criminelle, qui est nécessairement portée devant les tribunaux criminels ou correctionnels.

Elle peut aussi poursuivre son action séparément; mais, dans ce cas, l'exercice de l'action civile est suspendu tant qu'il n'a pas été prononcé definitivement sur l'aétion publique, intentée avant ou pendant la poursuite de l'action civile. (*Code d'instruction criminelle* Art. 1 et 3. (*M. Toullier.*)

par conséquent, on n'établît son état au moyen de la preuve testimoniale, qui est toujours reçue en matière criminelle, sans aucun commencement de preuve par écrit. (*M. Toullier.*)

D. L'enfant peut-il toujours réclamer son état ?

R. Oui, l'action en réclamation d'état est imprescriptible à l'égard de l'enfant. *Art.* 328. (1)

D. Qu'entendez-vous par ces mots que l'action en réclamation d'état est imprescriptible ?

R. J'entends que tant que l'enfant existe, il peut toujours réclamer son état, sans qu'on puisse lui opposer une fin de non-recevoir, tirée de ce qu'il n'a pas agi avant l'expiration du tems nécessaire pour opérer la prescription. (2)

D. L'imprescriptibilité de l'action en réclamation établie en faveur de l'enfant passe-t-elle à ses héritiers ?

R. Non : c'est un privilége personnel à l'enfant qui ne passe pas à ses héritiers, ni même à ses enfans, quoique leur état dépende en

---

(1) L'état de fils légitime n'est autre chose que la qualité de fils de telle mère, de tel père; or, il est évident qu'une telle qualité ne peut être dans le commerce. Elle ne peut être ni acquise, ni aliénée, ni par conséquent s'acquérir ou se perdre par la prescription. Elle est essentiellement inhérente à la personne, et ne peut finir qu'avec elle. (*M. Toullier.*)

(2) Mais remarquez bien qu'il n'y a que l'action en réclamation qui soit insprescriptible. Les droits pécuniaires qui pourraient résulter, en faveur de l'enfant, de l'état qu'il réclame, sont prescriptibles à son égard, comme à l'égard des autres. (*M. Delvincourt.*)

partie de celui de leurs père et mère, puisqu'ils ne peuvent avoir d'autre famille que celle des auteurs de leur naissance. (*M. Toullier.*)

D. L'action en réclamation d'état passe-t-elle aux héritiers de l'enfant, quand il ne l'a pas exercée lui-même ?

R. Oui ; mais seulement quand l'enfant est décédé mineur (1), ou dans les cinq années de sa majorité. *Art.* 329. (2)

D. Les héritiers peuvent-ils suivre cette action lorsqu'elle a été commencée par l'enfant ?

R. Oui : quand l'action a été intentée par l'enfant, ses héritiers la trouvent dans sa succession au nombre des droits qu'ils ont à exercer, pourvu que l'enfant ne s'en fût pas désisté formellement, ou qu'il n'eût pas laissé passer trois ans depuis le dernier acte de procédure. *Art.* 330. (3)

---

(1) Parce qu'il était incapable d'exercer ses droits en justice.

(2) C'est l'espace de tems que la loi a jugé nécessaire, pour qu'il n'ait pu rester dans l'ignorance de ses droits. (*M. Toullier.*)

(3) C'est ce que l'on appelle péremption d'instance en procédure. (*Voyez*, *code de procédure*, art. 397 et suivans.)

CHAPITRE III.

Des enfans naturels.

D. Qu'entend-on par enfans naturels ?

R. On entend les enfans qui sont conçus hors mariage. (1)

D. Comment divise-t-on les enfans naturels ?

R. Ils se divisent en trois classes :

1.° Les enfans naturels proprement dits ;

2.° Les enfans adultérins ;

3.° Les enfans incestueux.

D. Qu'entendez-vous par *enfant naturel proprement dit ?*

R. J'entends celui qui est né de deux personnes qui ne sont mariées ni l'une ni l'autre, et qui ne sont ni parentes ni alliées aux degrés prohibés. (*M. Proudhon.*) (2)

D. Qu'est-ce que l'enfant adultérin ?

R. C'est celui dont les père et mère ou l'un d'eux étaient, au tems de sa conception, enga-

---

(1) C'est l'époque de la conception, et non celle de la naissance, qui peut servir à déterminer l'état de l'enfant, puisque l'enfant, à moins de cent quatre-vingts jours depuis l'union des époux, peut être désavoué comme illégitime, quoique sa naissance soit arrivée dans le mariage, tandis que celui qui est né moins de trois cent jours, depuis la mort du mari, est légitime, quoique né hors mariage. (*M. Proudhon.*)

(2) M. Toullier définit les enfans naturels : ceux dont le père ou la mère pouvaient, sans nul empêchement, contracter un mariage légitime au moment de la conception.

gés dans les liens du mariage, non entr'eux, mais avec d'autres personnes. (*Id.*)

D. Qu'est-ce que l'enfant incestueux?

R. C'est celui dont les père et mère sont parens ou alliés à un degré qui emporte la prohibition de mariage entr'eux. (*Id.*)

SECTION Ire.

De la légitimation des enfans naturels.

D. Qu'est-ce que la légitimation des enfans naturels?

R. C'est une fiction attachée par la loi au mariage des père et mère, qui efface le vice de la naissance des enfans qu'ils ont eus précédemment ensemble, et les élève au rang d'enfans légitimes. (*M. Proudhon.*)

D. La légitimation peut-elle avoir lieu en faveur des enfans naturels décédés?

R. Oui, pourvu qu'ils aient laissé des descendans; et, dans ce cas, elle profite à ces descendans. *Art.* 332.

D. Quels droits auront les enfans légitimés?

R. Ils auront les mêmes droits que s'ils étaient nés du mariage qui les a légitimés. *Art.* 333.

D. Tous les enfans naturels peuvent-ils être indistinctement légitimés?

R. Non, il n'y a que ceux qui ont été légalement reconnus avant le mariage, ou dans l'acte de célébration; et la loi prohibant la reconnaissance des enfans adultérins et incestueux, il en résulte qu'ils ne peuvent jamais être légitimés. *Art.* 331, 335.

SECTION II.

De la reconnaissance des enfans naturels.

D. Quels enfans naturels peuvent être reconnus ?

R. Les seuls enfans naturels proprement dits ; la reconnaissance ne peut avoir lieu au profit des enfans nés d'un commerce adultérin ou incestueux. *Art* 335.

D. Comment la reconnaissance d'un enfant naturel doit-elle être faite ?

R. Elle doit être faite par acte authentique, (1) lorsqu'elle ne l'aura pas été dans son acte de naissance. *Art.* 334

D. La reconnaissance du père peut-elle avoir lieu sans l'indication de la mère ?

R. Oui, et alors elle ne produit d'effet qu'à l'égard du père ; lors même que la mère est indiquée, cette indication ne produit aucun effet contre elle sans son aveu. *Art.* 336.

D. Un des époux peut-il, pendant le mariage, reconnaître un enfant naturel qu'il aurait

---

(1) Ce titre donne à l'enfant un nom et un état qu'il n'avait pas ; et comme l'état des personnes est de toutes les choses, celle qui doit être la plus assurée, parce que c'est ce qu'il y a de plus immuable dans la société, vû qu'il n'est permis à aucun individu de l'aliéner, ni d'en changer, voilà pourquoi l'acte de reconnaissance doit être authentique, pour produire ses effets, parce qu'il y aurait de l'inconséquence à laisser reposer les droits de la parternité et de la filiation, sur la frêle garantie d'une écriture privée. (*M. Proudhon.*)

eu avant le mariage, (1) d'un autre que son époux? (2)

R. Oui, et la reconnaissance sera valable, mais elle ne pourra nuire, (3) ni à l'autre époux, ni aux enfans nés du mariage.

Néanmoins, elle produira son effet après la dissolution du mariage, s'il ne reste pas d'enfans. (4) *Art.* 337.

D. Quels sont les effets de la reconnaissance relativement à l'enfant?

R. La reconnaissance ne peut, il est vrai,

---

(1) Il faut que l'enfant soit né avant le mariage, autrement il serait adultérin, et ne pourrait être reconnu.

(2) Si l'enfant reconnu provient du commerce que les deux époux ont eu ensemble avant le mariage, cette reconnaissance ne le légitimera pas, art. 331; car elle eût dû pour cela être faite, au plus tard, au moment de la célébration. Mais si elle a lieu de la part des deux époux, elle lui donnera du moins les droits d'enfant naturel. (M. Delvincourt.)

(3) En effet, il ne peut pas dépendre de l'un des époux de changer, après son mariage, le sort de sa famille légitime, en appelant des enfans qui demanderaient une part dans les biens. Ce serait violer la foi sur laquelle le mariage aurait été contracté. (*M. Bigot Préameneu*, *Exposé des Motifs.*)

(4) Il pourrait arriver que, même dans ce cas, la reconnaissance ne produisît aucun effet. Si, par exemple, c'était l'époux innocent, qui eût survécu, et qu'il y eût donation universelle en sa faveur, l'enfant ne pourrait rien prétendre, puisque sa reconnaissance ne peut nuire à cet époux; elle ne peut donc avoir d'effet qu'autant que la part de l'enfant, dans la succession, ne préjudicie en rien aux droits assurés par le contrat de mariage à l'époux survivant. (M. Delvincourt.)

conférer à l'enfant naturel les mêmes avantages, que s'il était légitime ; mais elle lui donne sur la succession de ses père et mère qui l'ont reconnu, des droits qui seront déterminés au titre des successions. *Art.* 338. (*Vide art.* 736 *et suiv.*)

Elle lui donne le droit de porter le nom de sa mère, si sa mère seule l'a reconnu ; s'il a été reconnu par son père, il en prend le nom comme s'il l'avait reçu dans son acte de naissance. Il passe sous la puissance de ses père et mère, quant à son mariage, qu'il ne peut contracter sans leur consentement. *Art.* 158.

D. La reconnaissance d'un enfant naturel peut-elle être contestée ?

R. Oui, toute reconnaissance de la part du père ou de la mère, de même que toute réclamation de la part de l'enfant pourra être contestée par tous ceux qui y auront intérêt. (1) *Art.* 339.

---

(1) Mais il faut avoir un intérêt né et actuel. Ainsi l'enfant peut bien combattre l'acte de sa propre reconnaissance, parce qu'il y est le premier intéressé.

L'un des deux époux peut contredire celle qui serait faite par l'autre, surtout si l'enfant était déclaré leur être commun à tous deux.

Les héritiers de celui qui a fait la reconnaissance, peuvent également la combatre, mais seulement lors de l'ouverture de la succession.

Nous croyons aussi qu'une mère, qui a reconnu, nourri et élevé son enfant, serait recevable à contester la reconnaissance de celui qui, par la suite, s'en prétendrait le père, parce que l'enfant naturel suit le sort de la mère qui l'a nourri ; jusque-là il lui appartient ; elle aurait donc intérêt à agir pour démontrer la fausse paternité, que l'intrigue tenterait d'usurper sur lui. (*M. Proudhon.*)

D. Le père naturel peut-il être forcé de reconnaître son enfant ?

R. Oui ; mais dans le cas seulement où il a enlevé la mère à une époque qui se rapproche de celle de la conception ; dans ce cas, le ravisseur, sur la demande des parties intéressées, *peut* être déclaré (1) père de l'enfant. Hors ce cas, la recherche de la paternité est rigoureusement interdite. *Art.* 340

D. Nous avons vu que la recherche de la paternité est interdite ; en est-il de même, de la recherche de la maternité ?

R. Non : la recherche de la maternité est admise.

Mais l'enfant qui réclamera sa mère, sera tenu de prouver qu'il est identiquement le même que l'enfant dont elle est accouchée. (2) *Art.* 341.

---

(1) Cette déclaration, prononcée par la justice, a la même force et les mêmes effets qu'une reconnaissance volontaire.

Mais il faut bien remarquer que ni la preuve de l'enlèvement, ni la coincidence de l'époque où il a eu lieu, avec celle de la conception, ne suffisent pour constater la paternité. Elles suffisent seulement pour autoriser le juge à chercher sa conviction dans les circonstances qui ont précédé et suivi l'enlèvement. Ainsi, le ravisseur peut proposer tous les moyens qui peuvent tendre à prouver qu'il n'est pas le père de l'enfant. (*M. Toullier.*)

(2) La maternité résulte de deux faits, qui sont à prouver : l'accouchement de la mère, et l'identité entre le réclamant et l'enfant qui est né à telle époque. C'est l'identité que l'art. 341 permet de prouver par témoins, lorsqu'il y a un commencement de preuves par écrit. Mais comment la preuve de l'accouchement doit-elle être faite ? L'article garde le silence sur ce point ;

D. Comment cette preuve sera-t-elle faite?

R. Elle le sera par témoins, mais seulement lorsqu'il y aura un commencement de preuve par écrit. *Id.*

D. Est-il des cas particuliers où la recherche de la paternité et de la maternité, est prohibée?

R. Oui, lorsque, par exemple, un enfant adultérin ou incestueux, recherche son état dans la preuve du délit de ceux qu'il prétend être ses père et mère. Alors, son action n'est pas admissible; ses père et mère ne pourraient le reconnaître quand ils le voudraient, et lui-même ne peut faire résulter sa reconnaissance de poursuites judiciaires. (1) *Art.* 342.

---

elle doit donc être faite par écrit; car, en matière d'état, la preuve par témoins n'est reçue que dans le cas où la loi le permet par une disposition expresse. (*M. Toullier.*)

(1) La reconnaissance ne peut avoir lieu au profit des enfans adultérins ou incestueux, parce qu'il serait contraire aux bonnes mœurs d'être admis à consigner, dans un acte public et authentique, la déclaration de l'inceste et de l'adultère. Par la même raison, si, dans la recherche de la paternité ou de la maternité, les enfans naturels viennent à découvrir qu'ils sont nés d'un commerce adultérin ou incestueux, toute poursuite ultérieure leur est interdite, parce qu'il ne peut leur être permis de révéler à la justice le crime de leurs père et mère. (*M. Proudhon.*)

TITRE VIII.

De l'adoption et de la tutelle officieuse.

CHAPITRE Ier.

De l'adoption

SECTION Ire.

De l'adoption et de ses effets.

D. Qu'est-ce que l'adoption ?

R. L'adoption en général est un acte civil qui établit entre deux personnes, des rapports de paternité et de filiation, qui n'existaient pas auparavant.

M. Delvincourt.

R. L'adoption est un acte solennel qui, sans faire changer de famille à l'adopté, établit entre lui et l'adoptant, plusieurs des droits et des devoirs attachés à la paternité et à la filiation.

M. Toullier.

D. Combien y a-t-il de sortes d'adoptions?

R. Il y en a deux : l'adoption entre-vifs, et l'adoption testamentaire.

D. Qu'est-ce que l'adoption entre-vifs ?

R. C'est celle qui est faite par déclaration reçue par le juge de paix, et avec certaines formalités. (*Les voir aux formes de l'adoption.*)

D. Qu'est-ce que l'adoption testamentaire ?

R. C'est celle que le tuteur officieux (1) peut

(1) Cette forme d'adoption n'est permise qu'au tuteur officieux.

faire en faveur de son pupille, par acte de dernière volonté. (*Voir les formalités à la tutelle officieuse.*)

D. Quelles sont les conditions nécessaires pour pouvoir adopter? (1)

R. Elles sont au nombre de quatre :

1°. Avoir au moins cinquante ans, et quinze ans de plus que l'adopté. *Art.* 343.

2°. Avoir fourni des secours, et donné des soins non interrompus à l'individu qu'on veut adopter, durant sa minorité, et pendant six ans au moins. *Art.* 345.

3°. N'avoir à l'époque de l'adoption ni enfant, ni descendans légitimes.

4°. Enfin, si l'on est marié, avoir le consentement de son conjoint. *Art.* 344.

D. Le consentement du conjoint est-il toujours nécessaire?

R. Il ne l'est pas dans le cas de l'adoption testamentaire. *Art.* 343-366.

D. Les quatre condititions imposées à l'adoptant, pour l'adoption entre-vifs, sont-elles toujours exigées?

R. Dans le cas où cette adoption serait un acte rénumératoire, il suffit que l'adoptant soit majeur, plus âgé que l'adopté, et qu'en outre, s'il est marié, il ait le consentement de son conjoint. *Art.* 345. (2)

---

(1) Il ne s'agit pas ici de l'adoption testamentaire, mais seulement de l'adoption entre-vifs.

(2) Ainsi, comme l'observe M. Toullier, l'adoption qui, dans ce cas, est soumise à toutes les autres conditions, est dispensée, 1°. de la nécessité que l'adoptant ait cinquante ans; 2°. de la nécessité qu'il ait quinze

D. Dans quels cas l'adoption peut-elle être considérée comme acte rémunératoire?

R. Elle ne peut être considérée ainsi qu'à l'égard de celui qui a sauvé la vie à l'adoptant, et seulement dans l'un des trois cas suivans :

1.° Soit dans un combat ;

2.° Soit en le retirant des eaux ;

3.° Soit en le retirant des flammes. *Art.* 343.

D. Quelles sont les conditions voulues par la loi pour pouvoir être adopté ?

R. Trois conditions sont exigées :

1.° La majorité. *Art.* 346.

2.° Le consentement des père et mère ou du survivant d'eux, si l'adopté n'a pas atteint sa vingt-cinquième année ; s'il est majeur de vingt-cinq ans, il doit requérir leur conseil.

3.° N'avoir point été adopté par une autre personne, si ce n'est par le conjoint de l'adoptant. *Art.* 344.

D. Quels sont les effets de l'adoption relativement à l'adopté à l'égard de sa famille naturelle?

R. L'adoption ne produit aucun effet à cet égard.

1.° L'adopté reste dans sa famille naturelle. *Art.* 348.

2.° Il y conserve tous ses droits.

3.° Il y est soumis aux mêmes obligations que s'il n'eût point été adopté. *Art.* 349.

---

ans de plus que l'adopté ; 3°. de la nécessité d'avoir donné des soins et des secours à l'adopté, pendant six ans au moins.

D. Quels sont les effets de l'adoption relativement à l'adoptant et à l'adopté?

R. Ils sont au nombre de quatre :

1.° Elle confère le nom de l'adoptant à l'adopté, en l'ajoutant au nom propre de ce dernier. *Art.* 347.

2.° Elle produit entre l'adoptant et l'adopté l'obligation réciproque de se fournir des alimens.

3.° Elle établit une prohibition de mariage.

4.° Elle donne à l'adopté des droits sur la succession de l'adoptant.

D. Dans quels cas l'adoptant et l'adopté sont-ils tenus de se fournir des alimens?

R. Dans les cas où cette obligation a lieu entre les père et mère et leurs enfans. *Art.* 349, 203 et suiv.

D. Quelle est la prohibition de mariage résultant de l'adoption?

R. Le mariage est prohibé :

1.° Entre l'adoptant, l'adopté et ses descendans;

2.° Entre les enfans adoptifs du même individu;

3.° Entre l'adopté et les enfans qui pourraient survenir à l'adoptant;

4.° Entre l'adopté et le conjoint de l'adoptant, et réciproquement entre l'adoptant et le conjoint de l'adopté. *Art.* 348.

D. Quels droits acquiert l'adopté sur la succession de l'adoptant?

R. Ces droits sont les mêmes que ceux qu'y aurait l'enfant né en mariage, même quand il y aurait d'autres enfans de cette dernière qualité nés depuis l'adoption. *Art.* 350.

D. L'adopté a-t-il quelques droits sur la succession des parens de l'adoptant?

R. Non; ses droits sont bornés à la succession de l'adoptant même, et il n'acquiert aucun droit de successibilité sur les biens des parens de l'adoptant (1).

D. L'adoptant acquiert-il quelques droits de successibilité sur les biens de l'adopté?

R. Non; il n'acquiert aucuns droits de successibilité, mais seulement un droit de retour (2) sur les choses par lui données. *Art.* 351.

D. Que faut-il, pour qu'il y ait lieu à ce droit de retour?

R. Il faut 1.° que l'adopté meure sans descendans légitimes. (3)

2.° Que les choses données existent *en nature, lors du décès* de l'adopté. *Art.* 351. (4)

D. Sous quelle condition ce droit peut-il être exercé?

R. A la charge de contribuer aux dettes, et sans préjudice des droits des tiers. (5)

---

(1) De même les enfans naturels, légalement reconnus, n'ont aucun droit sur les biens des parens de leurs père et mère. (*Code civil*, art. 756.)

(2) C'est-à-dire le droit de reprendre les choses par lui données. *Voyez les art.* 747 *et* 951.

(3) Si, cependant, après le décès de l'adopté, les enfans mouraient eux-mêmes sans postérité, l'adoptant, comme on va le voir, pourrait encore exercer son droit de retour sur les choses par lui données, et qui se trouveraient en nature dans la succession des descendans du fils adoptif.

(4) Il n'aurait pas lieu sur le prix des objets vendus.

(5) Ainsi, si un immeuble avait été grevé d'hypothèque, il ne rentrerait entre les mains de l'adoptant, que grevé de cette hypothèque.

D. Les héritiers de l'adoptant auraient-ils le droit de reprendre, lors du décès de l'adopté, les choses données par l'adoptant, ou recueillies dans sa succession ?

R. Oui, mais seulement les descendans, et non d'autres héritiers, et ce, aux mêmes charges que l'adoptant lui-même.

D. A qui appartient le surplus des biens de l'adopté ?

R. Il appartient à ses propres parens. *Art.* 351.

D. Dans quel cas les parens de l'adopté succéderaient-ils même aux choses données par l'adoptant, et qui se trouveraient en nature ?

R. Dans le cas où l'adoptant serait mort, et ne laisserait pas de descendans ; car les parens de l'adopté excluront toujours, même pour les objets soumis au droit de retour, tous héritiers de l'adoptant, autres que ses descendans. *Art.* 351.

D. Les héritiers de l'adoptant, même en ligne descendante, ont-ils toujours le même droit de retour que l'adoptant ?

R. Non ; ils n'ont ce droit qu'autant que l'adopté meurt sans laisser ni enfans, ni descendans légitimes, et si depuis le décès de l'adopté, les enfans ou descendans qu'aurait laissés celui-ci, mouraient eux-mêmes sans postérité, les héritiers de l'adoptant, même en ligne descendante, n'auraient aucun droit de reprendre les choses données par lui, ou recueillies dans sa succsssion.

Dans ce cas, le droit de retour est inhérent à la personne de l'adoptant, et non transmissible à ses héritiers, même en ligne descendante. *Art.* 352. (1)

SECTION II.

Des formes de l'adoption.

D. Quel est le premier acte pour parvenir à l'adoption ?

R. C'est une déclaration contenant les consentemens respectifs de la personne qui se propose d'adopter, et de celle qui veut être adoptée. *Art.* 353.

D. Devant qui doit être faite cette déclaration ?

R. Devant le juge de paix du domicile de l'adoptant. *Idem.*

D. Cet acte passé devant le juge de paix suffit-il pour constituer l'adoption ?

R. Non ; il faut qu'il soit revêtu de l'homologation du tribunal. *Art.* 354. (2)

D. Que faut-il faire pour parvenir à cette homologation ?

R. Dans les dix jours (3) qui suivront la déclaration passée devant le juge de paix, la partie la plus diligente remettra une expédition de cet acte au procureur du roi près le

---

(1) Au lieu, comme on le voit, que si les choses sujettes au droit de retour, se trouvaient dans la succession même de l'adopté, et non dans celle de ses descendans, les héritiers de l'adoptant, en ligne descendante auraient droit de les reprendre.

(2) Vid. pag. 60.

(3) M. Toullier pense que ce délai, ainsi que celui d'un mois dont parle l'art. 357, sont de rigueur.

M. Delvincourt pense le contraire.

tribunal de première instance, dans le ressort duquel se trouvera le domicile de l'adoptant. (*Art.* 354).

D. Que devra faire le tribunal ?

R. Le tribunal réuni en la chambre du conseil, et après s'être procuré les renseignemens convenables, vérifiera, 1.° si toutes les conditions de la loi sont remplies ; 2.° si la personne qui veut adopter, jouit d'une bonne réputation. *Art.* 355.

D. Comment le tribunal prononcera-t-il ?

Le tribunal, *toujours réuni en la chambre du conseil*, (1) après avoir entendu le procureur du roi, et sans autre forme de procédure, prononcera sans énoncer de motifs, en ces termes : *il y a lieu à l'adoption*, *ou il n'y a pas lieu à l'adoption. Art* 356.

D. L'adoption est-elle rendue définitive par le jugement de première instance qui l'aura admise ?

R. Non ; il faut encore que ce jugement soit confirmé par arrêt de la cour royale. *Art.* 357.

D. Dans quel délai, et par qui, ce jugement sera-t-il soumis à la cour royale ?

R. Dans le mois qui suivra le jugement de

---

(1) Ce jugement ne doit pas avoir de publicité, soit dans le cas d'admission, soit dans le cas de rejet, parce que, dans le premier cas, il n'est pas définitif, et peut, comme on va le voir, être réformé sur l'appel ; dans le second, il ne peut que préjudicier à l'adoptant.

Il ne doit pas non plus énoncer de motifs, parce que leur énonciation pourrait gêner la liberté des juges, ou nuire à la réputation de l'adoptant, si le rejet était fondé sur son inconduite. (*M. Toullier.*)

première instance, et par la partie la plus diligente. *Id.*

D. Comment instruira la cour royale ?

R. Dans les mêmes formes que le tribunal de première instance. *Id.*

D. Comment prononcera-t-elle ?

R. Sans énoncer de motifs, et en ces termes: *Le jugement est confirmé; en conséquence, il y a lieu à l'adoption; ou le jugement est infirmé, en conséquence, il n'y a pas lieu à l'adoption. Art.* 357.

D. L'arrêt de la cour royale sera-t-il prononcé à l'audience ?

R. Il devra être prononcé à l'audience, en cas d'admission, (1) et sera affiché en tels lieux, et en tel nombre d'exemplaires que ce tribunal jugera convenables.

Il sera prononcé en la chambre du conseil, dans le cas de rejet. (2) *Art.* 358.

D. Si le tribunal de première instance avait rejeté l'adoption, faudrait-il aussi que le jugement fût soumis à la cour royale, pour produire son effet ?

R. Dans ce cas, l'appel est facultatif, et si aucune partie ne l'interjette, on sera censé avoir renoncé à l'adoption, et le rejet sera définitif.

D. L'arrêt de la cour royale, qui admet l'adoption, suffit-il pour la rendre parfaite ?

R. Il faut encore que, dans les trois mois qui suivront l'arrêt d'admission, l'une ou

(1) Cet arrêt étant définitif, il n'y a plus le même motif qu'en première instance.

(2) Même motif qu'en première instance.

l'autre des parties fasse inscrire l'adoption sur le registre de l'état civil du lieu où l'adoptant sera domicilié. *Art.* 359.

D. Ce délai de trois mois est-il de rigueur?

R. Oui, et faute d'inscription dans ledit délai, l'adoption demeure sans effet. *Id.*

D. Que faudra-t-il représenter pour que cette inscription ait lieu?

R. Une expédition en forme de l'arrêt de la cour royale, et l'inscription n'aura lieu que sur le vû de cette expédition. *Art.* 359.

D. L'adoption projetée sera-t-elle anéantie, si l'adoptant vient à mourir, après que l'acte a été passé devant le juge de paix, présenté aux tribunaux, mais avant qu'il ait encore été définitivement admis par eux?

R. Dans ce cas, l'instruction sera continuée, nonobstant le décès de celui qui voulait adopter, et l'adoption admise, s'il y a lieu. *Art.* 360.

D. Que pourront faire, dans ce cas, les héritiers de l'adoptant?

R. Ils pourront, s'ils croient l'adoption inadmissible, remettre au procureur du roi, tous mémoires et observations à ce sujet. (1)

---

(1) Les héritiers de l'adoptant pourraient-ils attaquer une adoption définitivement admise?

Voyez M. Toullier, tome 2, pag. 320, n°. 1015; M. Grenier, Traité de l'adoption, pag. 527; M. Delvincourt, tome 1, note 7 de la pag. 105.

CHAPITRE II.

De la tutelle officieuse.

D. Qu'est-ce que la tutelle officieuse?

R. La tutelle officieuse peut être définie : l'obligation contractée volontairement d'élever un mineur, et d'administrer sa personne et ses biens.

M. DELVINCOURT.

R. La tutelle officieuse est un contrat de bienfaisance par lequel on s'oblige de nourrir et élever gratuitement un mineur, de le mettre en état de gagner sa vie, et d'administrer aussi gratuitement sa personne et ses biens.

M. TOULLIER.

D. Quelles sont les conditions requises de la part de celui qui veut être tuteur officieux?

R. Trois conditions sont requises : 1°. qu'il ait plus de cinquante ans; 2°. qu'il n'ait au moment de la tutelle, ni enfans, ni descendans légitimes ; 3°. qu'il ait le consentement de son conjoint, s'il est marié. *Art.* 361-362.

D. Quelle condition est requise de la part du pupille ?

R. Qu'il soit mineur de quinze ans. *Art.* 364.

D. Que faut-il encore pour parvenir à la tutelle officieuse ?

R. Il faut obtenir le consentement des père et mère du mineur, ou du survivant d'eux.

A leur défaut, celui du conseil de famille.

Enfin, à défaut de parens connus, celui des administrateurs de l'hospice où le mineur aura été recueilli, ou de la municipalité du lieu de sa résidence. *Art.* 361.

D. Quel acte est nécessaire pour constituer la tutelle officieuse ?

R. Il suffit qu'un acte, contenant les demandes et consentemens relatifs à la tutelle officieuse, ait été rédigé par le juge de paix du domicile de l'enfant. *Art.* 363.

D. Quels sont les effets de la tutelle officieuse, relativement au tuteur ?

R. Ces effets sont, 1°. d'imposer au tuteur officieux, sans préjudices de toutes stipulations particulières, l'obligation de nourrir le pupille, de l'élever, et de le mettre en état de gagner sa vie. *Art.* 364.

2°. Si le pupille possède quelques biens, et s'il était antérieurement en tutelle, de faire passer l'administration de ses biens, comme celle de sa personne, entre les mains du tuteur officieux, qui ne pourra néanmoins imputer les dépenses de l'éducation sur les revenus du pupille, et devra compte de sa gestion comme un tuteur ordinaire. *Art.* 365-370.

3°. De donner au tuteur officieux la faculté, après cinq années révolues depuis la tutelle, et dans la prévoyance de son décès avant la majorité du pupille, de lui conférer l'adoption par acte testamentaire. *Art.* 366.

D. Que faudra-t-il pour la validité de cette adoption testamentaire ?

R. Il suffit, 1.° qu'elle n'ait lieu que cinq années après la tutelle commencée; 2.° que l'acte qui la contient, soit fait dans les formes voulues pour la validité des actes de dernière volonté (*art.* 969 *et suiv.*); 3.° que le tuteur officieux ne laisse pas d'enfans légitimes. *Art.* 366.

D Quels sont ses effets relativement au pupille ?

R. 1°. Le pupille peut dans les trois mois (1) qui suivront sa majorité, requérir l'adoption de la part du tuteur officieux.

Si cette adoption a lieu, elle sera faite suivant les formes voulues pour l'adoption, et produira les mêmes effets. *Art.* 368-369.

2.° Si les réquisitions faites par le pupille, dans le délai fixé, sont demeurées sans effet, et que le pupille ne se trouve pas en état de gagner sa vie, il pourra demander des indemnités, (2) et le tuteur pourra (3) être condamné à l'indemniser de l'incapacité où se trouve celui-ci de pourvoir à sa subsistance. *Art.* 369.

3.° Si le tuteur vient à mourir avant les cinq ans, (4) ou après ce tems, sans avoir adopté le pupille, (5) il sera fourni à celui-ci durant

---

(1) Si le pupille, devenu majeur, laisse passer trois mois sans réclamation, il sera censé avoir renoncé, et n'aura pas droit à *l'indemnité.*

(2) Cette indemnité se résout en secours propres à lui procurer un métier; ainsi, le tuteur officieux, au lieu de fournir au pupille, une somme déterminée, peut le mettre en apprentissage et en payer les frais.

(3) L'art. disant *pourra être condamné*, on voit que le législateur abandonne à la prudence du juge le soin d'apprecier, s'il y a lieu ou non à indemnite. Si, par exemple, le mineur se trouvait par sa faute, hors *d'état de gagner sa vie, il n'y aurait lieu à aucune indemnité.*

(4) On se rappelle que le tuteur officieux ne peut adopter le pupille par acte testamentaire, qu'après que la tutelle a duré cinq années, qui remplacent les six années de soins exigées pour l'adoption entre-vifs.

(5) Par acte testamentaire; car il s'agit ici du pupille encore mineur et l'adoption entre-vifs, ne peut toujours avoir lieu qu'après sa minorité.

sa minorité, des moyens de subsistance dont la quotité et l'espèce, à moins de conventions formelles à cet égard, seront réglées, soit amiablement, soit en justice. *Art.* 367.

TITRE IX.

De la puissance paternelle. (1)

D. Qu'est-ce que la puissance paternelle?

R. La puissance paternelle peut être définie: un droit accordé aux pères et mères par la nature et par la loi, sur la personne et sur les biens de leurs enfans.

M. DELVINCOURT.

R. La puissance paternelle est un droit fondé sur la nature et confirmé par la loi, qui donne au père, et à son défaut à la mère, avec un droit de correction sur les enfans, la surveillance de leurs personnes, l'administration et la jouissance de leurs biens.

M. TOULLIER.

D. A qui appartient l'exercice de la puissance paternelle?

R. Au père seul (2), durant le mariage. *Art.* 373.

---

(1) Voyez Exposé des Motifs, tom. 3, pag. 183. *Édition de Firmin Didot*, 1808.

(2) La puissance paternelle est donnée par la nature au père et à la mère; mais il est facile de reconnaître que la raison exige que le père seul puisse l'exercer, et que la mère ne commence à en jouir réellement qu'à l'instant où elle devient veuve. (*Exposé des Motifs, Réal.*) Ainsi le droit existe en faveur de la mère; mais l'exercice de ce droit n'a lieu qu'après la mort du

D. Quels sont les devoirs généraux des enfans envers leurs père et mère?

R. Ils leur doivent, à tout âge, honneur et respect. *Art.* 371, *vid.* 205.

Ils restent sous leur autorité jusqu'à la majorité ou l'émancipation. *Art.* 372.

Ils ne peuvent quitter la maison paternelle sans la permission de leur père. *Art.* 374.

D. Dans quel cas pourraient-ils quitter la maison paternelle, sans cette permission?

R. Dans le cas où, ayant plus de 18 ans, le fils la quitterait pour un enrôlement volontaire. *Art.* 373. (1)

D. Quel est le droit de correction attaché à la puissance paternelle?

R. Ce droit est de faire détenir, pendant un tems limité, l'enfant contre lequel on aurait des sujets très-graves de mécontentement. *Art.* 375. (2)

D. Par qui peut être exercé ce droit de correction?

R. Par le père seul pendant le mariage; après la mort du père, par la mère survivante, enfin par le tuteur.

---

mari; cependant, en cas de mariage, il faut le consentement du père et de la mère; il est vrai qu'en cas de dissentiment, le contentement du père suffit. *Art.* 148.

(1) On sent assez le motif de cette exception. Le père ou la mère, dit M. Toullier, pourraient réclamer leur fils, qui se serait enrôlé volontairement avant dix-huit ans révolus.

(2) Les pères et mères peuvent être privés de ce droit. *Voyez l'art.* 335 *du Code pénal.*

D. Que faut-il pour que la mère survivante puisse exercer ce droit?

R. Deux conditions : 1° qu'elle ne soit pas remariée ; 2° qu'elle le fasse avec le consentement des deux plus proches parens paternels.

D. De quelle manière peut être exercé ce droit de correction?

R. De deux manières : de la part du père, par voie d'autorité ou par voie de réquisition ; quand il est exercé par la mère, il ne peut l'être que par voie de réquisition.

D. Quelle différence existe-t-il entre la voie d'autorité et la voie de réquisition?

R. Quand le droit de correction s'exerce par voie d'autorité, le magistrat est tenu de déférer à la demande du père, et ne peut refuser de délivrer l'ordre d'arrestation.

Quand au contraire c'est par voie de réquisition, le magistrat peut refuser l'ordre d'arrestation, ou abréger le tems de la détention requise, et devra en conférer avec le procureur du roi. *Art.* 377.

D. Quelles formalités aura-t-on à remplir?

R. La demande ou la réquisition devront être adressées au président du tribunal civil du domicile de la partie requérante sans qu'en aucun cas, il y ait lieu à écritures ou formalités judiciaires, si ce n'est l'ordre même d'arrestation, dans lequel les motifs n'en seront pas énoncés. *Art.* 378.

La partie requérante sera seulement tenue de faire sa soumission de payer tous les frais et de fournir les alimens convenables. *Id.*

D. Pourquoi l'intervention du magistrat est-elle nécessaire dans le cas même où il ne peut refuser l'ordre d'arrestation?

R. Parce qu'aucun ordre d'arrestation ne peut émaner que de l'autorité publique;

Que l'officier ministériel, chargé de l'exécuter, ne peut agir qu'en vertu d'un mandat légal:

Qu'enfin aucun concierge ne peut recevoir ni détenir un individu, sans l'exhibition d'un mandat ou jugement, sous peine d'emprisonnement et d'amende. *Art.* 120 *du Cod. pénal.*

D. Quand la détention peut-elle avoir lieu par voie d'autorité?

R. Dans le cas où l'enfant a moins de seize ans, et que c'est le père qui la demande (1).

D. Bien que l'enfant ait moins de seize ans, la voie d'autorité est-elle toujours admise?

R. Non, elle ne l'est pas dans les quatre cas suivans:

1°. Si le père est remarié. *Art.* 380.

2°. Si l'enfant a des biens personnels. *Art.* 382.

3°. S'il exerce un état. *Id.*

4°. Si c'est la mère veuve qui demande la détention. *Art.* 381.

D. Quand la détention doit-elle être demandée par voie de réquisition?

R. Dans les quatre cas sus-énoncés, et, de

---

(1) Cette voie de correction n'est jamais ouverte qu'au père, jamais à la mère; pendant le mariage, le mari seul exerce la puissance paternelle, par conséquent le droit de correction; après sa dissolution, la mère ne peut, comme on va le voir, agir que par voie de réquisition.

plus, toutes les fois que l'enfant a seize ans commencés.

D. Que pourra faire l'enfant détenu par voie de réquisition, s'il croit avoir sujet de réclamer contre cette mesure?

R. Il pourra adresser un mémoire au procureur-général, qui se fera rendre compte par le procureur du roi, et fera son rapport au président de la cour royale. Ce magistrat, après en avoir donné avis au père, et après avoir recueilli tous les renseignemens, pourra révoquer ou modifier l'ordre délivré par le président du tribunal de première instance.

D. Combien peut durer la détention?

R. Six mois au plus quand l'enfant a seize ans commencés, un mois au plus s'il a moins de seize ans. *Art.* 375 — 376.

D. Cette détention pourra-t-elle être abrégée?

R. Le parent qui a ordonné ou requis la détention sera toujours maître d'en abréger la durée. Si, après sa sortie, l'enfant tombe dans de nouveaux écarts, la détention pourra être de nouveau ordonnée. *Art.* 379.

D. Jusqu'à quel âge l'enfant est-il soumis à ce droit de correction?

R. Jusqu'à la majorité ou l'émancipation. *Art.* 377.

D. Ce droit de correction n'a-t-il lieu qu'à l'égard des enfans légitimes?

R. Il peut également être exercé par les père et mère à l'égard des enfans naturels légalement reconnus. *Art.* 383 (1).

---

(1) Bien que le père fût vivant, la mère pourrait

D. Quels droits ont les père et mère sur les biens de leurs enfans (1)?

R. Ils auront sur leurs biens un droit de jouissance ou d'*usufruit*. *Art.* 384.

D. A qui appartient ce droit pendant le mariage?

R. Il appartient au père. *Id.*

D. A qui après la dissolution du mariage?

R. Au survivant des époux. *Id.*

D. Quelles sont les charges de cette jouissance?

R. Ces charges sont:

1.° Celles auxquelles sont tenus les usufruitiers. *Vid.* 600 — 601;

2.° La nourriture, l'entretien et l'éducation des enfans, selon leur fortune;

3.° Le paiement des arrérages ou intérêts des capitaux;

4.° Les frais funéraires et ceux de dernière maladie. *Art.* 385.

D. Quand cessera cette jouissance?

R. Elle cessera:

1.° A l'égard du père ou de la mère, quand l'enfant aura atteint l'âge de dix-huit ans, ou qu'il aura été émancipé. *Art.* 384.

2.° A l'égard de la mère, dans le cas d'un second mariage. *Art.* 386.

D. Cette jouissance a-t-elle lieu indistinctement sur tous les biens de l'enfant?

R. Non, elle ne s'étend pas:

---

exercer ce droit, parce qu'il n'y a pas de mariage.

(1) *Légitimes seulement.* Ils n'ont aucun droit d'usufruit sur les biens des enfans naturels, même reconnus.

1.° Aux biens que l'enfant peut acquérir par un travail ou une industrie séparés ;

2.° A ceux qui lui seront échus ou légués sous la condition expresse que les père et mère n'en jouiront pas. *Art.* 387.

3.° A ceux recueillis par lui dans une succession dont le père ou la mère ont été déclarés indignes. *Art.* 730.

D. Dans quels cas les père ou mère sont-ils privés de cette jouissance ?

R. L'époux survivant perd cette jouissance :

1.° Quand, à la mort naturelle ou civile de l'autre époux, il n'a pas fait inventaire des biens dépendans de la communauté. *Art.* 1442.

2.° En sont encore privés les père ou mère qui auraient excité, favorisé ou facilité la prostitution ou corruption de leurs enfans. *Art.* 335 *du Code pénal.*

TITRE X.

De la minorité, de la tutelle et de l'émancipation.

CHAPITRE Ier.

De la minorité. (1)

D. Comment se divisent les personnes considérées par rapport à l'âge ?

R. En majeurs et en mineurs.

---

(1) Le code ne s'occupe ici de la minorité, que considérée sous ses rapports avec la tutelle ; ses effets, relativement aux divers contrats, à la prescription, etc., sont expliqués dans des titres particuliers.

D. Qu'est-ce que le mineur?

R. C'est l'individu, de l'un ou de l'autre sexe, qui n'a point encore atteint l'âge de vingt-un ans accomplis. *Art.* 388.

D. Qu'est-ce que le majeur ?

R. C'est l'individu, de l'un ou de l'autre sexe, qui a atteint cet âge. *Art.* 488. (1)

CHAPITRE II.

De la tutelle.

D. Qu'est-ce que la tutelle ?

R. La tutelle est une charge imposée à une personne par la loi, ou par la volonte de l'homme, d'administrer gratuitement la personne et les biens d'un mineur.

M. DELVINCOURT.

R. La tutelle est une charge de famille fondée sur la nature et confirmée par le droit civil, qui donne à celui qui en est pourvu, le pouvoir de gouverner la personne et les biens des individus incapables de se défendre, et de se gouverner eux-mêmes; c'est un mandat légal de les représenter dans toutes leurs affaires.

M. TOULLIER.

D. Combien le code reconnaît-il d'espèces de tutelles ?

R. Quatre :

1°. La tutelle des père et mère ;

(1) C'est ici la majorité nécessaire pour tous les contrats ordinaires ; mais nous avons vu qu'il existe, pour le mariage et pour l'adoption, une majorité spéciale avant laquelle on ne peut valablement consentir seul à ces actes.

2°. La tutelle déférée par le père ou la mère;
3°. La tutelle légitime des ascendans;
4°. La tutelle dative déférée par le conseil de famille (1).

D. Que faut-il pour que l'enfant soit soumis à l'une de ces tutelles?

R. Il faut en tout cas:
1°. Qu'il soit mineur et non émancipé;
2°. Que le mariage soit dissous (2).

SECTION Ire.

De la tutelle des père et mère.

D. Quand a lieu la tutelle des père et mère?

R. Elle n'a lieu qu'après la dissolution du mariage, arrivée par la mort naturelle ou civile de l'un des époux, et elle est alors déférée au survivant d'eux. *Art.* 390.

D. Pourquoi cette tutelle n'a-t-elle lieu qu'après la dissolution du mariage?

R. Parce que, durant le mariage, le père a l'administration des biens personnels de ses enfans mineurs, laquelle le rend comptable, quant à la propriété et à la jouissance, des biens dont il n'a pas l'usufruit; et quant à la propriété, seulement de ceux dont la loi lui donne l'usufruit. *Art.* 389 (3).

---

(1) Nous avons vu qu'en cas d'absence, il y a lieu à une tutelle provisoire, p. 68.

(2) La tutelle commence au décès du père ou de la mère; car alors, en perdant un de ses protecteurs naturels, le mineur réclame déjà une protection plus spéciale de la loi. (*Motifs*, *pag.* 220.)

(3) Ainsi, la tutelle du père n'est autre que la continuation de la puissance paternelle, qui prend alors le

D. Le père peut-il, par un acte quelconque, ôter la tutelle à la mère?

R. Il ne peut la lui ôter, mais seulement la limiter.

D. Comment peut-il la limiter?

R. En nommant à la mère survivante ou tutrice, un conseil spécial. *Art.* 390.

D. Quel sera l'effet de cette nomination?

R. Si le père n'a pas spécifié les actes pour lesquels l'avis de ce conseil est nécessaire, la mère ne pourra faire, sans avoir son avis, aucun acte quelconque de tutelle. *Art.* 391.

Si, au contraire, le père les a spécifiés, elle sera habile à faire, sans son assistance, tous les actes non spécifiés. *Idem.*

D. Par quel acte pourra se faire cette nomination?

R. Elle ne pourra être faite que de l'une des manières suivantes :

1°. Par acte de dernière volonté ;

2°. Par une déclaration faite ou devant le juge de paix, assisté de son greffier, ou devant notaire. *Art.* 392.

D. Que devra-t-on faire, si, lors du décès du mari, la mère se trouve enceinte?

---

nom de tutelle, et la tutelle de la mère, l'exercice de cette puissance; exercice qu'elle n'avait pas durant le mariage. Mais il y a cette différence essentielle entre la puissance paternelle et la tutelle, que le père tuteur doit faire nommer un subrogé tuteur, dont on connaîtra bientôt les fonctions, et destiné, dans la tutelle du père, à remplacer l'influence, au moins morale, que la présence de la mère devait avoir sur l'administration de celui-ci.

R. Le conseil de famille devra nommer un curateur au ventre, qui, à la naissance de l'enfant, en sera de plein droit le subrogé tuteur, et la mère en sera tutrice. *Art.* 393.

D. La mère survivante est-elle forcée d'accepter la tutelle?

R. Non : elle (1) peut la refuser; mais, dans ce cas, elle doit en remplir les devoirs jusqu'à ce qu'elle ait fait nommer un tuteur. *Art.* 394.

D. Que devra faire le mère tutrice si elle veut se remarier?

R. Elle devra convoquer le conseil de famille, qui décidera si la tutelle doit lui être conservée (2). *Art.* 395.

D. Qu'arrivera-t-il si la mère néglige de faire cette convocation?

R. Elle perdra de plein droit la tutelle, et son nouveau mari sera solidairement (3) responsable de toutes les suites de la tutelle, (4) qu'elle aura induement conservée. *Art.* 395.

---

(1) Il n'en est pas ainsi du père; il est forcé d'accepter la tutelle, à moins qu'il ne se trouve dans un des cas d'excuses que nous verrons plus tard.

(2) Il n'en est pas ainsi à l'égard du père qui se remarie, par la raison que le père remarié reste toujours chef de la famille, au lieu que la femme remariée *passe dans une nouvelle société, dont le chef est étranger à ses enfans*. Motifs, pag. 221.

(3) Il y a solidarité de la part des débiteurs, lorsqu'ils sont obligés à une même chose, de manière que chacun puisse être contraint pour la totalité, et que le paiement fait par un seul, libère les autres envers le créancier. (Code civil, art. 1200.)

(4) Ainsi, il serait solidairement tenu de payer le reliquat dû par la mère, et les intérêts de ce reliquat.

D. Que fera le conseil de famille, lorsqu'il conservera la tutelle à la mère?

R. Il lui donnera nécessairement pour co-tuteur le second mari. *Art.* 396 (1).

D. Quel sera l'effet de la nomination de co-tuteur?

R. Ce sera 1.° de le rendre solidairement responsable de la gestion postérieure au mariage.

2.° De soumettre ses biens à l'hypothèque légale, que tout pupille a sur ceux du tuteur. *Art.* 2121. (2)

SECTION II.

De la tutelle déférée par le père ou la mère. (3)

D. Qu'est-ce que la tutelle déférée par le père ou la mère?

R. C'est celle que le dernier mourant des

---

(1) Observez qu'il n'est pas tuteur, mais *co-tuteur.* Ce serait cependant lui qui, le plus souvent, gérera de fait la tutelle. Mais on a voulu faire entendre par là, d'abord, que les actes de la tutelle devaient être faits par les deux époux conjointement; et de plus, que le mari ne peut être tuteur qu'autant que la mère sera tutrice, de manière que, si elle vient à cesser de l'être par mort, destitution, etc., il cessera également, et de plein droit, d'être tuteur. (Argument tiré de l'art. 400 de la discussion sur cet article.) *M. Delvincourt.*

(2) Vid. Persil, rég. hyp., tom. 1, pag. 285, deuxième édition.

(3) On a donné à cette tutelle le nom de testamentaire, qui ne paraît pas lui convenir, et que le code a évité de lui donner, quoique cette dénomination eût été plus concise. (M. Toullier.) En effet, comme on va le voir, elle peut être déférée autrement que par testament.

époux a le droit de déférer sur ses enfans mineurs à un individu, parent ou étranger à la famille. *Art.* 397.

D. De quelle manière doit avoir lieu l'exercice de ce droit.

R. Ce droit ne peut être exercé que de l'une des manières suivantes : 1.° par acte de dernière volonté ; 2.° par déclaration faite devant le juge de paix, assisté de son greffier, ou devant notaires. *Art.* 392-398.

D. La mère survivante a-t-elle toujours le droit de choisir un tuteur ?

R Non, elle ne le peut, dans le cas où étant remariée, elle n'a pas été maintenue dans la tutelle des enfans de son premier mariage. *Art.* 399.

D. Le choix d'un tuteur aux enfans du premier mariage, fait par la mère remariée et maintenue dans la tutelle, est-il valable *de plano* ?

R. Non, il ne sera valable qu'autant qu'il sera confirmé par le conseil de famille. *Art.* 400.

D. Le tuteur élu par le père ou la mère est-il tenu d'accepter la tutelle ?

R. Il peut la refuser dans tous les cas où il eût pu le faire, s'il eût été nommé par le conseil de famille. *Art.* 401. (1)

---

(1) Voyez les causes qui dispensent de la tutelle.

SECTION III.

De la tutelle des ascendans.

D. Qu'est-ce que la tutelle des ascendans ?

R. C'est une tutelle légitime qui est déférée de plein droit par la loi aux ascendans mâles.

D. Que faut-il, pour qu'il y ait lieu à cette tutelle ?

R. Il faut que les père et mère soient décédés, et qu'il n'ait pas été choisi de tuteur par le survivant d'eux. *Art.* 402.

D. A qui appartient cette tutelle ?

R. A l'aïeul paternel du mineur, à défaut d'aïeul paternel, à l'aïeul maternel, et ainsi, en remontant de manière que l'aïeul paternel soit toujours préféré à l'aïeul maternel du même degré. (1) *Art.* 402.

D. A qui appartiendra la tutelle, si à défaut d'aïeul paternel et maternel, la concurrence se trouve établie, par exemple, entre des bisaïeuls qui appartiennent tous deux à la ligne paternelle du mineur ?

R. Elle passe alors de droit à celui des deux qui se trouve être l'aïeul paternel du père du mineur. *Art.* 403.

D. Qu'arrivera-t-il si la même concurrence

---

(1) Mais à degrés inégaux, l'ascendant maternel, plus proche en degré, serait préféré à l'ascendant paternel plus éloigné. Ainsi, l'aïeul maternel serait préféré au bisaïeul paternel.

à lieu entre deux bisaïeuls de la ligne maternelle ?

R. Dans ce cas, la nomination sera faite par le conseil de famille, qui ne pourra néanmoins que choisir l'un de ces ascendans. *Art.* 440.

SECTION IV.

De la tutelle déférée par le conseil de famille.

D. Quand y a-t-il lieu à la tutelle dative, déférée par le conseil de famille ?

R. Quand un enfant mineur et non émancipé, restera sans père ni mère, ni tuteur élu par eux, ni ascendans mâles, ou que le tuteur de l'une de ces deux qualités, se trouvera dans un cas d'excuse ou d'exclusion. *Art.* 405. (1)

D. Q'uest-ce que le conseil de famille ?

R. C'est une assemblée de parens ou alliés du mineur, présidée par le juge de paix.

D. Par qui peut-il être convoqué ?

R. Il peut l'être à la diligence, soit des parens du mineur, soit de ses créanciers, soit de toute autre partie intéressée, (2) soit même d'office, et à la poursuite du juge de paix du domicile

---

(1) Ainsi, comme on le voit, cette tutelle ne peut avoir lieu qu'à défaut de père et mère, qui sont tuteurs naturels, et préférés à tous autres, de tuteur élu par les père et mère, lequel est préféré aux ascendans, et d'ascendans mâles qui sont tuteurs légitimes, à defaut de père et mère ou de tuteur elu par eux.

(2) Ainsi, le conseil peut être convoqué par un débiteur du mineur, qui veut se libérer ; par un co-propriétaire, qui veut faire liciter l'immeuble commun. (*M. Delvincourt.*)

du mineur ; toute personne (1) enfin peut lui dénoncer le fait qui donne lieu à la nomination du tuteur, afin qu'il y pourvoie. *Art.* 406.

D. Comment sera composé le conseil ?

R. Il sera composé du juge de paix, et de six parens ou alliés, dont moitié sera prise dans la ligne paternelle du mineur, moitié dans la ligne maternelle, en suivant l'ordre de proximité dans chaque ligne. *Art.* 407.

D. Cet ordre de proximité est-il toujours nécessairement suivi ?

R. Si les parens ou alliés, plus proches en degrés, demeurent à une distance plus éloignée que deux myriamètres du lieu où la tutelle sera ouverte, ils pourront être remplacés par des parens d'un degré plus éloigné. *Art.* 407.

D. Si, dans une même ligne, il se trouve des parens et alliés au même degré, lequel sera préféré ?

R. Le parent sera préféré à l'allié du même degré. *Art.* 407.

D. *Quid*, si ce sont deux parens qui se trouvent au même degré ?

R. Dans ce cas, le plus âgé sera préféré à celui qui le sera le moins. *Idem.*

D. Le conseil de famille doit-il toujours n'être composé que de six personnes ?

R. Les ascendans valablement excusés de la tutelle, les veuves d'ascendans, les frères

---

(1) Toute personne peut faire connaître au juge de paix le fait qui donne lieu à la nomination du tuteur ; mais les parens, créanciers ou autres parties intéressées, et le juge de paix, ont seuls le droit de demander et de poursuivre la convocation.

germains, les maris des sœurs germaines, en quelque nombre qu'ils soient, font nécessairement partie du conseil de famille. *Art.* 408.

D. S'ils sont six ou au de-là, sera-t-il nécessaire d'appeler d'autres parens ?

R. Non, dans ce cas, ils feront seuls partie du conseil de famille *Art.* 408.

D- Que devra-t-on faire, s'ils sont en nombre inférieur à six?

R. Dans ce cas, on appellera d'autres parens pour compléter ce nombre. *Idem.*

D. Que devra faire le juge de paix, si les parens ou alliés de l'une ou l'autre ligne, se trouvent en nombre insuffisant sur les lieux ou dans la distance de deux myriamètres ?

R. Il appelera, soit des parens ou alliés, domiciliés à de plus grandes distances, soit des citoyens résidant dans la commune même, connus pour avoir eu des relations habituelles d'amitié avec le père ou la mère du mineur. *Art.* 409.

D. S'il se trouve sur les lieux, ou dans la distance de deux myriamètres, un nombre suffisant de parens ou alliés, le juge de paix pourra-t-il permettre d'en citer d'autres à une distance plus éloignée ?

R. Si le juge de paix le croit de l'intérêt du mineur, il pourra permettre de citer, à quelques distances qu'ils soient domiciliés, des parens ou alliés plus proches en degrés, ou de même degré que les parens présens. *Art.* 410.

D. Le nombre de six pourra-t-il alors être excédé ?

R. Non, et il faudra, dans ce cas, retrancher, du nombre des parens présens, un nombre égal à celui des autres parens cités, en opérant de manière que ce nombre ne se trouve point dépassé. *Art.* 410.

D. Quel sera le mode de convocation?

R. Le juge de paix fixera le jour et le lieu de l'assemblée, et les parens s'y rendront volontairement ou sur une citation.

D. Quels seront les délais de cette citation?

R. Si toutes les parties citées résident dans la commune, ou dans la distance de deux myriamètres, il y aura toujours, entre la citation notifiée et le jour indiqué pour la réunion, un intervalle de trois jours au moins.

Si parmi les personnes citées, il s'en trouve de domiciliés, au-delà de cette distance, ce délai sera augmenté d'un jour par trois myriamètres. *Art.* 411.

D. Les parens, amis ou alliés, ainsi convoqués, sont-ils tenus de s'y rendre en personne?

R. Ils pourront se faire représenter par un fondé de procuration spéciale, qui ne pourra jamais représenter qu'une seule personne (1). *Art.* 412.

D. Quelle peine encourra toute personne convoquée qui ne comparaîtra pas?

R. Elle sera condamnée sans appel, par le juge de paix, à une amende qui ne pourra excéder cinquante francs. *Art.* 413.

D. Que pourra faire le juge de paix, s'il y a excuse suffisante, et qu'il convienne soit d'attendre, soit de remplacer le membre absent?

R. En ce cas, comme en tout autre où l'in-

---

(1) Sans quoi le conseil de famille, au lieu d'être composé de six votans, pourrait être réduit à un seul.

térêt du mineur semblera l'exiger, le juge de paix pourra ajourner l'assemblée ou la proroger (1). *Art.* 414.

D. Où se tiendra cette assemblée?

R. Elle se tiendra de plein droit chez le juge de paix, à moins qu'il ne désigne lui-même un autre local. *Art.* 415.

D. Qui présidera l'assemblée?

R. Le juge de paix qui y aura voix délibérative et prépondérante en cas de partage. *Art.* 416.

D. Que faut-il pour que le conseil puisse délibérer?

R. La présence des trois quarts au moins des membres convoqués (2). *Art.* 417 (3).

D. Peut-il être nommé plusieurs tuteurs au mineur?

R. Quelqu'importante que soit la fortune du mineur, il ne peut être nommé qu'un seul tuteur; seulement le conseil de famille pourra autoriser le tuteur à se faire aider, dans sa gestion, d'un ou plusieurs administrateurs salariés et gérans sous sa responsabilité. *Art.* 454.

---

(1) *Ajourner ou proroger. Ajourner*, quand la remise a lieu sans indication de jour. Si, par exemple, le membre absent est malade, et qu'on veuille l'entendre. *Proroger*, quand la remise est faite à jour indiqué. (*M. Delvincourt.*)

(2) L'art. 415 eût sans doute reçu une autre rédaction, si le conseil de famille n'eût jamais dû être composé que de six parens ou amis; car sur ce nombre, ce n'est plus la présence des trois quarts, mais celle des cinq sixièmes, qui devient indispensable; mais on a eu en vue le cas où, conformément à l'art. 408, l'introduction des frères et beaux-frères du mineur porterait le nombre des votans au-delà de celui de six. (*Locré*, tome 6, p. 119.)

(3) Vid., sur la forme des délibérations, le code de procédure, art. 882 et suivans.

D. Est-il cependant un cas où l'on pourrait nommer plus d'un tuteur ?

R. Dans le cas où le mineur domicilié en France, posséderait des biens dans les colonies, ou vice-versa, alors, il lui est nommé un protuteur. (1) *Art.* 417.

D. Quelles sont les fonctions de ce protuteur ?

R. Elles se borneront à l'administration des biens situés hors le pays du domicile du mineur. *Id.*

D. Devra-t-il compte de sa gestion au tuteur ?

R. Le tuteur et le protuteur sont indépendans, et non responsables, l'un envers l'autre, de leur gestion respective. *Id.*

D. De quel jour le tuteur entrera-t-il en fonctions ?

R. Du jour de sa nomination, si elle a été faite en sa présence, si non, du jour qu'elle lui aura été notifiée. *Art.* 418

D. Comment, et dans quel délai sera faite cette notification ?

R. L'assemblée désignera un de ses membres, à la diligence duquel, cette notification doit être faite dans les trois jours de la délibération, outre un jour par trois myriamètres de distance, entre le lieu où s'est tenue l'assemblée, et le domicile du tuteur. *Cod. de pro.* 882.

---

(1) Le tuteur étant donné principalement à la personne, il est juste que cette qualité appartienne à celui du domicile du mineur : c'est pour cela que l'autre est nommé *protuteur*. (*M. Delvincourt.*)

D. La tutelle, passe-t-elle aux héritiers du tuteur ?

R. Non, la tutelle est une charge personnelle qui ne passe pas aux héritiers, mais ils sont responsables de la gestion de leur auteur, et s'ils sont majeurs, ils seront tenus de la continuer, jusqu'à la nomination d'un nouveau tuteur. *Art.* 419.

SECTION V.

Du subrogé tuteur.

D. Qu'est-ce que le subrogé tuteur ?

R. C'est un contradicteur légitime et nécessaire, chargé dans toute espèce de tutelle, d'agir pour les intérêts du mineur, lorsqu'ils se trouvent en opposition avec ceux du tuteur. *Art.* 420.

D. Par qui sera nommé le subrogé tuteur ?

R. Dans toute tutelle, il y aura un subrogé tuteur qui sera nommé par le conseil de famille, et en aucun cas, le tuteur ne votera pour sa nomination. *Art.* 420-423.

D. A quelle époque doit être faite la nomination du subrogé tuteur ?

R. Il faut distinguer : si c'est dans une tutelle déférée par le conseil de famille, la nomination aura lieu immédiatement après celle du tuteur. *Art.* 422.

Si c'est dans la tutelle *des père et mère*, *ou déferée par eux*, *ou dans la tutelle légitime des ascendans*, le tuteur devra avant d'entrer en fonctions, faire convoquer un conseil de famille, pour la nomination du subrogé tuteur. *Art.* 420.

D. A quoi s'exposerait le tuteur de l'une de ces trois qualités, s'il s'ingérait dans la tutelle sans avoir fait cette convocation ?

R. Il s'exposerait, en cas de dol de sa part, à la destitution, qui pourrait être prononcée par le conseil de famille, sans préjudice des indemnités dues au mineur. *Art.* 421.

D. Dans quelle ligne doit être pris le subrogé tuteur ?

R. Dans celle des lignes à laquelle le tuteur n'appartiendra pas, hors le cas de frères germains. (1) *Art.* 423.

D. Lorsque la tutelle deviendra vacante, ou qu'elle sera abandonnée par absence, le subrogé tuteur remplacera-t-il de plein droit le tuteur ?

R. Non, et dans ce cas, il devra sous peine de dommages intérêts, qui pourraient en résulter pour le mineur, provoquer la nomination d'un nouveau tuteur. *Art.* 424.

D. A quelle époque cesseront les fonctions du subrogé tuteur ?

R. A la même époque que la tutelle. *Art.* 425.

---

(1) On sent aisément le motif de cette disposition, c'est afin d'eviter la connivence qui pourrait exister entre un tuteur et un subrogé tuteur choisis dans la même ligne.

L'exclusion particulière des parens de la ligne où le tuteur est pris ne pouvait concerner les frères germains, puisqu'ils appartiennent egalement aux deux lignes En effet, les freres *germains* sont ceux qui sont nés du même père et de la même mère. On appelle frères *consanguins*, ceux qui sont nés du même père et non de la meme mere; *utérins*, ceux nes de la même mère et non du même pere.

D. Quelles sont les causes de dispense, d'incapacité ou de destitution, relativement au subrogé tuteur?

R. Elles sont les mêmes que celles relatives au tuteur. (*On va les voir dans la section suivante.*) *Art.* 426.

D. Le tuteur pourra-t-il provoquer la destitution du subrogé tuteur?

R. Non, il ne pourra la provoquer, ni voter dans les conseils de famille qui seront convoqués pour cet objet. *Art.* 426.

SECTION VI.

Des causes qui dispensent de la tutelle. (1)

D. Sur quels motifs sont fondées les causes qui dispensent de la tutelle?

R. Sur trois motifs : l'intérêt général, la justice, l'intérêt du mineur (2)

D. Quelles sont les excuses fondées sur des motifs d'intérêt général?

R. Ce sont celles admises en faveur de cer-

---

(1) Les jurisconsultes romains comprenaient, sous le nom genéral d'excuses, les causes qui excusent de la tutelle, et celles qui en excluent ou en rendent incapables, et les distinguaient en excuses volontaires et excuses nécessaires.

Notre code, avec plus de raison, a séparé ces deux choses absolument différentes. Il traite, dans cette section, des causes qui dispensent de la tutelle, ou *des excuses* proprement dites, dans la section suivante, des incapacités, des exclusions et destitution de la tutelle.

Les dispenses que la loi admet n'ôtent pas à celui qui est nommé la capacité de gérer la tutelle; elles n'ont d'effet qu'autant qu'il veut s'en servir. (*M. Toullier.*)

(2) Locré, tome 6, p. 149.

taines personnes revêtues de fonctions éminentes qui exigent que tout leur tems soit consacré à la chose publique.

D. Quelles personnes sont dispensées pour ce motif?

R. Ce sont les princes du sang, les grands amiraux, maréchaux de France, inspecteurs et colonels généraux, les grands officiers de la couronne, les pairs, les députés, les conseillers d'état, les membres de la cour de cassation et de la cour des comptes, les préfets (1).

Sont encore dispensés de la tutelle, tous citoyens exerçant une fonction publique dans un département autre que celui où la tutelle s'établit. *Art.* 427.

Les militaires en activité de service, et tous autres citoyens qui remplissent, hors du territoire français, une mission du gouvernement, *art.* 428; mais si la mission était non authentique ou contestée, la dispense ne serait prononcée qu'après la représentation faite par le réclamant d'un certificat du ministre, dans le département duquel se place la mission alléguée pour excuse. *Art.* 429.

D. Ces différentes qualités, fonctions ou missions, rendent-elles incapable de gérer la tutelle?

R. Non, elles donnent seulement le droit de se faire dispenser de la tutelle; mais, si l'on a accepté la tutelle postérieurement aux fonctions, services ou missions, on ne sera plus

---

(1) Vid. M. Delvincourt, tome 1er. pag. 112, édition 1819.

admis à s'en faire décharger pour cette cause. *Art.* 430.

D. Si, au contraire, les fonctions, services ou missions n'ont été conférés que postérieurement à la tutelle, pourra-t-on s'en faire décharger pour cette cause?

R. Oui, et dans ce cas, on devra faire convoquer, dans le mois, un conseil de famille, pour y être procédé au remplacement. *Art.* 431.

D. Après l'expiration des fonctions, services ou missions, la tutelle pourra-t-elle être rendue à l'ancien tuteur?

R. Elle pourra lui être rendue par le conseil de famille, s'il la réclame ou que le nouveau tuteur demande à être déchargé de la tutelle. *Idem.*

D. Quelle est la dispense fondée sur des motifs de justice?

R. C'est celle qui a lieu à l'égard de tout citoyen qui n'est ni parent ni allié du mineur, lorsque, dans la distance de quatre myriamètres, il existe des parens ou alliés en état de gérer la tutelle. *Art.* 432 (1).

D. Quelles sont les dispenses fondées sur l'intérêt du mineur?

R. 1.° Tout individu âgé de soixante-cinq

---

(1) On voit, par cet article, que tout citoyen non parent ni allié du mineur, est forcé d'accepter la tutelle, s'il n'existe pas de parens capables de la gérer dans la distance de quatre myriamètrres.

Si la tutelle est une charge publique, c'est principalement une charge de famille, et il est juste d'en dispenser un citoyen étranger à la famille, quand il existe dans une distance assez rapprochée, des parens ou alliés capables de la gérer.

ans accomplis peut refuser d'être tuteur. Celui qui aura été nommé avant cet âge pourra, à soixante-dix ans, se faire décharger de la tutelle. *Art.* 433.

2.° Tout individu atteint d'une infirmité grave et dûment justifiée, est dispensé de la tutelle. Il pourra même s'en faire décharger, si cette infirmité est survenue depuis sa nomination. *Art.* 434.

3.° Deux tutelles sont, pour toutes personnes, une dispense d'en accepter une troisième.

Une seule tutelle dispense celui qui est époux ou père d'en accepter une seconde, excepté celle de ses enfans. *Art.* 435.

4.° Ceux qui ont cinq enfans légitimes sont dispensés de toute tutelle autre que celle desdits enfans. *Art.* 436.

D. Faut-il que ces cinq enfans soient actuellement existans, pour opérer la dispense ?

R. Il faut qu'ils soient actuellement existans, ou s'ils sont morts, qu'ils aient eux-mêmes laissé des enfans actuellement existans.

Ils seront toujours comptés pour opérer cette dispense, si lors même qu'ils n'auraient point laissé d'enfans, ils sont morts en activité de service dans les armées françaises. *Art.* 436. (1) Mais la survenance d'enfans pendant la tutelle, ne pourra autoriser à l'abdiquer. *Art.* 437.

---

(1) *Hi qui pro republicâ ceciderunt, in perpetuum per gloriam vivere intelliguntur !*

D. Si le tuteur nommé, a des excuses à proposer, quand doit-il le faire?

R. Il faut distinguer: si le tuteur nommé est présent à la délibération qui lui défère la tutelle, il devra les proposer sur-le-champ au conseil de famille, sous peine d'être déclaré non recevable dans toute réclamation ultérieure. *Art.* 438.

S'il n'était pas présent, il doit faire convoquer le conseil de famille, pour délibérer sur ses excuses, et faire ses diligences à ce sujet, dans le délai de trois jours, à partir de la notification qui lui aura été faite de sa nomination; ce délai doit-être augmenté d'un jour par trois myriamètres de distance, du lieu de son domicile à celui de l'ouverture de la tutelle: passé ce délai, il sera non recevable. *Art.* 439.

D. Que doit faire le tuteur, si ses excuses sont réjetées?

R. Il doit, pendant le litige, administrer provisoirement la tutelle; mais il peut se pourvoir devant le tribunal de première instance pour faire admettre ses excuses. *Art.* 440.

R. Contre qui, doit être dirigée sa demande?

R. Elle devra l'être contre les membres qui ont été d'avis de la délibération. (C. de pro. *art.* 883.)

D. Qui supportera les dépens de l'instance?

R. Si l'excuse est jugée valable, ceux qui l'auront rejetée, (1) peuvent (2) être condam-

---

(1) *Ceux qui l'auront rejetée.* Si donc la délibération n'a pas été unanime, ceux là seuls pourront être poursuivis et condamnés aux dépens, qui auront été d'avis du rejet. (*M. Delvincourt.*)

(2) *Peuvent*, et non pas *doivent.* La condamnation aux

nés aux dépens ; si le tuteur succombe, il y sera condamné lui même. *Art.* 441 (1)

SECTION VII.

De l'incapacité, des exclusions et destitutions de la tutelle.

D. Quelle différence existe-t-il entre les causes d'exclusion et de destitution, et les causes d'incapacité ?

R. Les causes d'exclusion et de destitution, diffèrent des incapacités, en ce que ceux qui se trouvent dans le cas d'être exclus ou destitués, sont habiles à gérer la tutelle, comme ceux qui en sont dispensés ; mais ils se sont rendus suspects par leur conduite. (*M. Toullier.*)

D. Quelle différence entre l'exclusion et la destitution.

R. L'exclusion diffère de la destitution en ce qu'on exclut le tuteur qui n'est pas encore entré en fonctions, et qu'on destitue celui qui a commencé à administrer. (*M. Delvincourt.*)

D. Quelles personnes sont incapables d'être nommées aux fonctions de tuteurs, ou de membres des conseils de familles ?

---

dépens n'aura lieu, à leur égard, qu'autant que le juge estimera que le rejet a été dicté par un esprit de chicane ; dans le cas contraire, les frais seront à la charge du tuteur, comme frais de tutelle. Il n'en est pas de même à l'égard du tuteur qui doit toujours, lorsqu'il succombe, être condamné aux dépens. (*M. Delvincourt.*)

(1) Quelque soit le jugement du tribunal, il est susceptible d'appel. (Cod. de pro., art. 889.)

R. Ce sont: 1.° les mineurs, excepté le père ou la mère; 2.° Les interdits; 3.° Les femmes, autres que la mère et les ascendantes.

4.° Tous ceux qui ont, ou dont les père ou mère, ont avec le mineur, un procès dans lequel, l'état de ce mineur, sa fortune, ou une partie notable de ses biens, sont compromis. *Art.* 442. (1)

D. Quelles personnes sont exclues de la tutelle, et même destituées, si elles sont en exercice ?

R. Ce sont: 1.° les personnes condamnées à une peine afflictive ou infamante. *Art.* 443; (2)

2.° Les gens d'une inconduite notoire. (3)

3.° Ceux dont la gestion attesterait l'incapacité ou l'infidélité. *Art.* 444 (4)

---

(1) Il eût été dangereux de donner au pupille un tuteur qui, à raison de circonstances particulières, se fût trouvé placé entre son devoir et ses affections ou ses intérêts; on eût réduit le tuteur lui-même à un état trop violent. (*Locré.*)

(2) La condamnation à une peine afflictive ou infamante, emporte l'exclusion ou la destitution de plein droit, et sans qu'il soit nécessaire de la faire juger. Il suffit de convoquer un conseil de famille pour nommer un autre tuteur.

Toutefois le condamné peut, après avoir subi sa peine, être tuteur de ses enfans, et sur l'avis seulement de la famille. (Code pén., art. 28.)

(3) *Inconduite notoire.* Il faut entendre par-là, non-seulement le défaut d'ordre dans les affaires, mais encore le déréglement des mœurs. (*M. Delvincourt.*)

(4) Tel serait le tuteur, qui se serait emparé des biens sans inventaire.

Si l'incapacité, qui résulte du défaut de connaissance des affaires, n'a rien de répréhensible en elle-

4. Ceux à qui un jugement en matière correctionnelle, a interdit d'être tuteurs ou curateurs. *Cod. pén. Art.* 42. (1)

D. Quels sont les effets des exclusions et destitutions ?

R. C'est de priver la personne qui en a été frappée, du droit d'être membre d'un conseil de famille. *Art.* 445. (2)

D. Par qui sera prononcée la destitution ou l'exclusion de la tutelle ?

R. Elle le sera, toutes les fois qu'il y aura lieu, par le conseil de famille, convoqué à la diligence du subrogé tuteur, ou d'office par le juge de paix.

Celui-ci, ne pourra se dispenser de faire cette convocation, quand elle sera formellement requise par un ou plusieurs parens ou alliés du mineur, au degré de cousin germain, ou à des degrés plus proches, *art.* 446, quand même les requérans ne seraient pas membres du conseil de famille.

---

même, celui qui a la connaissance de son incapacité, a dû faire gérer et administrer par un mandataire capable. Ses fautes graves, dans l'administration de la tutelle, approchent du dol. (*M. Toullier*).

Il faut observer que les causes d'exclusion et de destitution, tirées de l'inconduite notoire, de l'infidélité et de l'incapacite s'appliquent à tous les tuteurs indistinctement. Aussi, dit M. Locré, le père, la mère, l'ascendant s'y trouvent compris, par cela seul, qu'ils n'en sont pas exceptés.

(1) Si ce n'est de ses propres enfans, et de l'avis seulement de la famille. §. 6, art. 42 du code pén.

(2) Cette exclusion ne s'applique pas seulement au conseil de famille du mineur de la tutelle duquel on a

D. Quelles sont les formalités relatives à la délibération du conseil de famille?

R. Toute délibération du conseil de famille qui prononcera l'exclusion ou la destitution du tuteur, ne pourra être prise qu'après avoir entendu ou appelé le tuteur; elle sera motivée, *art.* 447, et si elle n'est pas unanime, l'avis de chacun des membres, doit être mentionné dans le procès-verbal. (*Cod. de pro. Art.* 883).

D. Que doit-il être fait, si le tuteur adhère à la délibération qui prononce l'exclusion ou la destitution?

R Dans ce cas, il doit être fait mention de son adhésion dans le procès-verbal, et l'on procède à la nomination du nouveau tuteur, qui entre de suite en fonctions. *Art.* 448.

D. Que doit-il être fait, si le tuteur n'adhère pas à la délibération?

R. Dans ce cas, la délibération est soumise à l'homologation qui est poursuivie devant le tribunal de première instance, lequel prononce sauf l'appel; et en cas d'inaction de la personne chargée de poursuivre l'homologation, le tuteur exclu ou destitué, peut lui-même l'assigner, pour se faire déclarer maintenu dans la tutelle. *Art.* 448 (*Cod. de proc.* 882).

Les parens ou alliés qui auront requis la

été exclu ou destitué, elle s'applique à tout autre conseil de famille; mais remarquez que cette exclusion des conseils de famille, n'est attachée *qu'aux exclusions* et *destitutions*, lesquelles ont pour base une cause absolue, l'infamie et l'indignité: et non aux *incapacités*, lesquelles ne résultent que d'une cause temporaire ou relative.

convocation, pourront intervenir dans la cause qui sera jugée comme affaire urgente. *Art.* 449.

SECTION VIII.

De l'administration du tuteur.

D. En quoi consistent les fonctions de tuteur?

R. Elles consistent à administrer la personne et les biens du mineur.

D. En quoi consistent les fonctions du tuteur, relativement à la personne?

R. Les fonctions du tuteur, sous ce rapport, se réduisent à trois choses :

Prendre soin de la personne du mineur; (1)

Exercer à son égard le droit de correction ;

---

(1) *Prendre soin de la personne du mineur.* C'est-à-dire diriger le mineur dans sa conduite, et pourvoir à son éducation ; mais le conseil de famille aurait-il le droit de régler ce qui concerne l'éducation du mineur, d'assigner le lieu où il doit être élevé, ou la personne, autre que le tuteur, à laquelle il sera confié? MM. Delvincourt et Toullier pensent que ce droit appartient au conseil de famille, et la cour de cassation l'a ainsi jugé par un arrêt du 8 août 1815.

Toutefois, M. Locré est d'un avis opposé ; ce serait, dit-il, partager l'administration entre le tuteur et la famille. Or, *une administration partagée est toujours mal conduite ; une volonté unique peut seule bien gouverner ; rien de plus ridicule et de plus dangereux qu'une autorité qui gouverne par délibérations, et à la majorité des voix.*

Je pense que M. Locré n'a pas voulu généraliser le principe qu'il émet ; admettons le, s'il le veut, pour la tutelle ; car on peut, comme nous l'avons vu, exclure ou destituer le tuteur.

Le représenter dans les actes civils.

D Comment le tuteur peut-il exercer le droit de correction?

R. Le tuteur qui aura des sujets de mécontentement graves, sur la conduite du mineur, pourra porter ses plaintes à un conseil de famille, et, s'il y est autorisé par ce conseil, provoquer la réclusion du mineur. *Art.* 468. (1)

D. Qu'entendez-vous par représenter le mineur dans les actes civils?

R. C'est-à-dire que le tuteur agit au nom du mineur, et sans son concours, dans les contrats civils et les procès qui peuvent intéresser l'état ou la fortune du mineur. (2)

D. Quelles sont les fonctions du tuteur, relativement aux biens?

R. La loi impose au tuteur diverses obligations à cet égard; les unes, au moment de l'établissement de la tutelle, les autres, pendant sa durée.

D. Quelle est la première obligation du tuteur, au moment de l'établissement de la tutelle?

R. Dans les dix jours qui suivront celui de sa nomination, dûment connue de lui, le tuteur doit requérir la main-levée des scel-

---

(1) Dans la forme tracée au titre de la puissance paternelle, *et par voie de réquisition.* (Locré.)

(2) Mais le pupille comparaît en personne lorsqu'il est appelé comme témoin en justice, et à l'acte de son mariage où il n'a besoin que du consentement des personnes, sous l'autorité desquelles il se trouve placé.

lés (1), s'ils ont été apposés, et faire procéder immédiatement à l'inventaire des biens du mineur, en présence du subrogé tuteur.

S'il lui est dû quelque chose par le mineur, il devra le déclarer dans l'inventaire, à peine de déchéance, et ce, sur la réquisition que l'officier public sera tenu de lui en faire, et dont mention sera faite au procès-verbal. *Art.* 451.

D. Que doit faire le tuteur dans le mois qui suivra la clôture de l'inventaire?

R. Il doit faire vendre, en présence du subrogé tuteur, aux enchères reçues par un officier public, et après des affiches ou publications, dont le procès verbal fera mention, tous les meubles, autres que ceux que le conseil de famille l'aurait autorisé à conserver en nature. *Art.* 452. (2)

D. Tous les tuteurs indistinctement sont-ils tenus de faire procéder à cette vente, s'ils ne sont autorisés par le conseil de famille à conserver les meubles?

R. Les père et mère, tant qu'ils ont la jouissance propre et légale des biens du mineur, sont dispensés de vendre les meubles, s'ils préfèrent les garder pour les remettre en nature. *Art.* 453.

---

(1) *Scellés.* C'est l'apposition d'un sceau sur les effets de quelqu'un, pour la conservation de ces mêmes effets, et pour l'intérêt des tiers. (*Répertoire de Merlin.*) Voyez les art. 907 et suivans du code de procédure civile.

(2) Voyez, pour les formalités de cette vente, les articles 945 à 951 et 617 à 625 du code de procédure civile.

D. Que doivent-ils faire dans le cas où ils préfèrent conserver les meubles ?

R. Dans ce cas, ils en feront faire, à leurs frais, une estimation à juste valeur par un expert, qui sera nommé par le subrogé tuteur, et prêtera serment devant le juge de paix. Ils rendront la valeur estimative de ceux des meubles qu'ils ne pourraient représenter en nature. *Art.* 453.

D. Quelles formalités doit remplir le tuteur relativement à l'administration des biens lors de son entrée en exercice de la tutelle ?

R. Le tuteur, autre néanmoins que les père et mère, doit faire régler, par le conseil de famille, par aperçu et selon l'importance des biens, la somme à laquelle pourra s'élever la pense annuelle du mineur, ainsi que celle dé inistrati on de se s biens. (1)

Il devra faire spécifier, dans le même acte, s'il est autorisé à s'aider, dans sa gestion, d'un ou plusieurs administrateurs particuliers, salariés et gérant sous sa responsabilité. *Art.* 454.

D. Que doit-il faire déterminer par le conseil relativement à l'emploi des revenus ?

R. Il doit faire déterminer positivement la somme à laquelle commencera pour lui, l'obligation d'employer l'excédent des revenus sur la dépense. Cet emploi devra être fait dans le

(1) Si la dépense annuelle du mineur a été réglée par le conseil de famille, le tuteur ne peut lui faire dépenser au-delà. Ce réglement est une loi qu'il ne peut excéder, sauf à convoquer le conseil pour délibérer sur une augmentation, en cas qu'elle devienne nécessaire. (*M. Toullier.*)

délai de six mois (1), passé lequel le tuteur devra les intérêts à défaut d'emploi. *Art.* 455.

D. Quel résultat aurait, pour le tuteur, sa négligence à faire déterminer, par le conseil, la somme à laquelle doit commencer l'emploi?

R. Il devra, dans ce cas, après le délai de six mois, les intérêts de toute somme non employée, quelque modique qu'elle soit. *Art.* 456.

D. Quelles sont, pendant la durée de la tutelle, les obligations générales du tuteur, relativement aux biens?

R. Les obligations générales du tuteur, sont d'administrer les biens du pupille, en bon père de famille, (2) et il répondra des dommages-intérêts qui pourraient résulter d'une mauvaise gestion. *Art.* 450.

D. Le tuteur peut-il, en cette qualité, faire de son chef, et sans le concours du conseil de famille, tous les actes quelconques, qui peuvent intéresser le pupille?

R. Non, il est des actes qui sont même entièrement interdits au tuteur, d'autres, qu'il ne peut faire sans l'autorisation du conseil de famille.

D. Quels sont les actes interdits au tuteur?

R. Le tuteur ne peut, à peine de nullité(3),

---

(1) *Dans le délai de six mois*, à compter du jour où aura été complétée la somme à laquelle commence l'obligation de faire emploi.

(2) *En bon père de famille.* C'est-à-dire, qu'il doit avoir pour les affaires du pupille, le même soin et la même vigilance qu'un père de famille, exact et économe, a pour ses propres affaires. (*M. Delvincourt.*)

(3) La nullité est relative; et ne peut être invoquée que

acheter les biens de son pupille, même en adjudication publique. *Art.* 450-1596.

Il ne peut accepter la cession d'aucun droit ni d'aucune créance contre lui. *Art.* 450.

Il ne peut donner à bail les biens de son pupille, pour un tems excédant neuf années. *Art.* 1718-1429-1430.

D. Quels sont les actes que le tuteur ne peut faire sans l'autorisation du conseil de famille ?

R. Il ne peut, sans cette autorisation :

Prendre à ferme, les biens de son pupille ; et dans le cas d'autorisation, c'est le subrogé tuteur qui doit lui en passer bail. *Art.* 450.

Accepter ou répudier une succession échue au mineur. Le tuteur, même autorisé, ne pourra accepter que sous bénéfice d'inventaire. *Art.* 461. (1)

Accepter une donation faite au mineur. La donation acceptée par le mineur autorisé, a le même effet, à l'égard du mineur, qu'à l'égard du majeur. *Art.* 463. (2)

Introduire en justice une action relative aux droits immobiliers du mineur, ni acquiescer

---

par le pupille ou ses ayant-cause, et jamais par le tuteur. (*M. Delvincourt.*)

(1) Le bénéfice d'inventaire est la faculté accordée à l'héritier présumé, d'accepter la succession sans être tenu des charges au-delà de l'émolument. L'acceptation pure et simple rend au contraire l'héritier passible des charges, au-delà même de ce qu'il peut avoir recueilli.

(2) C'est-à-dire que si la donation, par la suite, lui devenait onéreuse, il ne pourrait se faire restituer. (*M. Delvincourt.*)

à une demande relative aux mêmes droits. *Art.* 464. (1)

Provoquer un partage (2) ; mais il peut, sans autorisation, répondre à une demande en partage dirigée contre le pupille. *Art.* 465.

D. Lorsqu'une succession a été répudiée (3) par le tuteur, dûment autorisé à cet effet, peut-elle être reprise, si elle n'a pas été acceptée par un autre ?

R. Oui, dans ce cas, elle peut être reprise, soit par le tuteur, autorisé à cet effet par une nouvelle délibération du conseil de famille, soit par le mineur devenu majeur ; mais dans l'état où elle se trouvera lors de la reprise, et sans pouvoir attaquer les ventes et autres actes qui auraient été légalement faits durant la vacance. *Art.* 462.

D. N'est-il pas des actes pour la validité desquels l'autorisation du conseil de famille ne suffit pas ?

R. Il en est pour lesquels il faut encore l'autorité de la justice.

D. Pour quels actes faut-il l'intervention de la justice ?

R. Le tuteur, même le père ou la mère, ne peut emprunter pour le mineur, ni aliéner ou

---

(1) *Une action relative aux droits immobiliers.* C'est-à-dire, une action tendant à revendiquer un immeuble, ou un droit inhérent à un immeuble, comme un usufruit, une servitude. Vid. art. 526.

(2) *On verra la forme du partage au titre des successions.*

(3) On peut en thèse générale accepter une succession ou y renoncer.

hypothéquer ses biens immeubles, sans y être autorisé par le conseil de famille; et les délibérations de ce conseil, relatives à cet objet, ne seront exécutées qu'après que le tuteur en aura demandé et obtenu l'homologation devant le tribunal de première instance, qui y statuera en la chambre du conseil, et après avoir entendu le procureur du roi. *Art.* 457 — 458.

D. Quelles causes devront déterminer le conseil de famille à accorder, au tuteur, l'autorisation d'emprunter, aliéner ou hypothéquer?

R. Le conseil de famille ne devra accorder l'autorisation que pour cause d'un avantage évident ou d'une nécessité absolue; et dans ce dernier cas, le conseil de famille n'accordera son autorisation qu'autant qu'il aura été constaté par un compte sommaire présenté par le tuteur, que les deniers, effets mobiliers et revenus du mineur sont insuffisans.

Le conseil de famille indiquera, dans tous les cas, les immeubles qui devront être vendus de préférence, et toutes les conditions qu'il jugera utiles. *Art.* 457. (1)

D. Quelles sont les formalités particulières exigées pour les transactions qui intéressent un mineur? (2)

---

(1) Voyez les art. 2206-2207-827 du code civil.

Voyez encore, pour les formalités particulières à la vente des biens des mineurs, les art. 955 et suivans du code de procédure civile.

(2) La transaction est un contrat par lequel les parties terminent une contestation née, ou préviennent

R. Le tuteur ne pourra transiger au nom du mineur qu'après y avoir été autorisé par le conseil de famille, et de l'avis de trois jurisconsultes désignés par le procureur du roi.

La transaction ne sera valable qu'autant qu'elle aura été homologuée par le tribunal de première instance, après avoir entendu le procureur du roi. *Art.* 467.

SECTION IX.

Des comptes de la tutelle.

D. A quelle époque le tuteur doit-il rendre le compte de la tutelle?

R. A la fin de la tutelle. *Art.* 469.

D. Comment finit la tutelle?

R. Elle finit de la part du mineur : 1°. par la mort naturelle ou civile; 2°. par la majorité; 3°. par son émancipation.

Elle finit de la part du tuteur : 1°. par la mort naturelle ou civile; 2°. par la démission du tuteur dûment acceptée ; 3°. par sa destitution.

D. Aux frais de qui est rendu le compte de la tutelle?

R. Il est rendu aux frais du mineur; mais ces frais sont avancés par le tuteur. *Art.* 471.

D. Quelles dépenses doit-on allouer au rendant compte?

---

une contestation à naître. *Code civil*, *art.* 2044, en sacrifiant ou modifiant respectivement, ou seulement par une d'elles, tout ou partie de leurs prétentions sur un objet dont elles peuvent disposer. (*Pigeau, proc. civ.*).

R. Toutes celles suffisamment justifiées, et dont l'objet sera utile. *Id.*

D. Si ce compte donne lieu à des contestations, comment seront-elles poursuivies et jugées ?

R. Elles seront portées devant les juges du lieu où la tutelle a été déférée ou ouverte, et jugées comme les autres contestations en matière civile. *Code civ. art.* 473. *Proc. civ. art.* 527.

D. Que faut-il distinguer à l'égard des intérêts que produit le reliquat de compte?

R. Si c'est le tuteur qui est débiteur de ce reliquat, la somme à laquelle il s'élèvera, portera intérêt, sans demande, à compter de la clôture du compte.

Si c'est au contraire le mineur qui est débiteur, les intérêts de ce qui sera dû au tuteur ne courront qu'à compter du jour de la sommation de payer, faite après la clôture du compte. *Art.* 474.

D. Quel serait le sort du traité qui pourrait intervenir entre le tuteur et le mineur devenu majeur, avant la reddition du compte ?

R. Tout traité semblable sera nul, s'il n'a été précédé de la reddition d'un compte détaillé et de la remise des pièces justificatives ; le tout constaté par un récépissé de l'oyant compte, dix jours au moins avant le traité. *Art.* 472. (1)

---

(1) Ainsi, le mineur devenu majeur ne pourrait transiger valablement sur le compte de tutelle, qu'en connaissance de cause, c'est-à-dire, qu'après la reddition

D. Combien dure l'action du mineur contre son tuteur relativement aux faits de la tutelle?

R. Elle dure pendant dix années, à compter de la majorité, et par conséquent serait prescrite, si elle n'avait pas été intentée pendant ce délai. *Art.* 475.

D. Indépendamment du compte définitif que tout tuteur doit rendre à la fin de sa tutelle, ne peut-il pas être astreint à donner, durant sa tutelle, des états de situation?

R. Oui, tout tuteur, autre que le père et la mère, peut être tenu, même durant la tutelle, de remettre, au subrogé tuteur, des états de situation de sa gestion, aux époques que le conseil de famille aura jugé à propos de fixer, sans, néanmoins, que le tuteur puisse être astreint à en fournir plus d'un chaque année. *Art.* 470. (1)

D. Dans quelle forme seront dressés ces états de situation?

R. Ces états de situation seront rédigés et remis, sans frais, sur papier non timbré, et sans aucune formalité de justice.

---

d'un compte détaillé, appuyé de la remise des pièces justificatives.

L'oyant compte. C'est-à-dire, celui auquel on rend le compte.

(1) L'objet de cette disposition est de mettre le subrogé tuteur en état d'exercer sur la conduite du tuteur, une surveillance dont la loi le charge, et de provoquer sa destitution, s'il aperçoit de l'infidelité ou de l'ineptie. (*M. Locré.*)

Mais il résulte de l'article 470, qu'il ne peut exiger ces états lorsque le conseil de famille n'a pas imposé au tuteur l'obligation d'en remettre à des époques fixées.

CHAPITRE III.

De l'émancipation.

D. Qu'est-ce que l'émancipation ?

R. L'émancipation est l'acte par lequel le mineur acquiert le droit de se gouverner lui-même, et d'administrer lui-même ses biens.

M. Delvincourt.

R. L'émancipation est l'acte par lequel un mineur sort de la tutelle, est dégagé de la puissance paternelle, et acquiert, avant la majorité, le droit de se gouverner lui-même, ainsi que d'administrer librement ses biens.

M. Toullier.

D. Combien y a-t-il de sortes d'émancipations ?

R. Il y en a deux : l'émancipation tacite, et l'émancipation expresse.

D. Qu'est-ce que l'émancipation tacite ?

R. C'est celle qui s'opère de plein droit par le mariage ; elle en est une conséquence nécessaire et n'est soumise à aucune formalité. *Art.* 476.

D. Qu'est-ce que l'émancipation expresse ?

R. L'émancipation expresse est celle qui s'opère par la volonté déclarée du père, de la mère, ou du conseil de famille.

D. N'existe-t-il aucune différence entre l'émancipation conférée par les père et mère, et celle conférée par le conseil de famille ?

R. Le mineur, même non marié, pourra être émancipé par le père, à défaut de père, par la mère, lorsqu'il aura atteint l'âge de quinze ans révolus.

Dans ce cas, l'émancipation s'opérera par la seule déclaration du père ou de la mère, reçue par le juge de paix, assisté de son greffier. *Art.* 477.

Si, au contraire, le mineur n'a plus ni père ni mère, il ne pourra être émancipé qu'à l'âge de dix-huit ans accomplis :

Dans ce cas, l'émancipation résultera de la délibération qui l'aura autorisée, et de la déclaration que le juge de paix, comme président du conseil de famille, aura faite dans le même acte, *que le mineur est émancipé. Art.* 478. (1)

D. Si le tuteur ne fait aucune diligence pour l'émancipation du mineur resté sans père ni mère, les parens pourront-ils provoquer son émancipation ?

R. Dans ce cas, si un ou plusieurs parens ou alliés du mineur, au degré de cousin germain, ou a des degrés plus proches, le jugent capable d'être émancipé, ils pourront requérir le juge de paix de convoquer le conseil de famille pour délibérer à ce sujet. Le juge de paix devra déférer à cette réquisition. *Art.* 479.

D. Le mineur acquiert-il, par l'émancipation, le droit de faire seul tous les actes dont le majeur serait capable ?

---

(1) Remarquez que si le père existe, lui seul a droit d'émanciper son fils ; si la mère survit, ce droit est également inhérent à sa personne, et ne peut être exercé que par elle.

Ce n'est qu'à défaut de père et mère, que le conseil de famille peut conférer l'émancipation, et c'est à ce cas seulement, que s'applique l'art. 479 ; mais le père ou la mère vivant, aucun parent n'aurait droit de la provoquer.

R. Non, il est des actes que le mineur émancipé peut faire seul, d'autres qu'il ne peut faire sans être assisté d'un curateur qui lui est nommé par le conseil de famille, d'autres pour lesquels l'autorisation du conseil de famille, et même quelquefois l'homologation lui sont nécessaires.

D. Quels sont les actes que le mineur émancipé peut faire seul ?

R. Le mineur émancipé peut passer les baux dont la durée n'excède pas neuf ans, recevoir ses revenus, en donner décharge, et faire tous les actes qui ne sont que de pure administration, sans être restituable contre ces actes dans tous les cas où le majeur ne le serait pas lui-même. *Art.* 481. (1)

Il peut également intenter seul toutes les actions mobilières.

D. Quels sont les actes que le mineur émancipé ne peut faire qu'avec l'assistance de son curateur ?

R. Le mineur émancipé doit être assisté de son curateur, pour recevoir le compte de tutelle. *Art.* 480.

Pour intenter une action immobilière et y défendre.

Pour recevoir et donner décharge d'un capital mobilier, et le curateur devra surveiller l'emploi du capital reçu. *Art.* 482.

D. Quels sont les actes que le mineur éman-

---

(1) *Dans tous les cas où le majeur ne le serait par lui-même.* Ainsi, il pourra être restitué contre ses actes, pour erreur, dol ou violence; mais non pour simple lésion. Art. 1305 et 1313. (*M. Delvincourt.*)

cipé ne peut faire sans l'assistance du conseil de famille ?

R. Le mineur émancipé ne pourra faire d'emprunt, sous aucun prétexte, sans une délibération du conseil de famille, homologuée par le tribunal de première instance, après avoir entendu le procureur du roi. *Art.* 483.

Il ne pourra non plus vendre ni aliéner ses immeubles, ni faire aucun autre acte que ceux de pure administration, sans observer les formes prescrites au mineur non émancipé. *Art.* 484. (1)

D. Les obligations que le mineur émancipé aurait contractées par voie d'achats ou autrement, ne sont elles pas réductibles en certains cas ?

R. Nous avons vu, *art.* 481, que le mineur émancipé n'est restituable contre les actes de pure administration qu'il est autorisé à faire seul, que dans le cas où le majeur le serait lui-même, c'est-à-dire, pour dol, erreur, violence, etc.; mais jamais pour lésion.

A l'égard des obligations qu'il aurait contractées pour ses besoins, par voie d'achats ou autrement, elles seront réductibles en cas d'excès ; les tribunaux prendront, à ce sujet, en considération la fortune du mineur, la bonne ou mauvaise foi des personnes qui auront contracté avec lui, l'utilité ou l'inutilité des dépenses. *Art.* 484.

---

(1) *Aucun autre acte que ceux, etc.* Ainsi, il ne peut, sans l'autorisation du conseil de famille, ni accepter ou répudier une succession, ni l'accepter autrement, que sous bénéfice d'inventaire, ni accepter une donation, ni provoquer un partage, ni transiger. (*M. Toullier.*)

D. Quelle mesure pourra être prise à l'égard du mineur émancipé dont les engagemens auraient été réduits comme excessifs ?

R. Il pourra être privé du bénéfice de l'émancipation, laquelle lui sera retirée en suivant les mêmes formes que celles qui auront eu lieu pour la lui conférer. *Art.* 485.

D. Quel sera l'effet de la révocation de l'émancipation ?

R. Dès le jour où l'émancipation sera révoquée, le mineur rentrera en tutelle, et y restera jusqu'à sa majorité accomplie. *Art.* 486.

D. L'émancipation n'a-t-elle pas des effets plus étendus à l'égard du mineur commerçant ?

R. Le mineur émancipé est réputé majeur pour tous les faits relatifs à son commerce, à son négoce ou à sa profession. *Art.* 487 et 1308. (1)

Il peut engager et hypothéquer ses immeubles, il peut même les aliéner, mais seulement en observant les formalités requises pour le mineur émancipé. *Code de commerce, art.* 6.

D. Que faut-il pour que l'émancipation produise cet effet à l'égard du mineur commerçant ?

R. Il faut 1°. qu'il ait dix-huit ans révolus ;

2°. Qu'il ait été autorisé à faire le commerce par son père, ou, à défaut de père, par sa mère, et, à défaut du père et de la mère,

---

(1) Du reste, le mineur commerçant n'étant réputé majeur que pour les faits de son commerce, il reste dans la classe des mineurs ordinaires, pour tous les actes qui n'y sont pas relatifs.

par une délibération du conseil de famille, homologuée par le tribunal civil;

3°. Que l'acte d'autorisation ait été enregistré et affiché au tribunal de commerce du lieu où il veut établir son domicile. *Code de commerce*, *art.* 2.

TITRE XI.

De la majorité, de l'interdiction et du conseil judiciaire.

CHAPITRE Ier.

De la majorité.

D. A quel âge la majorité est-elle fixée?

R. A l'âge de vingt-un ans, pour les personnes des deux sexes : à cet âge, on est capable de tous les actes de la vie civile, sauf les restrictions portées au titre du mariage et de l'adoption. *Art.* 488.

CHAPITRE II.

De l'interdiction.

D. Qu'entendez-vous par interdiction?

R. J'entends l'acte par lequel la justice déclare un individu devenu majeur, incapable des actes de la vie civile, et le prive de l'administration de sa personne et de ses biens. (*M. Proudhon.*)

D. Quels individus doivent être interdits ?

R. Ceux qui sont dans un état habituel d'imbécillité (1), de démence ou de fureur, même lorsque cet état présente des intervalles lucides. *Art.* 489.

D. Quelles personnes peuvent provoquer l'interdiction ?

R. Tout parent peut provoquer l'interdiction de son parent. Il en est de même de l'un des époux à l'égard de l'autre. *Art.* 490.

D. N'est-il pas un cas où l'interdiction peut être provoquée d'office par le procureur du roi ?

R. Oui, dans le cas de fureur, si l'interdiction n'est provoquée ni par l'époux, ni par les parens, elle doit l'être par le procureur du roi, qui, dans le cas d'imbécillité ou de démence, peut aussi la provoquer contre un individu qui n'a ni époux, ni épouse, ni parens connus. *Art.* 491.

D. Devant quel tribunal la demande en interdiction doit elle être portée ?

R. Devant le tribunal de première instance du domicile de la personne à interdire. *Art.* 492.

---

(1) L'imbécillité est l'état de l'individu atteint de cette faiblesse d'esprit, qui, sans aller jusqu'à faire perdre la raison, rend incapable de gouverner sa personne et ses biens.

La démence est l'état de celui qui est habituellement privé de l'usage de la raison.

La fureur est l'état de démence porté au plus haut degré : c'est l'état où le furieux est involontairement poussé à des actions dangereuses pour lui, et même pour les autres. (*M. Toullier.*)

D. Comment doivent être énoncés les faits d'imbécillité, de démence ou de fureur?

R. Ils doivent l'être dans une requête à laquelle sont jointes les pièces à l'appui, avec indication des témoins qu'on se propose de faire entendre. Cette requête et les pièces y jointes sont présentées au président du tribunal, qui ordonne la communication au procureur du roi, et nomme un juge pour faire son rapport, à jour indiqué, en la chambre du conseil. *Art.* 493. *Code de proc.* 890 *et* 891.

D. Sur ce rapport que fait-on ?

R. Le procureur du roi est entendu en ses conclusions, et, s'il y a lieu de passer outre, le tribunal ordonne la convocation du conseil de famille, formé selon le mode déterminé pour la dation d'une tutelle (*voyez Art.* 405 *et suivans*), afin qu'il donne son avis sur l'état de la personne dont l'interdiction est demandée. *Art.* 494, *code de proc.* 892.

D. Ceux qui ont provoqué l'interdiction pourront-ils faire partie du conseil de famille?

R. Non, ils ne le pourront pas : cependant l'époux ou l'épouse et les enfans de la personne dont l'interdiction sera provoquée, pourront y être admis sans y avoir voix délibérative (1). *Art.* 495.

---

(1) L'époux, l'épouse et les enfans, lors même qu'ils ne sont pas demandeurs en interdiction, n'ont pas voix délibérative : ils peuvent assister au conseil de famille, mais ils n'en font pas partie. Il eût été peu convenable et peu moral de les mettre dans la cruelle obligation de prononcer sur l'état d'un père ou d'un époux malheureux et humilié, qu'ils doivent constamment en-

D. Après avoir reçu l'avis du conseil de famille, que fait le tribunal ?

R. Il interroge le défendeur à la chambre du conseil : s'il ne peut s'y présenter, il est interrogé dans sa demeure par l'un des juges commis à cet effet, assisté du greffier. Dans tous les cas, le procureur du roi est présent à l'interrogatoire (1). *Art.* 496.

D. Le tribunal peut-il faire plusieurs interrogatoires ?

R, Oui, s'il le juge convenable (2) ; mais après le premier interrogatoire, il commettra, s'il y a lieu, un administrateur provisoire pour prendre soin de la personne et des biens du défendeur (3). *Art.* 497.

---

tourer de soins, de respect et de tendresse. (*M. Toullier.*)

MM. Delvincourt et Proudhon pensent au contraire, que l'époux, l'épouse et les enfans, peuvent assister au conseil de famille avec voix délibérative, lorsqu'ils n'ont pas provoqué l'interdiction.

(1) Le défendeur doit être interrogé, mais non pas inopinément; la requête introductive de l'instance, et l'avis du conseil de famille, doivent lui être signifiés avant qu'il soit procédé à son interrogatoire (*Art.* 893 *du code de proc.*), afin que, par cet avertissement, il puisse, s'il en est capable, réfléchir sur sa position, et les défenses qu'il aura à opposer. (*M. Proudhon.*)

(2) C'est la conséquence de ce qu'on peut demander l'interdiction d'une personne, qui aurait des intervalles lucides, parce qu'un seul examen momentané pourrait être insuffisant pour s'assurer de son état habituel. (*M. Proudhon.*)

(3) Cet administrateur ne pourra conséquemment faire que les actes d'administration provisoire, et non ceux d'aliénation, même des choses périssables ; à moins, dans ce dernier cas, qu'il ne s'y fasse autoriser par justice. (*M. Delvincourt.*)

D. Comment le jugement sur une demande en interdiction est-il rendu ?

R. Il doit être rendu à l'audience publique, sur les conclusions du procureur du roi, les parties présentes ou dûment appelées. *Art* 498 *et* 515.

D. Peut-on appeler d'un jugement statuant sur une demande en interdiction ?

R. Oui, on peut appeler dans tous les cas, mais relativement à la personne qui a le droit d'interjeter appel, il faut distinguer :

Ou l'interdiction a été prononcée, et alors l'appel n'est accordé qu'au défendeur ; il est dirigé contre le provoquant.

Ou bien l'interdiction est refusée, et alors le droit d'appeler appartient non-seulement au provoquant, mais encore à tout membre du conseil de famille. L'appel est dirigé contre le défendeur. (*Cod. de procéd. Art.* 894.)

D. Le tribunal doit-il admettre purement et simplement, ou rejeter la demande en interdiction ?

R. Non, il peut, si les circonstances l'exigent, tout en rejetant la demande en interdiction, ordonner que le défendeur ne pourra désormais plaider, transiger, emprunter, recevoir un capital mobilier, ni en donner décharge, aliéner, ni gréver ses biens d'hypothèques, sans l'assistance d'un conseil qui lui est nommé par le jugement. *Art.* 499.

D. En cas d'appel, la cour est-elle tenue d'interroger de nouveau la personne dont on demande l'interdiction ?

R. La cour peut, si elle le juge nécessaire, interroger de nouveau ou faire interroger par un commissaire la personne dont l'interdiction est demandée ; mais cela est purement facultatif, tandis que l'interrogatoire est de rigueur devant le tribunal de première instance. *Art.* 500.

D. Lorsque l'interdiction est prononcée le demandeur n'est-il pas tenu de faire connaître au public que le défendeur est devenu incapable de contracter ?

R. Tout jugement (1) portant interdiction, doit être à la diligence du demandeur, levé, signifié à partie, inscrit dans les dix jours, sur un tableau affiché dans la salle de l'auditoire du tribunal et dans les études des notaires de l'arrondissement. *Art.* 501.

D. Quels sont les effets de l'interdiction ?

R. L'interdiction produit deux effets principaux, auxquels on peut rapporter tous les autres.

L'un de placer la personne et les biens de l'interdit sous l'administration d'un tuteur ;

L'autre, d'imprimer à l'interdit les mêmes incapacités qu'au mineur non émancipé. *Art.* 509.

D. Quand et comment doit-on nommer un tuteur à l'interdit ?

---

(1) De ces expressions : *tout jugement portant interdiction, doit être inscrit sur les tableaux*, etc., il suit que cette formalité doit être remplie, même à l'égard du jugement de première instance, dont il y aurait appel ; et cela est fondé sur ce que, par l'arrêt confirmatif qui peut intervenir, la sentence des premiers juges devant avoir son effet dès le jour où elle aura été prononcée, il est juste que le public soit aussi averti dès-lors, qu'on conteste l'état de celui dont l'interdiction est demandée. (*M. Proudhon.*)

R. S'il n'y a point d'appel du jugement d'interdiction rendu en première instance, on doit nommer à l'interdit un tuteur et un subrogé-tuteur, suivant les règles prescrites au titre de la minorité et de la tutelle (1).

L'administrateur cessera ses fonctions et rendra compte au tuteur, s'il ne l'est pas lui-même. *Art.* 505.

D. La tutelle des interdits est-elle toujours dative ?

R. Oui, telle est la règle générale : elle ne reçoit qu'une seule exception, c'est que le mari est de droit tuteur de sa femme interdite. *Art.* 506.

D. La femme peut-elle être nommée tutrice de son mari interdit ?

R. Oui elle le peut (2) : et alors le conseil de

---

(1) Mais s'il y avait appel, il faut attendre que le jugement soit confirmé sur l'appel, avant de nommer ce tuteur et ce subrogé-tuteur. En ce point, l'appel du jugement est suspensif, quoiqu'il ne le soit pas relativement aux incapacités imprimées à l'interdit.

La nomination du tuteur et du subrogé-tuteur, serait nulle si elle était faite avant la signification du jugement d'interdiction, parce que le délai, pour en relever appel, ne commence à courir que du jour de la signification.

Elle serait également nulle, si elle était faite après la déclaration d'appel.

Mais elle serait valable, si elle avait été faite après la signification du jugement, mais avant la déclaration d'appel. (*M Toullier*)

(2) Plusieurs raisons ont porté le législateur à faire fléchir la régle qui écarte les femmes de la tutelle, dans les cas ordinaires : il a présumé que l'affection d'une

famille réglera la forme et les conditions de l'administration sauf le recours de la part de la femme qui se croirait lésée par l'arrêté de la famille. *Art.* 507.

D. Combien de temps dure la tutelle de l'interdit ?

R. Elle dure autant que les causes qui y ont donné lieu ; mais comme il eut été injuste de prolonger indéfiniment une charge dont on aperçoit pas le terme, la loi a voulu que nul à l'exception des époux, des ascendans et descendans, ne fût tenu de conserver la tutelle d'un interdit au-delà de dix ans ; à l'expiration de ce délai, le tuteur peut demander et doit obtenir son remplacement. *Art.* 508.

D. A partir de quelle époque l'interdiction a-t-elle son effet ?

R. L'interdiction a son effet du jour du jugement qui la prononce. Tous les actes passés postérieurement par l'interdit, sont nuls de droit. *Art.* 502. (1)

épouse pour son mari, devait souvent lui mériter la préférence sur toute autre personne : la tutelle n'est, pour ainsi dire, ici, que l'exécution des devoirs d'assistance réciproque, que la loi impose à ceux qui sont unis par le mariage : et d'ailleurs, dans cette position particulière, l'association pécuniaire qui existe entre le mari et la femme, place celle-ci hors de la condition d'un tuteur étranger, qui n'a aucune communion d'intérêt avec l'interdit. (*M. Proudhon.*)

(1) Les nullités de droit sont, en général, celles qui n'ont pas besoin d'être prononcées ; telle est celle portée par l'art. 692 du code de procédure. Ce n'est point de cette nullité qu'il s'agit ici. L'acte passé par l'interdit, est si peu nul dans ce sens, que la nullité doit, à

D. Les actes antérieurs à l'interdiction peuvent-ils être attaqués ?

R. Oui, ils pourront être annullés, si la cause de l'interdiction existait notoirement à l'époque où ces actes ont été faits. *Art.* 503.

D. Après la mort d'un individu, peut-on attaquer pour cause de démence, les actes faits par lui ?

R. Non, on ne le peut (1) à moins que l'interdiction n'ait été prononcée ou provoquée (2) avant son décès, à moins que la

---

peine de déchéance, en être demandée dans les dix ans, à compter de la main-levée de l'interdiction. (Art. 1304) Je crois donc, qu'il faut entendre ces mots : *nuls de droit*, dans ce sens, que l'interdit n'a rien à prouver pour faire prononcer la nullité : il lui suffit de justifier qu'il était interdit, quand l'acte a été passé : à la différence du mineur, qui, outre sa minorité, doit encore prouver qu'il a été lésé par l'acte dont il demande la nullité, suivant cette maxime : *minor restituitur non tanquàm minor, sed tanquàm lœsus.* (*M. Delvincourt.*)

(1) Si la personne morte dans la paisible possession de son état, était néanmoins en démence, la loi punit la négligence de ses héritiers, qui n'ont pas agi dans le tems que leur action pouvait lui être utile : elle repousse, par une fin de non-recevoir équitable, une demande tardive dont la légitimité ne peut plus être constatée par la preuve la plus naturelle, la seule non équivoque en pareil cas, par l'examen de la personne prétendue en démence ; la loi présume avec justice, qu'elle a joui jusqu'au dernier moment de la plénitude de sa raison, puisqu'on n'a pas osé, pendant sa vie, intenter contre elle une action en interdiction : la preuve contraire à cette présomption légale, n'est pas admise. (*M. Toullier.*)

(2) En effet, la mort de l'individu à interdire, sur-

preuve de la démence ne résulte de l'acte même qui est attaqué (1) (*Art.* 504).

D. Comment doit-on employer les revenus de l'interdit?

R. On doit les employer essentiellement à adoucir son sort et à accélérer sa guérison. Selon les caractères de sa maladie et l'état de sa fortune, le conseil de famille pourra arrêter qu'il sera traité dans son domicile ou qu'il sera placé dans une maison de santé et même dans un hospice (*Art.* 510).

D. En cas de mariage de l'enfant de l'interdit, par qui sont réglés la dot, l'avancement d'hoirie (2), et les autres conventions matrimoniales?

R. Ils le sont par un avis du conseil de famille, homologué par le tribunal, sur les conclusions du ministère public (*Art.* 513).

D. Quand finit l'interdiction?

---

venue pendant l'instance en interdiction dirigée contre lui, ne peut priver ses héritiers de leurs droits : leur action est conservée; ils peuvent alors attaquer les actes faits par le défunt, tant avant que depuis la demande en interdiction, comme ils l'auraient pu faire, si l'interdiction avait été prononcée, bien entendu, que ces actes peuvent être maintenus ou annulés, suivant les circonstances : la décision est abandonnée à la prudence des tribunaux (M. *Toullier*).

(1) Alors la preuve de l'incapacité résulte du propre fait du défunt : elle est indépendante du témoignage des hommes; il est impossible de maintenir des dispositions qui appartiennent évidemment à la démence, au lieu d'être le fruit de la raison. (M. *Toullier*).

(2) *Hoirie*, est un vieux mot qui signifie succession. Avancement d'hoirie, est donc ce qu'un père ou une mère donnent à leurs enfans, par anticipation sur leur succession future. (M. *Delvincourt*).

R. Elle cesse avec les causes qui l'ont déterminée; néanmoins la main-levée ne sera prononcée qu'en observant les formalités prescrites pour parvenir à l'interdiction : l'interdit ne pourra reprendre l'exercice de ses droits qu'après le jugement de main-levée (*Art.* 512).

CHAPITRE III.

Du Conseil judiciaire.

D. Qu'est-ce que le conseil judiciaire ?

R. C'est un curateur nommé par la justice, sans l'assistance duquel l'homme qui l'a reçu, ne peut plaider, tant en demandant qu'en défendant, en matière civile, ni transiger, ni emprunter, ni recevoir un capital mobilier et en donner décharge, ni aliéner, ni hypothéquer ses biens (*Art.* 513).

D. Par qui la défense de procéder sans l'assistance d'un conseil peut-elle être provoquée?

R. Elle peut l'être par ceux qui ont droit de demander l'interdiction; leur demande est instruite et jugée de la même manière. Cette défense ne peut être levée qu'en observant les mêmes formalités (1) (*Art.* 514).

D. A partir de quelle époque la nomination doit-elle avoir son effet?

R. Elle a son effet du jour du jugement :

---

(1) Elle doit l'être, quand le conseil de famille pense que les circonstances ou le caractère de la personne ont tellement changé, qu'il n'y a plus de danger à la laisser agir sans conseil (M. *Toullier*).

tous les actes passés postérieurement sans l'assistance du conseil, sont nuls de droit.

D. Comment est rendu le jugement portant nomination de conseil ?

R. Il est rendu à l'audience publique, le procureur du Roi entendu en ses conclusions; il est rendu public comme le jugement d'interdiction (1) (*Art.* 515 et *Code de Proc.* 897).

LIVRE II.

DES BIENS, ET DES DIFFÉRENTES MODIFICATIONS DE LA PROPRIÉTÉ.

TITRE PREMIER.

De la Distinction des Biens.

D. Qu'est-ce qu'on entend par le mot *biens* ?

R. On comprend sous le nom de *biens*, toutes les choses qui peuvent être l'objet d'une propriété publique ou particulière.

(M. Delvincourt.)

R. On entend par biens toutes les choses que l'on possède, et par choses tout ce que l'on peut posséder.

(M. Toullier.)

D. De combien de manières le Code considère-t-il les biens ?

(1) Il y a une grande différence dans les effets de l'un et de l'autre jugement, en ce que, comme nous l'avons vu, les actes antérieurs à l'interdiction peuvent être attaqués en prouvant que la démence existait déjà notoirement à l'époque où ils ont eu lieu; mais la loi n'accorde pas la même faculté, quand il s'agit simplement du conseil judiciaire (*Art.* 503). M. *Proudhon*).

R. De deux manières : il les considère en eux-mêmes, et par rapport à ceux qui les possèdent.

D. Comment divise-t-on les biens considérés en eux-mêmes ?

R. On les divise en immeubles et en meubles (1) (*Art.* 516).

D. Est-il important de savoir distinguer les meubles des immeubles ?

R. Oui, parce qu'il existe entr'eux de nombreuses différences dans le Droit : ainsi, ils ne peuvent point être saisis dans les mêmes formes ; ils ne sont pas également susceptibles d'être hypothéqués ; les meubles et les immeubles qui appartiennent aux époux ne tombent pas également dans la communauté (2).

CHAPITRE I.er

Des Immeubles.

D. Comment divise-t-on les immeubles ?

R. On les divise en : 1.° immeubles par leur nature ;

2.° Immeubles par destination ;

3.° Immeubles par l'objet auquel ils s'appliquent.

D. Qu'est-ce qu'on entend par immeubles par leur nature ?

---

(1) La division la plus générale des biens est en biens corporels et biens incorporels ; tous les auteurs la regardent comme telle ; M. *Delvincourt* l'a même suivie.

(2) *Voyez* M. *Toullier*, tome 3, page 6, n.° 10.

R. Ceux qui, par leur nature, ne peuvent être transportés d'un lieu à un autre (M. *Delvincourt*).

Tels sont : les fonds de terre et les bâtimens ;

Les moulins quelconques fixes sur piliers et faisant partie du bâtiment (*Art.* 519) ;

Les récoltes pendantes par les racines et les fruits des arbres non recueillis (1) (*Art.* 520) ;

Les animaux que le propriétaire du fonds livre au fermier ou métayer (2) pour la culture, estimés ou non, tant que l'effet de la convention attache ces animaux au fonds (*Art.* 522) ;

Les tuyaux servant à la conduite des eaux dans une maison ou dans un héritage (*Art.* 523) ;

Les mines et travaux faits pour l'exploitation (*Loi du* 21 *avril* 1810, *concernant les mines*).

D. Quels sont les biens immeubles par destination ?

R. Ce sont : 1.° les objets que le propriétaire d'un fonds y a placés pour le service et l'exploitation de ce fonds.

---

(1) Remarquez que les grains, dès qu'ils sont coupés, les fruits, dès qu'ils sont détachés, quoique non enlevés, deviennent meubles Si une partie de la récolte seulement est coupée, cette partie seule est meuble.

Les récoltes et fruits quelconques vendus, quoique non coupés, deviennent meubles, dans la main de l'acheteur.

(2) Le mot *métayer* désigne ici le cultivateur à moitié fruit, nommé ailleurs *granger*, *bordier*, etc. (M. *Locré*, Esprit du Code Civil).

Tels sont, quand ils ont été placés par le propriétaire pour le service et l'exploitation de son fonds :

Les animaux attachés à la culture ;

Les ustensiles aratoires ;

Les semences données aux fermiers ou colons partiaires (1) ;

Les pigeons des colombiers ;

Les lapins des garennes ;

Les ruches à miel ;

Les poissons des étangs (2) ;

Les pressoirs, chaudières, alambics, cuves et tonnes ;

Les ustensiles nécessaires à l'exploitation des forges, papeteries et autres usines ;

Les pailles et engrais (*Art.* 524).

2.° Les effets mobiliers que le propriétaire a attachés au fonds à perpétuelle demeure ; c'est-à-dire ceux qui y sont scellés en plâtre, à chaux ou à ciment ;

Ceux qu'on ne peut enlever sans les briser ou les détériorer, ou sans briser et détériorer la partie du fonds où ils sont attachés ;

Les glaces, les tableaux et autres ornemens attachés à un parquet faisant corps avec la boiserie ;

Les statues placées dans des niches pratiquées exprès (3) (524 et 525).

---

(1) Le colon partiaire est celui qui cultive moyennant une portion des fruits (*Voyez* note 2, page précédente).

(2) A l'égard des pigeons, poissons et lapins, il faut bien faire attention aux qualités que cet article leur donne; en effet, les pigeons des volières, les lapins privés, les poissons en réservoir, ne sont pas censés immeubles (M. *Maleville*).

(3) Il suit de là que les statues placées sur bases

D. Quels sont les biens immeubles par l'objet auquel ils s'appliquent ?

R. Ce sont les biens qui, sans existence réelle et effective, ne pouvant avoir d'autre nature que celle des objets auxquels ils se rattachent, s'appliquent à des immeubles ; tels sont :

L'usufruit des choses immobilières ;

Les droits de servitude ;

Les actions qui tendent à revendiquer un immeuble (*Art.* 526).

CHAPITRE II.

Des Meubles.

D. Comment divise-t-on les meubles ?

R. En biens meubles par leur nature, et biens meubles par la détermination de la loi (*Art.* 527).

D. Quels sont les biens meubles par leur nature ?

R. Ce sont les corps qui peuvent se transporter d'un lieu à un autre, soit qu'ils se meuvent par eux-mêmes, comme les animaux, soit qu'ils ne puissent changer de place que par l'effet d'une force étrangère, comme les choses inanimées (*Art.* 528).

Tels sont :

Les bateaux, bacs, navires, moulins et

---

dans les cours et les bâtimens, ou sur des piédestaux dans les jardins, conservent leur qualité de meubles. c'est en effet ainsi que l'ont jugé quelques arrêts. Il semblait plus naturel de faire suivre à ces statués le sort du bâtiment ou du jardin (M. *Maleville*).

bains sur bateaux, et généralement toutes les usines non fixées par des piliers et ne faisant point partie de la maison (1) (*Art.* 531);

Les grains coupés et les fruits détachés (*Art.* 520);

Les coupes ordinaires des bois taillis et des futaies mises en coupes réglées, à fur et mesure que les arbres sont abattus;

Les lapins de clapier, les pigeons de volière, les poissons mis dans un vivier ou un réservoir;

Les matériaux provenant de la démolition (2) d'un édifice, ceux assemblés pour en construire un nouveau, jusqu'à ce qu'ils soient employés par l'ouvrier dans une construction (*Art.* 532).

D. Quels sont les biens meubles par la détermination de la loi?

R. Ce sont les obligations ou actions qui ont pour objet des meubles;

Les actions dans des compagnies pendant la durée de ces compagnies, mais à l'égard de chaque actionnaire seulement (3);

---

(1) A raison de l'importance de ces objets, quoique meubles, la saisie en est soumise à des formes particulières (*Art.* 531). *Voyez* au Code de Procédure, article 620 et suivans.

(2) Je pense qu'il faut que la démolition soit entière, et que, d'après le Droit Romain, les matériaux détachés d'un édifice pour y être replacés, sont immeubles (*L.* 17, *D. de Act. Empt.*).

(3) Les mots *actions* et *intérêts* ne sont point synonymes; l'intérêt rend associé et copropriétaire; l'action ne rend que commanditaire, et ne donne aucun droit à la propriété. Mais, il n'est pas impossible que l'action et l'intérêt se réunissent dans la même

Les rentes perpétuelles ou viagères (*Art.* 529).

D. En était-il de même dans l'ancien Droit?

R. Non; les rentes foncières étaient autrefois immeubles, parce qu'elles étaient non rachetables et représentaient la chose baillée à rente (1).

D. Ces rentes sont-elles aujourd'hui rachetables ?

R. Toute rente établie à perpétuité comme condition de la vente ou de la cession d'un fonds immobilier, est essentiellement rachetable, nonobstant toute clause contraire. Cependant le créancier peut stipuler avec les conditions du rachat, que la rente ne lui sera pas remboursée avant un temps fixe; mais ce temps ne peut excéder trente ans (*Art.* 530).

D. Quel est le sens attaché par la loi aux termes *biens meubles*, *mobilier* ou *effets mobiliers* ?

R. Ils comprennent généralement tout ce qui est censé meuble.

D. Quelle est l'étendue du mot *meuble* employé isolément (2) ?

R. Il ne comprend point l'argent comptant,

---

personne (M. *Maleville*). *Voyez* cet auteur, tom. 2, page 15.

(1) *Voyez* M. *Locré*, tome 7, page 46. Ce ne fut qu'après une très-longue discussion, que le Conseil-d'État décida que ces rentes seraient rachetables. Les dispositions de l'article 529 ne furent même promulguées que par la loi du 30 ventôse an 12, qui ordonna de les insérer au Code civil sous ce numéro.

(2) Quoique ces divers mots *meubles*, *mobilier*,

les pierreries, les dettes actives, les livres, les médailles, les instrumens des sciences, des arts et des métiers, le linge de corps, les chevaux, équipages, armes, grains, vins, foins, les autres denrées, et tout ce qui fait l'objet d'un commerce (1) (*Art.* 533).

D. Quelle est l'étendue de l'expression *meubles meublans?*

R. Ces mots ne comprennent que les meubles destinés à l'usage et à l'ornement des appartemens, comme tapisseries, lits, sièges, glaces (2), pendules, tables, porcelaines, tableaux, statues et autres objets de cette nature : mais ils ne comprennent point les collections de tableaux ni de porcelaines qui pourraient se trouver dans des galeries ou pièces particulières (*Art.* 534).

D. Quels sont les meubles compris dans la vente ou le don : 1.° d'une maison meublée, 2.° d'une maison avec tout ce qui s'y trouve?

R. Le don ou la vente ne comprend, dans le premier cas, que les meubles meublans; dans le second cas, au contraire, sont compris dans la disposition tous les effets mobiliers, excepté seulement l'argent comptant, les dettes

---

comprennent en général tout ce qui n'a point le caractère d'immeuble, on distingue dans l'usage entre ces expressions. C'est pourquoi le Code a voulu en fixer le sens précis par des dispositions positives (M. *Toullier*).

(1) Tout ce qui n'est point excepté dans l'énumération des objets indiqués par cet article, est compris sous l'expression de meubles, seule et sans addition : tels sont l'argenterie, le linge autre que le linge de corps (M. *Toullier*).

(2) Il faut en excepter celles dont le parquet fait corps avec la boiserie, qui sont immeubles.

actives et autres droits dont les titres peuvent être déposés dans la maison (1) (*Art.* 535 *et* 536).

CHAPITRE II.

Des Biens dans leurs rapports avec ceux qui les possèdent.

D. Quelle est la division des biens considérés dans leurs rapports avec ceux qui les possèdent ?

R. On les divise en biens nationaux, communaux et patrimoniaux.

D. Quels sont les biens nationaux, et comment les divise-t-on ?

R. Les biens nationaux sont ceux qui appartiennent à l'état (2); les uns ne sont pas susceptibles d'une propriété privée, les autres au contraire en sont susceptibles.

D. Quels sont les biens nationaux non susceptibles d'une propriété privée ?

---

(1) Le titre n'est pas la créance, il n'en est que la preuve; la créance est un droit inhérent à la personne du créancier. (M. *Delvincourt*).

Voyez, sur les art. 533, 534, 535 et 536, MM. *Maleville*, tom. 2, pag. 18, et *Toullier*, tom. 3, n.° 23 à 27, pag. 17 et suiv.

(2) Il ne faut pas confondre le domaine public ou de l'État avec le domaine privé du Roi. *Voyez* M. *Portalis*, Exposé des Motifs, tom. 1, pag. 15, et tom. 4, pag. 31, édition de Didot; *Woff.*, *Instit. jur. nat.*, § 1065; *Jus gentium*, § 102 et *seq.*

Voyez aussi les art. 18 et suiv., de la loi du 8 novembre 1814, relative à la Liste Civile et à la Dotation de la Couronne.

R. Ce sont les chemins, routes et rues à la charge de l'état, les fleuves et rivières navigables ou flottables, les rivages, lais et relais de la mer, les ports, les hâvres, les rades (1) (*Art.* 538), les portes, murs, fossés et remparts des forteresses et places de guerre (*Art.* 530).

D. Quels sont les biens nationaux susceptibles d'une propriété privée ?

R. Ce sont les biens vacans et sans maîtres; ceux des personnes qui décèdent sans héritiers, ou dont les successions sont abandonnées, les terrains, fortifications et remparts des places qui ne sont plus places de guerre (2) (*Art.* 539, 541). Il faut y ajouter les îles, îlots et attérissemens qui se forment dans des rivières flottables ou navigables (*Art.* 560).

D. Quels sont les biens communaux ?

R. Ce sont ceux à la propriété ou au produit desquels les habitans d'une ou de plusieurs communes ont un droit acquis (*Art.* 542).

---

(1) Le fleuve diffère de la rivière, en ce que le premier conserve son cours et son nom jusqu'à la mer.

Le *rivage de la mer*, est le terrain qu'elle couvre en ses plus hautes marées; les *lais* et les *relais* de la mer sont les portions de terrain qu'elle abandonne insensiblement en se retirant; le *hâvre* est un port qui ne peut recevoir que des bâtimens d'une moindre grandeur; la *rade* est une partie de la mer où les bâtimens peuvent mouiller en attendant le moment favorable pour entrer dans le port.

(2) Il faut bien remarquer la différence que les art. 540 et 541 mettent entre les murs et remparts des anciennes places de guerre depuis abandonnées, et ceux des places de guerre actuellement existantes : les premiers sont prescriptibles; les seconds ne le sont pas (M. *Maleville*).

D. Comment les biens nationaux et communaux sont-ils administrés et aliénés ?

R. Il ne peuvent l'être que dans les formes et suivant les règles qui leur sont particulières (1) (*Art.* 537).

D. Quels sont les biens patrimoniaux ?

R. Ce sont ceux qui appartiennent à des particuliers qui en ont la libre disposition sous les modifications établies par les lois (*Art.* 537).

D. Quels sont les droits qu'on peut avoir sur des biens ?

R. On peut avoir un droit de propriété, un droit de jouissance, ou des services fonciers à prétendre (*Art.* 543).

TITRE II.

DE LA PROPRIÉTÉ (2).

D. Qu'est-ce que la propriété ?

R. La propriété est le droit de jouir et de

---

(1) Il a été rendu sur les biens communaux depuis la révolution, plusieurs lois importantes qu'il serait trop long d'analyser, mais qu'il est nécessaire de connaître ; car elles font naître de fréquentes contestations et sont aujourd'hui l'une des sources les plus fertiles en procès (M. *Toullier*).

(2) Les meilleurs prolégomènes que l'on puisse choisir sur ce titre, se trouvent dans le discours de M. *Portalis* au Corps Législatif, en le lui présentant. Il prouve parfaitement, contre *J. J. Rousseau* et ses disciples, que la propriété et le partage du sol de la terre, ont créé l'ordre dans les sociétés ; que les hommes sans propriété et par conséquent sans agriculture, se battraient pour la chasse dans les forêts et les terres incultes, comme

disposer des choses de la manière la plus absolue, pourvu qu'on n'en fasse pas un usage prohibé par les lois ou par les règlemens (1) (*Art.* 544).

D. Peut-on forcer un propriétaire à céder sa propriété ?

R. On ne le peut que pour cause d'utilité publique, et moyennant une juste et préalable indemnité (2) (*Art.* 545).

D. Comment l'utilité publique est-elle constatée ?

R. Par l'ordonnance du Roi, portant achats des terrains, ou travaux quelconques, fixés ensuite sur le terrain par arrêté du Préfet (*Loi du* 8 *mars* 1810).

D. Quels droits donne la propriété ?

R. La propriété d'une chose mobilière ou immobilière, donne droit sur tout ce qu'elle produit et sur ce qui s'y unit accessoirement, soit naturellement, soit artificiellement (*Art.* 546).

D. Comment appelle-t-on ce droit ?

R. Droit d'accession (*Art.* 546).

---

les hommes civilisés le font pour la propriété des champs et des villes ; il prouve également le danger et la fausseté du système qui donne aux souverains une sorte de copropriété sur les biens situés dans le territoire qu'ils régissent, etc.

Voyez M. *Toullier*, tom. 3, n.os 63 à 74, pag. 39, et suiv. ; M. *Maleville*, tom. 2, pag. 27.

(1) On a souvent défini la propriété *jus abutendi* par opposition au simple usage, *jus utendi ;* par *jus abutendi*, il faut comprendre le droit de consumer la substance en en jouissant, et non pas le droit d'abuser (M. *Toullier*).

(2) Il suffit pourtant quelquefois d'utilité particulière. *Voyez* art. 682.

CHAPITRE PREMIER.

Du Droit d'accession sur ce qui est produit par la chose.

D. Quelles sont les choses qui appartiennent au propriétaire du principal par droit d'accession ?

R. Ce sont les fruits naturels et industriels de la terre, les fruits civils, et le croît des animaux (1) (*Art.* 547).

D. Cette disposition ne reçoit-elle aucune modification lorsque des tiers ont fait les frais des travaux, semences ou labours ?

R. Dans ce cas, les fruits produits par la chose n'appartiennent au propriétaire qu'à la charge de rembourser ces frais (2) (*Art.* 548).

D. Quelle est la différence entre le propriétaire et le possesseur ?

R. Le possesseur est celui qui possède la chose, le propriétaire est celui à qui elle appartient (3).

---

(1) On entend par fruits naturels ceux qui sont le produit spontané de la terre; par fruits industriels ceux qu'on en obtient par la culture ; par fruits civils les loyers des maisons, les intérêts des sommes exigibles, les arrérages des rentes, les prix des baux à ferme (Art. 583, 584).

(2) Il y a pourtant une exception à cette règle, relativement à l'usufruitier qui prend et rend les fonds dans l'état où ils se trouvent, comme nous le verrons sur l'art. 585. Au reste, la décision de l'art. 548 était celle des lois 36 et 37. *D. De hæred. pet.*

(3) La propriété est un droit ; la possession est un fait (M. *Portalis*).

D. Que faut-il pour que le simple possesseur fasse les fruits siens ?

R. Il faut qu'il possède de bonne foi ; dans le cas contraire, il est tenu de restituer les produits avec la chose au propriétaire qui la revendique (*Art.* 549).

D. Que faut-il pour que le possesseur soit de bonne foi, et quand cesse-t-il de l'être ?

R. Le possesseur est de bonne foi tant qu'il possède en vertu d'un titre translatif de propriété dont il ignore les vices ; dès qu'il les connaît, il cesse d'être de bonne foi (1) (*Art.* 550).

CHAPITRE II.

Du Droit d'accession sur ce qui s'unit et s'incorpore à la chose.

D. Sous combien de rapports le Code considère-t-il ce droit ?

R. Par rapport aux choses immobilières et par rapport aux choses mobilières.

---

(1) La bonne foi se suppose toujours, il faut prouver la mauvaise.

Il faut observer que le titre dont parle cet article ne s'entend pas seulement d'un titre d'acquisition personnel au possesseur, mais d'un titre quelconque qui puisse l'autoriser à jouir ; par exemple, celui qui trouve une chose dans une succession testamentaire ou légitime, ne doit les fruits de cette chose que du jour de la revendication, sans avoir besoin de prouver que son auteur l'avait acquise par un titre légal ; car la succession est aussi un titre pour lui (M. *Maleville*).

SECTION I.re

Du Droit d'accession relativement aux choses immobilières.

D. Quelle est l'étendue du droit de propriété sur le sol ?

R. La propriété du sol entraîne celle du dessus et du dessous (1) (*Art.* 552).

D. Quelles sont les conséquences tirées par le législateur de ce principe ?

R. De ce principe il s'ensuit :

1.° Que le propriétaire peut faire, soit au dessus, soit au dessous, toutes les plantations, constructions, ou fouilles qu'il juge convenables, et en tirer tous les produits qu'elles peuvent fournir, sauf les réglemens (2) et les lois relatifs à la police et aux mines (3) ;

2.° Que toutes les plantations, constructions ou ouvrages faits sur ou sous un terrain, sont présumés avoir été faits par le propriétaire du

---

(1) C'est-à-dire, pour parler d'une manière figurée, que celui qui est propriétaire du sol, est propriétaire de tout l'espace qui existe depuis la surface du sol, en dessus jusqu'au ciel, et en dessous jusqu'aux entrailles de la terre. C'est de là que vient le droit d'empêcher toute saillie sur son terrain, tels que balcons, branches d'arbres, etc. (M. *Delvincourt*).

(2) Relativement à la hauteur des bâtimens, aux précautions exigées dans certaines constructions, aux chemins à laisser, etc. (M. *Delvincourt*).

(3) *Voyez* la loi de l'Assemblée Constituante du 27 mars 1791, et la loi du 21 avril 1810 ; Bulletin, n.° 5401. *Voyez,* comme réglemens, l'Ordonnance du Roi du 14 janvier 1815 ; Bulletin, n.° 668, les Décrets des 11 janvier 1808 et 4 juillet 1813 ; Bulletin, n.os 2926 et 9427, etc.

terrain, et lui appartenir, sauf preuve contraire, et sans préjudice de la propriété qu'un tiers peut acquérir ou avoir acquise d'un souterrain sous le bâtiment d'autrui (1) ou d'une partie du bâtiment (*Art.* 552, 553).

D. Si le propriétaire du sol a fait des constructions, plantations et ouvrages avec des matériaux (2) qui ne lui appartenaient pas, le propriétaire des matériaux a-t-il le droit de les faire enlever ?

R. Non, mais il peut forcer celui qui les a employés à lui en payer la valeur, et même le faire condamner à des dommages et intérêts, s'il y a lieu (*Art.* 554).

D. Si les plantations ou ouvrages ont été faits par un tiers avec ses matériaux, quels sont les droits du propriétaire ?

R. Le propriétaire a le droit de conserver les ouvrages en remboursant la valeur des matériaux et le prix de la main-d'œuvre, sans égard à la plus ou moins grande augmentation de valeur que le fonds a pu re-

---

(1) Remarquez 1.° qu'il faut supposer que la possession de ce souterrain a été connue du maître du bâtiment; car pour prescrire, il faut posséder publiquement. (Art. 2229); 2.° qu'il faut bien distinguer le droit de propriété d'un souterrain sous le bâtiment d'autrui, du droit de passage qu'on pourrait avoir à titre de servitude sous le même bâtiment (M. *Delvincourt*).

(2) Le mot matériaux doit s'entendre *lato sensu* pour tous les objets employés aux constructions, plantations, etc (M. *Delvincourt*). Mais aussi on ne doit pas étendre cet article plus loin; si le propriétaire avait inséré dans son édifice une statue, on pourrait la faire réclamer et enlever (M. *Toullier*). Il en serait de même d'une colonne (M. *Maleville*).

cevoir, ou d'obliger celui qui a fait les ouvrages de les enlever à ses frais, sans aucune indemnité et même de lui payer, s'il y a lieu, des dommages et intérêts (*Art.* 555).

D. Le propriétaire a-t-il le même droit, lorsque les ouvrages ont été faits par un possesseur de bonne foi ?

R. Non; dans ce cas le propriétaire ne peut pas demander la suppression des ouvrages; mais il a le choix ou de rembourser la valeur des matériaux et le prix de la main-d'œuvre, ou de rembourser une somme égale à celle dont le fonds a augmenté de valeur (1) (*Art.* 555).

D. Qu'appelle-t-on *alluvion ?*

R. On nomme *alluvion* les attérissemens et accroissemens qui se forment successivement et imperceptiblement aux fonds riverains d'un fleuve ou d'une rivière (*Art.* 556).

D. A qui appartiennent les alluvions et les relais que peut former une eau courante en

---

(1) Autrefois on distinguait entre les dépenses nécessaires, utiles et voluptueuses; il fallait toujours rendre les dépenses nécessaires; et les dépenses utiles, à concurrence de l'augmentation de valeur que le fonds en avait reçue. Quant aux dépenses de pur agrément, on permettait au possesseur d'en enlever l'objet, lorsque cela pouvait se faire sans déteriorer le fonds (M. *Maleville*). Au reste, l'art. 555 ne peut s'appliquer au fermier qui a fait des plantations, constructions et autres impenses, sans consulter le propriétaire. Le Code ne nous donne point de règles pour décider les questions qui peuvent s'élever en ce cas, et sur lesquelles les auteurs ne s'accordent point (M. *Toullier*). *Voyez Pothier,* Contrat de Louage, n.° 131, *Domat,* Lois Civiles, sect. 6, n.° 5, du Contrat de louage; la loi 55. *D. Locati,* etc.

se retirant d'une de ses rives pour se porter sur l'autre ?

R. Ils appartiennent au propriétaire de la rive sur laquelle ils se forment (1), sans que le propriétaire de l'autre rive puisse venir réclamer le terrain qu'il a perdu, à la charge toutefois, s'il s'agit d'un fleuve ou d'une rivière navigable ou flottable, de laisser le marche-pied ou chemin de halage (2) (*Art.* 557, 556).

D. L'alluvion a-t-elle lieu à l'égard des lacs et étangs ?

R. Non, le propriétaire conserve toujours le terrain que l'eau couvre quand elle est à la hauteur de la décharge de l'étang, soit que le volume de l'eau vienne à diminuer, soit que par des crues extraordinaires il vienne à couvrir les terres riveraines (3) (*Art.* 558).

D. Si un fleuve ou une rivière navigable ou non, enlève par une force subite une par-

---

(1) Cette décision est de droit naturel; on avait cependant voulu attribuer au domaine les alluvions qui se formaient sur les bords de la Garonne ; il s'éleva à ce sujet une discussion importante entre le Conseil d'État et le Parlement de Bordeaux, qui finit par faire triompher les principes.

(2) Nous avons vu que ce droit n'a pas lieu pour les relais de la mer. Le chemin de halage doit être de trente pieds du côté où se fait la traîne des bateaux, et de dix pieds de l'autre bord. *Voyez* l'Ordonnance des Eaux et Forêts, titre 23, art. 7.

(3) C'est qu'ici, il y a une limite de la propriété qui est déterminée par la décharge de l'étang; s'il y a contestation sur la hauteur de cette décharge, c'est aux tribunaux ordinaires et non à l'autorité administrative, d'en connaître. En effet, c'est une question de propriété. *Voyez* M. *Delvincourt*, t. 2, p. 10, note 1.

tie considérable et reconnaissable d'un champ riverain, et la porte sur un champ inférieur ou sur la rive opposée, le propriétaire de la partie enlevée peut-il la réclamer ?

R. Oui; mais il doit le faire dans l'année; après ce délai, il n'y est plus recevable, à moins que le propriétaire du champ auquel la partie enlevée a été unie, n'ait pas encore pris possession de celle-ci (1) (*Art.* 559).

D. A qui appartiennent les îles, îlots et atterissemens qui se forment dans le lit des fleuves ou des rivières navigables ou flottables ?

R. Ils appartiennent à l'état (2), s'il n'y a titre ou prescription contraire (*Art.* 560).

D. A qui appartiennent les îles et atterissemens qui se forment dans des rivières non navigables et non flottables ?

R. Pour le savoir, il faut supposer une ligne tracée au milieu de la rivière. Si l'île est tout entière d'un côté de la ligne, elle appartient en entier aux propriétaires riverains de ce côté, qui prennent chacun la portion de l'île qui se trouve vis-à-vis leur héritage (3).

---

(1) Dans ce cas, il est censé avoir respecté ce terrain comme ne lui appartenant pas. Le Droit Romain n'admettait l'incorporation du champ détaché au fond riverain, que lorsque les arbres avaient poussé des racines. *Voyez* aux *Institutes*, livre 2, tit. 1, § 1. *De rerum divisione.*

(2) Et cela, parce que ces fleuves et ces rivières appartiennent eux-mêmes au domaine public (M. *Toullier*).

(3) Si depuis le partage l'île augmente en largeur et en longueur, cet accroissement n'est qu'un accessoire qui appartient aux propriétaires de l'île primitive.

Si l'île est coupée par la ligne, alors la portion qui se trouve de chaque côté de la ligne appartient aux propriétaires riverains de ce côté, qui se la partagent, comme ci-dessus.

D. En est-il de même si une rivière ou un fleuve, en se formant un bras nouveau, coupe et embrasse le champ d'un propriétaire riverain et en fait une île ?

R. Non ; ce propriétaire conserve la propriété de son champ, encore que l'île se soit formée dans une rivière navigable ou flottable (*Art.* 562).

D. Si un fleuve ou une rivière navigable, flottable ou non, se forme un nouveau cours en abandonnant son ancien lit, y a-t-il lieu à l'alluvion ?

R. Non ; les propriétaires des fonds nouvellement occupés prennent à titre d'indemnité, l'ancien lit abandonné, chacun dans la proportion du terrain qui lui a été enlevé (1) (*Art.* 563).

D. Peut-on réclamer les pigeons, lapins,

---

(1) Il faut que l'abandon soit prompt et sensible; on pourrait le considérer comme une alluvion s'il était lent et successif.

Cet article est contraire à la loi 7. *D. De acquirendo rerum dominio*, et au § 23 *Instit. eod.*, qui adjugeaient le lit abandonné aux propriétaires riverains ; on ne manqua pas de faire valoir dans la discussion au Conseil d'État, cette loi et l'usage de quelques provinces qui la suivaient; mais l'équité de l'article prévalut.

Dans le système féodal, l'ancien lit était adjugé au Roi ou au Seigneur, selon que la rivière était navigable ou simplement flottable. Cependant, il faut dire à la louange des Parlemens de Droit écrit, qu'ils avaient résisté à cette entreprise (M. *Maleville*).

poissons, qui passent dans un autre colombier, garenne ou étang ?

R. Non, ils changent de propriétaires par la transmigration, pourvu qu'ils n'aient pas été attirés par fraude et artifice (1) (*Art.* 564).

SECTION II.

Du Droit d'accession relativement aux choses mobilières.

D. Quelles sont les règles établies par la loi sur le droit d'accession relativement aux choses mobilières ?

R. Elle subordonne entièrement ce droit aux principes de l'équité, et les règles qu'elle pose doivent seulement servir d'exemple au juge, dans les cas non prévus, pour se déterminer d'après les circonstances (2) (*Art.* 565).

---

(1) Il y a des pigeons et des lapins privés, comme il y en a de sauvages; c'est de ces derniers seulement que cet article parle. Si des pigeons de volière ou des lapins domestiques vont se joindre à ceux du voisin, il n'y a pas de doute que le premier propriétaire ne soit en droit de les réclamer, comme son coq et ses poules (M. *Maleville*).

(2) Dans cette matière, c'est toujours d'après l'équité naturelle qu'il convient de se déterminer; les cas étant extrêmement variés, il serait impossible de les prévoir tous. Aussi les auteurs du Code, après avoir proclamé cette vérité, se sont-ils bornés à établir des principes généraux auxquels les espèces particulières peuvent être facilement rapportées (M. *Faure,* tribun, tome 2, 2.e partie, page 84). *Voyez* M. *Maleville*, tom. 2, pag. 50 et suiv.; M. *Toullier*, tom. 3, pag. 69.

D. De combien de manières deux ou plusieurs choses mobilières peuvent-elles venir à former un seul tout ?

R. De trois manières : 1.° par l'union entre deux choses, appartenant à divers propriétaires ; 2.° par la confection d'une nouvelle chose avec le secours de l'art et de l'industrie, et une chose appartenant à autrui ; 3.° par le mélange fortuit ou volontaire de matières appartenant à divers propriétaires et qui ne conservent plus une existence distincte.

D. Dans le premier cas, à qui appartient le tout ?

R. Au propriétaire de la chose principale, à la charge de rembourser la valeur des autres objets, encore que les choses soient séparables et puissent reprendre une existence distincte (1) (*Art.* 566).

D. Comment reconnait-on la partie principale ?

R. C'est celle à laquelle l'autre partie n'a été unie que pour l'usage, l'ornement ou le complément de la première (*Art.* 567).

Si cette règle est difficile à appliquer, il faut réputer partie principale celle qui est la plus considérable en valeur (2) ; si les

---

(1) Il suffit que deux choses forment un tout, pour que le maître de l'accessoire ne puisse en exiger la séparation. S'il en était autrement, la séparation ne s'effectuant jamais sans dégradation sur l'une ou sur l'autre des deux choses, et quelquefois sur toutes deux, il en résulterait une source de difficultés que la loi veut prévenir (M. *Faure*, tribun).

(2) Par exemple, supposons un gros diamant à la poignée d'une épée. Ici, rigoureusement parlant, l'épée est la chose principale; mais cependant s'il y a

valeurs sont à-peu-près égales, celle qui est la plus considérable en volume (1) (*Art.* 569).

D. Si la chose unie était beaucoup plus précieuse que la chose principale, appliquerait-on toujours ce principe?

R. Dans ce cas, le propriétaire de la chose unie pourrait demander qu'elle fût séparée pour lui être rendue, même quand il pourrait en résulter quelque dégradation de la chose principale (2), pourvu toutefois que la chose unie l'eût été à l'insu de son propriétaire (*Art.* 568).

— D. Lorsqu'une nouvelle chose a été formée par l'art ou l'industrie d'une personne, et les matériaux d'une autre personne, à qui appartient la nouvelle chose (3)?

R. Soit que les matériaux puissent ou non reprendre leur première forme, le propriétaire a le droit de réclamer la nouvelle chose, à la charge de rembourser le prix de la main-d'œuvre (4) (*Art.* 570).

---

disproportion considérable dans le prix, le propriétaire du diamant aura le droit de le revendiquer (M. *Delvincourt*).

(1) *Quid*, si tout était égal? la chose serait commune et devrait être licitée.

(2) Et cela sans dommages et intérêts. Il est évident au reste que le législateur suppose ici que la chose accessoire a été unie à la chose principale par le propriétaire de cette dernière chose. Mais, *quid*, si les deux choses ont été unies par un tiers à l'insu des deux propriétaires? Je pense que chacun d'eux a droit de demander la séparation, sauf leur recours pour les dommages respectifs, contre celui qui a fait l'union, s'il était de mauvaise foi (M. *Delvincourt*).

(3) Ce cas est celui qu'on appelle, en Droit Romain, *spécification*.

(4) Si donc un artisan a fait une table avec du bois

D. En est-il de même lorsque la main-d'œuvre surpasse de beaucoup la valeur de la matière employée?

R. Non; l'industrie est alors réputée la partie principale, et l'ouvrier a le droit de retenir la chose travaillée en remboursant le prix de la matière au propriétaire (1) (*Art.* 571).

D. A qui appartient la chose confectionnée en partie avec les matériaux d'autrui, et en partie avec les matériaux de l'ouvrier?

R. Si la séparation des matières primitives ne peut se faire sans inconvénient, la chose est commune aux deux propriétaires, en raison, quant à l'un, de la matière qui lui appartenait; quant à l'autre, en raison à-la-fois et de la matière qui lui appartenait et du prix de sa main-d'œuvre (2) (*Art.* 572).

D. Dans les cas où le propriétaire dont la matière a été employée à faire une nouvelle chose peut réclamer la propriété de cette

---

qui m'appartient, un vase d'airain ou d'argent avec mon métal, j'ai le droit de réclamer la table ou le vase, en lui remboursant le prix de la main-d'œuvre (M. *Toullier*).

(1) Si un sculpteur a fait une statue d'un bloc de marbre ou d'une pièce de bois qui ne lui appartenait pas, il conserve son ouvrage, en remboursant le prix des matières au propriétaire. A plus forte raison, celui dont le papier, l'encre, la toile, les couleurs ont été employés par un peintre ou par un écrivain, ne pourrait exiger autre chose que le remboursement de ses matières (M. *Toullier*).

(2) Ainsi, dans le cas où l'espèce nouvelle vaut quatre mille francs, la matière appartenant à autrui mille francs, la matière appartenant à l'ouvrier mille francs, et la main-d'œuvre deux mille francs, l'ouvrier est propriétaire des trois quarts.

chose, n'a-t-il pas également un autre droit?

R. Si la matière qui lui appartenait a été employée à son insu, il peut, au lieu de réclamer la nouvelle chose, demander la restitution de sa matière en même nature, quantité, poids, mesure et bonté, ou sa valeur (1) (*Art.* 576).

D. Lorsqu'une chose a été formée par le mélange de plusieurs matières appartenant à différens propriétaires, à qui appartient cette nouvelle chose?

R. S'il y a dans le mélange une matière de beaucoup supérieure aux autres par la quantité et le prix, le propriétaire de cette matière peut (2) réclamer la propriété du mélange, à la charge de rembourser la valeur des autres matières (*Art.* 574).

D. A qui appartient le mélange, lorsque les matières qui l'ont formé ne peuvent être séparées sans inconvénient, et qu'il n'y a point de matière principale?

R. Le mélange appartient aux propriétaires des matières qui le composent, dans la proportion de la quantité, de la qualité et de la valeur des matières appartenant à chacun d'eux (3) (*Art.* 573).

---

(1) Il serait injuste de l'obliger à faire une dépense qu'il n'a pas prévue, celle de la main-d'œuvre: mais s'il a connu l'emploi et qu'il ne s'y soit pas opposé, il est censé y avoir consenti (M. *Delvincourt*).

(2) *Peut;* par conséquent, c'est une faculté qu'il peut aussi ne pas exercer; et alors on appliquera la règle qui va être établie pour le cas où aucune des deux matières ne peut être considérée comme chose principale (M. *Delvincourt*).

(3) Il est impossible qu'il en soit autrement. Peu

D. Lorsqu'une chose a été formée par le mélange de plusieurs matières appartenant à divers propriétaires, que les matières peuvent être séparées et qu'il n'y en a point de principale, quelles personnes peuvent demander la division?

R. Les seuls propriétaires à l'insu desquels les matières ont été mélangées (*Art.* 573).

D. Que doit-on faire lorsque la chose reste en commun?

R. On peut la partager à l'amiable, ou chaque propriétaire a le droit de la faire liciter au profit commun (1) (*Art.* 575).

D. Ceux qui ont employé des matières appartenant à d'autres et à leur insu, ne sont-ils passibles d'aucune peine?

R. Ils peuvent être condamnés à des dommages et intérêts, s'il y a lieu, et sans préjudice des poursuites par voie extraordinaire, si le cas y échet (2) (*Art.* 577).

---

importe que le mélange ait été fait à l'insu de l'un des propriétaires, ou qu'il ait été fait à la connaissance de tous. Envain celui qui prétendrait l'avoir ignoré demanderait la division des matières, puisqu'elles sont devenues inséparables. La loi lui offre une ressource dans les dommages et intérêts qui lui seront accordés à raison du préjudice qu'il aura souffert (M. *Faure*, tribun).

(1) La *licitation* est, en général, la mise aux enchères d'une chose appartenant à divers propriétaires. Dans la licitation proprement dite, les copropriétaires enchérissent seuls; mais on y admet ordinairement les étrangers. C'est même de rigueur lorsque au nombre des propriétaires se trouvent des mineurs (M. *Delvincourt*).

(2) Telles qu'accusation de vol, d'escroquerie.

TITRE III.

De l'Usufruit, de l'Usage et de l'Habitation.

CHAPITRE I.er

De l'Usufruit.

D. Qu'est-ce que l'usufruit?

R. L'usufruit est le droit de jouir des choses dont un autre a la propriété, comme le propriétaire lui-même; mais à la charge d'en conserver la substance (1), ou s'il s'agit de choses fongibles, d'en rendre pareille quantité, qualité et valeur ou leur estimation à la fin de l'usufruit (*Art.* 578, 587).

D. Par qui l'usufruit est-il établi?

R. Par la loi ou par la volonté de l'homme (*Art.* 579). Par la loi (*art.* 384, 754), les père et mère ont l'usufruit des biens de leurs enfans, etc.; par la volonté de l'homme, par

---

(1) Cette définition est littéralement traduite du Droit Romain : *Usufructus est jus utendi fruendi alienis rebus, salvâ rerum substantiâ*, dit le jurisconsulte Paul, princip. *de Usuf. Instit.* et L. 1, *D. eodem*. On avait jusqu'à présent entendu par ces mots *salvâ rerum substantiâ*, à la charge de conserver la substance; M. Ducaurroy les traduit, *tant que dure la substance;* ainsi il définit l'usufruit *le droit d'user et jouir des choses d'autrui tant que dure leur substance*. Ce système est adopté dans les cours de Droit Romain de l'École de Droit de Paris. *Voy.* M. Ducaurroy, *Institutes* traduites, 2.e édition, pag. 133, et *Institutes* expliquées, tom. 1.er, n.° 430, pag. 333.

convention, donation entre-vifs ou testamentaire (1).

D. Comment peut-on établir l'usufruit?

R. On peut établir l'usufruit purement, alors il commence de suite; ou à certain jour, on en fixe le commencement ou la fin; ou sous une condition, soit suspensive, soit résolutoire (2).

D. Sur quels biens peut-on établir l'usufruit?

R. Sur tous les biens, soit meubles, soit immeubles (*Art.* 581) (3).

SECTION I.re

Des droits de l'Usufruitier.

D. Sur quoi s'étend le droit de jouissance de l'usufruitier?

---

(1) Très-souvent, par contrat de mariage, surtout dans les provinces du nord, où le mariage par communauté, est le plus en usage.

L'usufruit peut également s'établir par prescription, comme en Droit Romain; *Voy.* arrêt du 17 juillet 1816; *Sirey*, tom. 17, part. 1, pag. 152. Remarquez qu'il fallait avant le Code une quasi-tradition pour établir l'usufruit, mais qu'elle n'est plus nécessaire; remarquez aussi que le Code n'a rien changé au Droit Romain pour l'usufruit constitué par testament.

(2) On établit l'usufruit sous une condition suspensive lorsqu'il ne doit avoir lieu qu'à dater d'un évènement futur et incertain. On l'établit sous une condition résolutoire, lorsqu'on stipule que tel évènement arrivant, l'usufruitier perdra son droit comme s'il ne l'avait jamais eu.

(3) Les art. 579, 580 et 581, sont entièrement pris des Lois Romaines. *Voy.* LL. 3 et 4 *D. De usufructu*, LL. 1, 2, 3 et 4 *D. De usufr. car. rer.* (*Voyez* M. *Maleville*, tom. 2, pag. 57, 58 et 59).

R. Sur toute espèce de fruits, soit naturels, soit industriels, soit civils, que peut produire l'objet dont il a l'usufruit (*Art.* 582) (1).

D. A qui appartiennent les fruits naturels et industriels, pendans par branches ou par racines, au moment où l'usufruit est ouvert, et au moment où finit l'usufruit?

R. Ils appartiennent, dans le premier cas, à l'usufruitier; dans le second, au propriétaire (2); dans les deux cas sans récompense des labours et semences, et sans préjudice de la portion des fruits qui pourrait être acquise au colon partiaire, s'il en existait un au commencement ou à la cessation de l'usufruit (*Art.* 585).

D. Comment l'usufruitier acquiert-il les fruits civils?

R. Les fruits civils sont réputés s'acquérir jour par jour; ils appartiennent à l'usufruitier à proportion de la durée de son usufruit (3).

---

(1) *Voyez*, pour la définition de chacune de ces espèces de fruits, la note (1), pag. 215.

(2) Cet article tranche beaucoup de difficultés que le partage des fruits naturels et industriels faisait naître entre le propriétaire et l'usufruitier, ou les héritiers de celui-ci. *Voy*. M. *Maleville*, tom. 2, pag. 60 et 61, où il donne quelques détails sur l'ancienne jurisprudence à cet égard.

(3) On divise le prix entier des fermages ou des loyers par les trois cent soixante-cinq jours de l'année. Si le prix est de trois cent soixante-cinq francs, c'est un franc qui s'acquiert chaque jour, sans considérer le terme accordé au fermier pour le paiement, soit qu'il paie d'avance ou seulement après sa jouissance (M. *Toullier*). Le loyer du jour de la mort de l'usufruitier, n'est pas acquis à ses héritiers, à moins qu'on ne le suppose mort précisément le dernier instant de la journée (*Pothier*, du Douaire, pag. 248).

Ainsi, l'usufruit d'une rente viagère donne à l'usufruitier, pendant la durée de son usufruit, le droit d'en percevoir les arrérages, sans être tenu à aucune restitution (*Art.* 586, 588).

D. Si l'usufruit comprend des choses qui, sans se consommer de suite, se détériorent peu-à-peu par l'usage, comme du linge, des meubles meublans, quels sont les droits de l'usufruitier?

R. L'usufruitier a le droit de s'en servir pour l'usage auquel elles sont destinées, et n'est obligé de les rendre, à la fin de l'usufruit, que dans l'état où elles se trouvent, non détériorées par son dol ou par sa faute (1) (*Art.* 589).

D. Quels sont les droits de l'usufruitier relativement aux bois de haute futaie (2)?

R. Il profite, en se conformant aux époques

---

(1) Si l'usufruitier prétend que ces choses se sont entièrement consommées par le service et qu'il n'en présente aucun vestige, s'il ne peut le prouver, il doit rembourser la valeur qu'elles avaient au commencement de l'usufruit; il est censé les avoir vendues dès ce moment (M. *Delvincourt*).

(2) Le *taillis* est un bois qui n'a d'autre destination que d'être coupé; il ne peut l'être avant dix ans. A quarante ans, il devient *futaie;* à soixante ans, *haute futaie:* la futaie sert pour l'agrément. (*Ordonnance de* 1669). Les *baliveaux* sont des arbres, soit de taillis, soit de futaie, qui doivent être reservés sur les coupes; ils doivent être de la plus belle espèce et de la meilleure qualité. On ne peut couper les baliveaux sur taillis avant quarante ans, et les baliveaux sur futaie avant cent vingt ans. (Arrêt du Conseil-d'État, du 19 juillet 1723) Cette mesure a pour objet de conserver des bois de construction et principalement du bois de marine.

et à l'usage des anciens propriétaires, des parties de ces bois qui ont été mises en coupes réglées, soit que ces coupes se fassent périodiquement sur une certaine étendue de terrain, soit qu'elles se fassent d'une certaine quantité d'arbres pris indistinctement sur toute la surface du terrain. Dans tous les autres cas, l'usufruitier ne peut toucher aux arbres de haute futaie (*Art.* 591, 592).

D. Quels sont les droits de l'usufruitier relativement aux bois taillis?

R. L'usufruitier a le droit de les exploiter; mais il est tenu d'observer l'ordre et la quotité des coupes, conformément à l'aménagement (1) ou à l'usage constant des propriétaires (*Art.* 590).

D. L'usufruitier peut-il réclamer une indemnité pour les coupes ordinaires, soit de bois taillis, soit de baliveaux, soit de futaie, qu'il n'aurait pas faites pendant sa jouissance ?

R. Le Code refuse ce droit, tant à l'usufruitier qu'à ses héritiers (2) (*Art.* 590).

---

(1) Aménagement, c'est-à-dire, l'ordre à observer par le père de famille pour son ménage (M. *Toullier*). L'usufruitier ne peut anticiper la coupe des bois; s'il en fait une anticipée, et qu'il meure avant l'époque fixée pour la coupe, ses héritiers sont tenus de rendre le montant de la coupe faite par anticipation, même les dommages et intérêts résultant du préjudice que l'anticipation de la coupe peut avoir causé aux souches (M. *Toullier*). *Voy. Pothier*, de la Communauté, n.° 211.

(2) Je pense qu'il en serait autrement s'il en avait été empêché par une force majeure à lui étrangère (M. *Delvincourt*).

D. Quels sont les droits de l'usufruitier sur les pépinières et les arbres fruitiers?

R. Les arbres qu'on peut tirer d'une pépinière sans la dégrader, et les arbres fruitiers qui meurent, ou qui sont brisés ou arrachés par accident, appartiennent à l'usufruitier, à la charge de les remplacer par d'autres, en se conformant aux usages des lieux pour le remplacement (1) (*Art.* 594, 590).

D. L'usufruitier n'a-t-il pas quelques autres droits sur les bois en général?

R. Il peut employer, pour faire les réparations dont il est tenu, les arbres arrachés ou brisés par accident (2); il peut, s'il est nécessaire, en faire abattre pour cet objet, à la charge d'en faire constater la nécessité avec le propriétaire; il peut prendre dans les bois des échalas pour les vignes; il peut aussi prendre, sur les arbres, des produits annuels ou périodiques (3), le tout suivant l'usage du pays ou la coutume des propriétaires (*Art.* 592, 593).

---

(1) Cette disposition relativement au remplacement des plants de la pépinière, fut critiquée au Conseil d'État, par la raison que cette pépinière étant elle-même un fruit, l'usufruitier ne devait pas être tenu de remplacer les plants qu'il en tirait. On convint de s'en rapporter à l'usage des lieux (M. *Maleville*).

(2) Donc, hors le cas de réparation, les futaies arrachées ou brisées appartiennent au propriétaire. Il en est de même des arbres renversés clandestinement et des arbres morts, ne serait-ce que pour éviter la fraude. En termes de forêts, les premiers de ces arbres se nomment *chablis*, et les seconds, *arbres de délit*.

(3) Les têtes des saules, l'ébranchage des peupliers et des ormes, les glands, les faînes, etc.

D. Quels sont les droits de l'usufruitier sur les mines et carrières ?

R. L'usufruitier n'a aucun droit aux mines et carrières non encore ouvertes, ni aux tourbières non encore exploitées. Il en est de même du trésor qui pourrait être découvert pendant la durée de l'usufruit.

Si les mines et carrières étaient en exploitation à l'ouverture de l'usufruit, l'usufruitier en jouit de la même manière que le propriétaire ; toutefois, s'il s'agit d'une exploitation qui ne puisse être faite sans une concession, après en avoir obtenu la permission du gouvernement (1) (*Art.* 598).

D. Quels sont les droits de l'usufruitier relativement aux alluvions et aux droits de servitude ?

R. L'usufruitier jouit de l'augmentation survenue par alluvion à l'objet dont il a l'usufruit, des droits de servitude, de passage, généralement de tous les droits dont le propriétaire peut jouir, et comme le propriétaire en jouirait lui-même (2) (*Art.* 596, 597).

---

(1) Voyez au reste, sur cet article, M. *Delvincourt*, tom. 1.er, note 8 de la page 148 ; M. *Maleville*, t. 2 ; pag. 70 ; le Nouveau Répertoire, *verbo* Usufruit, §. 4, p. 260 ; M. *Locré*, Esprit du Code Civil, tom. 7, p. 268, et la loi du 21 avril 1810, Bulletin des lois, n.° 5401.

(2) Pourrait-il intenter la complainte et autres actions possessoires ? Oui, s'il est troublé dans sa jouissance, et dans le cas où elles pourraient être intentées par le propriétaire : mais il ne pourrait les former que dans son intérêt, et pour le maintien de son droit seulement ; ensorte que le jugement rendu pour ou contre lui, serait à l'égard du propriétaire *res inter alios acta*. C'est pour cela que l'art. 614 l'oblige de

D. L'usufruitier peut-il, à la cessation de l'usufruit, réclamer une indemnité pour les améliorations qu'il peut avoir faites?

R. Non; il ne le peut pas, encore que la valeur de la chose en soit augmentée; mais il a le droit, ainsi que ses héritiers, de faire enlever les glaces, tableaux et autres ornemens qu'il aurait fait placer, à la charge de rétablir les lieux dans leur premier état (1) (*Art.* 599).

D. Quel est le devoir du propriétaire envers l'usufruitier?

R. Le propriétaire ne peut, ni par son fait, ni de quelque manière que ce soit, nuire aux droits de l'usufruitier, par rapport à l'héritage soumis à l'usufruit (2) (*Art.* 599).

D. Le droit d'usufruit est-il transmissible ?

R. L'usufruitier peut donner à ferme à un autre, vendre son droit ou le céder (3) à titre

---

dénoncer les usurpations au propriétaire (M. *Delvincourt*).

(1) Cela ne s'applique qu'aux améliorations intrinsèques; si l'usufruitier avait fait faire des constructions, il pourrait les démolir (*Voyez* l'article 555). S'il y a améliorations et détériorations, on doit faire compensatlon.

(2) Quand on dit que le propriétaire ne peut, de quelque manière que ce soit, nuire aux droits de l'usufruitier, il faut entendre cette prohibition seulement par rapport à l'héritage soumis à l'usufruit; car s'il était en même temps propriétaire d'un héritage voisin, il pourrait y faire tout ce qu'il jugerait à propos, quand même l'usufruit en recevrait quelqu'atteinte (M. *Delvincourt*).

(3) Il y avait ici une dispute de mots entre les jurisconsultes Romains; on voulait bien que l'usufruitier pût céder et transporter, vendre et affermer à une

gratuit. Dans le premier cas, il doit se conformer, pour les époques où ses baux doivent être renouvellés et pour leur durée, aux règles établies pour le mari à l'égard des biens de la femme, au titre *du Contrat de Mariage et des Droits respectifs des Époux* (1) (*Art.* 595).

SECTION II.

Des Obligations de l'Usufruitier.

D. En combien de classes peut-on ranger les obligations de l'usufruitier?

R. En trois classes : Obligations avant l'entrée en jouissance; obligations pendant la jouissance; obligations à la fin de la jouissance.

D. Quelles sont les obligations de l'usufruitier avant d'entrer en jouissance?

R. Il doit faire dresser en présence du propriétaire, ou lui dûment appelé, un inventaire des meubles et un état des immeubles sujets à l'usufruit (2) (*Art.* 600).

---

tierce personne la faculté de jouir de la chose sujette à usufruit; mais on soutenait qu'il ne pouvait pas céder son droit d'usufruit même. Et certainement l'usufruitier ne pouvait pas passer son droit à un autre, dans ce sens que celui-ci devînt usufruitier, et que la durée de l'usufruit dépendît désormais de sa vie; mais rien n'empêche que l'usufruitier ne cède son droit à un autre, pour que celui-ci en jouisse pendant le temps et de la manière dont l'autre en pouvait jouir (M. *Maleville*).

(1) Ces règles sont les mêmes que celles relatives aux baux des biens de mineurs.

(2) La prisée n'est point exigée dans cet inventaire;

Il doit donner caution de jouir en bon père de famille, ou une hypothèque dont les tribunaux pourront fixer le montant (1) (*Art.* 601).

D. N'y a-t-il point d'exception pour la caution ?

R. La loi en dispense les père et mère ayant l'usufruit légal du bien de leurs enfans (2);

---

elle est même dangereuse pour les choses qui s'usent; l'usufruitier se mettrait sous l'empire de l'article 587.

Les frais de cet inventaire et de cet état sont pour le compte de l'usufruitier, auquel la loi impose l'obligation de le faire dresser. L'inventaire et l'état peuvent être faits sous seing privé par un écrit double, si le propriétaire et l'usufruitier sont tous les deux majeurs (M. *Toullier*).

Si l'usufruit est légué par testament, le testateur peut-il dispenser l'usufruitier de faire inventaire ? Il n'y a aucun doute; car le testateur pouvant donner la propriété de tout son bien, il peut à plus forte raison dispenser le donataire usufruitier de la formalité de l'inventaire. Mais si dans ce cas l'héritier offre de faire dresser l'inventaire à ses propres frais, cette demande ne peut être refusée. L'on doit, en effet, présumer que l'intention du testateur en accordant cette dispense, a été seulement d'en épargner les frais à l'usufruitier. *Voyez* sur cette question la discussion du Conseil d'État, tom. 3, pag. 110 et suiv.; M. *Merlin*, Nouveau Répertoire, v.° Usufruit, sect. 2, p. 251; M. *Locré*, Esprit du Code Civil, tom. 7, p. 280; M. *Maleville*, tom. 2, pag. 75; M. *Toullier*, tom. 3, n.° 420, pag. 278; M. *Delvincourt*, tom. 1.er, pag. 149, note 7; un arrêt de Bruxelles du 18 décembre 1811; *Sirey*, 1812, 2.e partie, pag. 145; et un autre du 10 juin 1812; *Sirey*, 1813, 2.e partie, pag. 46.

(1) On n'exige pas une caution égale au prix des immeubles, mais aux dégradations qu'ils pourraient éprouver. Il en est autrement des meubles (M. *Merlin*). *Voyez* article 2018 et suiv.

(2) On présume ici la bienveillance paternelle;

le vendeur ou le donateur sous la réserve d'usufruit, et l'usufruitier qui en est dispensé par l'acte constitutif de l'usufruit (1) (*Art.* 601).

D. Qu'arrive-t-il lorsque l'usufruitier ne trouve pas de caution?

R. Les immeubles sont donnés à ferme ou mis en séquestre; les sommes comprises dans l'usufruit sont placées; les denrées sont vendues, et le prix en provenant est pareillement placé. Le propriétaire peut même exiger que les meubles qui dépérissent par l'usage soient vendus et le prix placé de même. Les intérêts de ces sommes et le prix des fermes appartiennent dans ce cas à l'usufruitier (2) (*Art.* 602, 603).

D. L'usufruitier n'a-t-il pas un droit d'exception relativement aux meubles?

R. L'usufruitier peut demander et les tribunaux ordonner, suivant les circonstances, qu'une partie des meubles nécessaires pour son usage lui soit laissée, sous sa simple caution juratoire et à la charge de les représenter à l'extinction de l'usufruit (3) (*Art.* 603).

---

cependant il en serait autrement pour tout autre usufruit.

(1) Dans le silence du titre constitutif, l'acquéreur d'un usufruit à titre onéreux, est dispensé de donner caution (M. *Delvincourt*). J'embrasserais plus volontiers l'opinion contraire.

(2) Le placement peut se faire en rentes sur l'état, en prêt à des tiers avec hypothèques. Au risque de qui est-il? Il faut le décider d'après les circonstances et le principe *res perit domino*, en se rappelant ce que représentent les choses placées.

(3) La caution juratoire est la simple promesse du débiteur accompagnée de son serment (M. *Delvin-*

D. Le retard de donner caution est-il préjudiciable à l'usufruitier?

R. Non, les fruits auxquels l'usufruitier peut avoir droit lui sont toujours dus, du moment où l'usufruit a été ouvert (1) (*Art.* 604).

D. Quelles sont les obligations de l'usufruitier pendant sa jouissance?

R. Il est tenu de toutes les charges annuelles de l'héritage, telles que les contributions et autres qui, dans l'usage, sont censées charges des fruits (2) (*Art.* 608).

---

court). Dans les campagnes un mari laisse à sa femme l'usufruit du peu de meubles qui composent leur ménage, peut-être leur patrimoine : une faible rente ne remplacerait pas les avantages de l'usufruit (M. *Cambacérès*).

(1) Quand même l'usufruitier aurait tardé d'en demander la délivrance, dans le cas d'usufruit constitué par testament ; c'est une exception à l'art. 1014 (M. *Toullier*). Observez que cet article décide une question très-controversée dans l'ancien droit, et qu'il a pris l'opinion la plus équitable (M. *Maleville*).

(2) Non seulement celles qui existaient au moment de l'ouverture de l'usufruit, mais encore toutes celles du même genre qui pourraient être imposées pendant sa durée. Observez qu'une décision ministérielle, du 1.er vendémiaire an 10, rapportée dans *Sirey*, 1814, 1.re partie, pag. 96, a statué que les contributions d'une année sont dues par les récoltes précédentes. Mais néanmoins il a été jugé par la Cour de Caen, le 12 juin 1812, qu'elles étaient à la charge de celui qui avait joui pendant l'année pour laquelle elles étaient dues. On s'est pourvu contre cet arrêt, et le pourvoi a été rejeté le 18 août 1813 (*Sirey*, ibidem). Cela peut se concilier en disant que ces contributions sont dues par les récoltes précédentes, dans le sens que ces récoltes sont affectées au paiement : car ces contributions étant payables par mois, il est évident qu'elles

Si un testateur a fait un legs d'une rente viagère ou pension alimentaire, ce legs doit être acquitté dans son intégrité par le légataire universel de l'usufruit, et par le légataire à titre universel de l'usufruit, dans la proportion de sa jouissance, sans aucune répétition de leur part (1) (*Art.* 610).

L'usufruitier est tenu des frais des procès qui concernent la jouissance, et des condamnations auxquelles ces procès peuvent donner lieu (*Art.* 613).

Si un tiers commet quelqu'usurpation sur le fonds, ou attente autrement aux droits du propriétaire, l'usufruitier est tenu de le dénoncer à celui-ci (2), ou il est responsable de tout le dommage qui peut en résulter pour le propriétaire, comme il le serait de dégradations commises par lui-même.

L'usufruitier est tenu aux réparations d'entretien et aux grosses réparations occasionnées

---

peuvent être exigées en grande partie, avant que la récolte de l'année ne soit faite. Il a donc bien fallu y affecter les récoltes de l'année précédente. Mais l'État une fois désintéressé, si le débat s'élève entre deux possesseurs successifs, il est certain que la contribution d'une année doit être payée par celui qui a possédé pendant cette même année (M. *Delvincourt*).

(1) Le légataire universel est celui à qui le testateur lègue l'universalité de ses biens ; le légataire à titre universel est celui à qui le testateur lègue une quote-part de ses biens ou de ses immeubles seulement, ou de ses meubles. Tout autre légataire est à titre particulier (*Art.* 1003, 1010).

(2) Dans quel délai doit-il le dénoncer ? Dans le délai réglé en cas d'assignation par les articles 72 et 1033 du Code de Procédure ; ordinairement huit jours, plus un jour par trois myriamètres de distance. *Voyez* au reste le Titre des Ajournemens.

par le défaut de réparations d'entretien, depuis l'ouverture de l'usufruit. Autrement, les grosses réparations demeurent à la charge du propriétaire (1).

D. Qu'entend-on par grosses réparations?

R. Celles des gros murs et des voûtes, le rétablissement des poutres et des couvertures entières, celui des digues, des murs de soutenement et de clôture aussi en entier. Toutes les autres réparations sont d'entretien (2) (*Art.* 606).

(1) Ici s'élèvent deux questions. Première question : L'usufruitier peut-il contraindre le propriétaire à faire les grosses réparations manquantes au commencement de l'usufruit? On peut voir, pour la négative, M. *Toullier*, tom. 3, n.° 443, pag. 296 et suiv.; *Domat*, de l'Usufruit, sect. 5, n.° 5, pag. 114; *Pothier*, Traité du Douaire, n.° 239; mais il y fait une exception. Seconde question. L'usufruitier peut-il contraindre le propriétaire à faire les grosses réparations qui peuvent survenir pendant la durée de l'usufruit? On peut voir pour la négative, M. *Toullier*, t. 3, n.° 443, p. 301; pour l'affirmative, *Pothier*, du Douaire, n.° 246; et M. *Delvincourt*, tom. 1, pag. 150, note 8. *Voyez* de plus la loi 65, §. 1, *D. De Usuf.* et *Cicéron in Topicis*, n.° 3. M. *Toullier* discute parfaitement bien cette question.

(2) Si l'on entendait rigoureusement les mots *entières*, *en entier*, cet article ne s'appliquerait jamais. Jamais une couverture, un mur n'ont besoin de si grandes *réparations*, qu'il n'en reste pas un morceau.

Le dénombrement que cet article fait des grosses réparations peut donner lieu à la question de savoir s'il faut comprendre dans les grosses réparations les cloisons et pans de bois, tant celles qui régnent de fond en comble, que celles qui séparent les appartemens et portent les planchers. Je crois que oui; car le Code met les murs de soutenement au nombre des grosses réparations. Or, qu'importe que ces murs soient en pierres, en terre ou en bois (M. *Toullier*).

D. Si un ouvrage tombe de vétusté ou est détruit par cas fortuit, l'usufruitier est-il tenu de le rebâtir ?

R. Non; mais le propriétaire n'en est pas tenu non plus (1) (*Art.* 607).

D. Quelles sont les obligations respectives du propriétaire et de l'usufruitier, relativement aux charges imposées sur la propriété pendant la durée de l'usufruit ?

R. Le propriétaire est obligé de les payer, et l'usufruitier de lui tenir compte des intérêts; ou si l'usufruitier veut les avancer, il a la répétition du capital à la fin de l'usufruit (2) (*Art.* 609).

D. Quelles sont les obligations du légataire d'un usufruit, relativement au paiement des dettes de la succession ?

R. Il faut distinguer : 1.er cas. Si l'usufruitier est légataire à titre particulier, il n'est pas tenu des dettes auxquelles le fonds est hypothéqué, et s'il est forcé de les payer, il a son recours contre le propriétaire.

2.e cas. Si l'usufruitier est à titre universel, on estime la valeur du fonds sujet à usufruit; on fixe ensuite la contribution aux dettes à

---

(1) Cet article paraît contredire les art. 606 et 605. Pour éviter cette contradiction, il faut entendre *entièrement détruit, entièrement tombé*. Il faut, dans ces articles 605 et 606, restreindre la signification des mots *entières* ou *entier* comme l'indique la note précédente ; à l'article 607, il faut ajouter le mot *entièrement* dans sa plus grande étendue.

(2) Cette contribution commune est dans les règles de l'équité ; car chacun profite dans l'ordre de ses intérêts d'une dépense qui a pour objet la conservation de la propriété (M. *Locré*, Esprit du Code Civil).

raison de cette valeur. Si l'usufruitier veut avancer la somme pour laquelle le fonds doit contribuer, le capital lui en est restitué à la fin de l'usufruit, sans aucun intérêt. Si l'usufruitier ne veut pas faire cette avance, le propriétaire a le choix, ou de payer cette somme, et dans ce cas l'usufruitier lui tient compte des intérêts pendant la durée de l'usufruit, ou de faire vendre jusqu'à due concurrence, une portion des biens soumis à l'usufruit.

3.e cas. Si l'usufruitier est universel, on agit comme dans le second cas, sauf qu'il n'y a pas lieu à l'estimation du fonds (*Art.* 611, 612).

D. Si un troupeau vient à périr en partie ou entièrement, que doit faire l'usufruitier ?

R. Si le troupeau ne périt pas entièrement, l'usufruitier est tenu de remplacer jusqu'à concurrence du croît (1), les têtes des animaux qui ont péri. Si le troupeau périt entièrement par accident ou par maladie, et sans la faute de l'usufruitier, il n'est tenu envers le propriétaire que de lui rendre compte des cuirs ou de leur valeur (2) (*Art.* 616).

---

(1) L'usufruitier est tenu de remplacer avec le croît présent et à venir, mais non avec le croît prétérit.

S'il n'y a pas de croît, l'usufruitier n'est pas obligé au remplacement (M. *Toullier*). *Voyez* le Nouveau Répertoire, v.° Usufruit, § 2, n.° 6.

Il faut observer que lorsque l'usufruit est établi non sur un troupeau, mais sur certaines bêtes désignées, quoiqu'il y en ait plusieurs, l'usufruitier n'est pas tenu de les remplacer.

(2) Il en est autrement dans le cas d'une épizootie où la crainte de la contagion fait défendre d'écorcher les animaux qui ont succombé.

D. En est-il de même lorsque l'usufruit n'était établi que sur un animal ?

R. Si l'animal vient à périr sans la faute de l'usufruitier, il n'est tenu ni d'en rendre un autre, ni d'en payer l'estimation (*Art.* 615).

SECTION III.

Comment l'Usufruit prend fin.

D. De combien de manières l'usufruit peut-il finir en général ?

R. Par extinction, lorsqu'il ne finit qu'au moment fixé; par cessation, lorsqu'il finit avant l'époque à laquelle il devait finir naturellement.

D. Quelles sont les manières dont l'usufruit s'éteint ?

R. L'usufruit s'éteint par la résolution du droit de celui qui l'a constitué (1) ;

Par la mort naturelle ou civile de l'usufrutier ;

Par l'expiration du temps pour lequel il a été accordé, ou l'évènement de la condition résolutoire (2) ;

---

(1) C'est-à-dire, lorsqu'il est reconnu que celui qui a constitué l'usufruit n'était pas réellement propriétaire, ou qu'il n'avait qu'une propriété résoluble. Autrement le changement de propriété n'en opère aucun dans le droit de l'usufruitier (M. *Toullier*).

(2) Si j'avais donné l'usufruit d'une terre tant que mon fils sera en démence, ou jusqu'à ce que mon fils ait recouvré sa raison, l'usufruit s'éteint par le retour de mon fils dans son bon sens. Il ne revit point, si après avoir recouvré sa raison, l'enfant la perd de nouveau (M. *Toullier*).

Par la consolidation ou la réunion sur la même tête des deux qualités d'usufruitier et de propriétaire (1) ;

Par le non usage du droit pendant trente ans (2) ;

Par la perte totale de la chose sur laquelle l'usufruit est établi ;

Par une jouissance de trente ans, s'il n'a pas été accordé à des particuliers (3) ;

Par la mort de l'enfant pour l'usufruit legal des père et mère (4) ;

Par la renonciation de l'usufruitier ;

Pour l'usufruit établi sur un bâtiment, lorsque ce bâtiment est détruit par un incendie ou un autre accident, ou qu'il s'écroule de vétusté (5) (*Art.* 617, 619, 624).

D. La renonciation de l'usufruitier est-elle toujours valable ?

R. Ses créanciers peuvent la faire annuller, si elle est gratuite et faite à leur préjudice (*Art.* 622).

D. Comment peut cesser l'usufruit ?

---

(1) Dans la personne de l'usufruitier et non pas du propriétaire; car autrement il y aurait consolidation, toutes les fois que l'usufruit finirait.

(2) Il ne faut pas conclure delà, qu'on ne puisse opposer, pour l'usufruit, que la prescription trenté-naire.

(3) Comme aucune loi n'a d'effet rétroactif, cette disposition n'a point d'application aux usufruits établis avant la promulgation du Code.

(4) C'est un cas singulier et le seul usufruit qui s'éteigne par la mort du propriétaire.

(5) Dans ce cas, l'usufruitier ne jouit ni du sol ni des matériaux; si l'usufruit est établi sur un domaine dont les bâtimens faisaient partie, l'usufruitier, au contraire, jouit des matériaux et du sol (*Art.* 624.)

R. Par l'abus que l'usufruitier fait de sa jouissance, soit en commettant des dégradations sur le fonds, soit en le laissant dépérir faute d'entretien. Les juges peuvent alors, suivant la gravité des circonstances, prononcer l'extinction absolue de l'usufruit, ou n'ordonner la rentrée du propriétaire en jouissance que sous la charge de payer annuellement à l'usufruitier ou à ses ayant-cause, une somme déterminée, jusqu'à l'instant où l'usufruit aurait dû cesser (1) (*Art.* 618).

D. Les créanciers de l'usufruitier ne peuvent-ils pas intervenir dans ces contestations ?

R. Ils peuvent offrir la réparation des dégradations commises et des garanties pour l'avenir; mais s'ils ne sont pas intervenus avant le jugement, ils ne peuvent s'opposer à son exécution (*Art.* 618).

D. L'usufruit accordé jusqu'à ce qu'un tiers ait atteint un âge fixé, finit-il à la mort de ce tiers ?

R. Non; il continue jusqu'à l'époque où ce tiers aurait eu l'âge fixé (*Art.* 620). Toutefois cette disposition ne s'applique pas à l'usufruit legal des père et mère (M *Delvincourt*).

D. Que devient l'usufruit, si une partie de la chose qui y est soumise est détruite ?

---

(1) Quelles sont les dégradations et malversations qui peuvent donner lieu à prononcer l'extinction absolue ou la modification de l'usufruit? Cette question est laissée à la prudence des juges (M. *Toullier*). *Voyez* sur cet article la discussion du Conseil d'État, M. *Toullier*, tom. 3, n.os 465 et suiv., pag. 322 et suiv.; le Nouveau Répertoire, v.° Usufruit, §. 5, art. 4. M. *Maleville*, tom. 2, pag. 89; M. *Locré*, Esprit du Code Civil, tom. 7, pag. 315 et suiv.

R. L'usufruit se conserve sur ce qui reste (*Art.* 623).

D. La vente de la chose sujette à usufruit fait-elle quelque changement dans le droit de l'usufruitier ?

R. Non, il continue de jouir de son usufruit, s'il n'y a pas formellement renoncé (1) (*Art.* 621).

CHAPITRE II.

De l'Usage et de l'Habitation (2).

D. Qu'entend-on par droit d'usage et par droit d'habitation ?

R. Le droit d'usage est le droit d'exiger des fruits d'un fonds autant qu'il en faut pour son usage et pour ceux de sa famille, et le droit d'habitation est le droit de demeurer dans une maison avec sa famille (3), quand même dans

---

(1) Il faut observer en terminant cette section, que les Romains, qui faisaient comme nous cesser l'usufruit par la perte de la chose, appliquaient toujours, et souvent avec plus de subtilité que de justice, le rigoureux principe : *Res periisse videtur, si forma mutata est. Voyez* au Digeste, le titre *Quibus modis usufructus amittitur*.

(2) La différence de ces droits avec l'usufruit, est que la jouissance n'y est pas totale.

M. *Toullier* a jugé tout ce qui concerne l'usage et l'habitation assez clairement exposé dans le Code pour n'avoir pas besoin d'explications. Les autres auteurs ne nous fournissent de même que fort peu d'observations.

(3) Le mot famille désigne ici la femme, les enfans, les parens auxquels on est obligé, d'après la loi, de donner des alimens.

l'un et l'autre cas on n'aurait pas été marié à l'époque de la concession du droit (*Art.* 630, 632).

D. Les droits d'usage et d'habitation ne peuvent-ils pas avoir plus ou moins d'étendue ?

R. Oui ; ils se règlent par le titre qui les a établis, et la loi ne les règle qu'à défaut du titre constitutif (*Art.* 628, 629).

D. Qu'est-ce que ces droits ont de commun avec l'usufruit ?

R. Ils s'établissent et se perdent de la même manière que l'usufruit ; et comme dans l'usufruit, on ne peut en jouir sans avoir préalablement donné caution, et dressé des états et inventaires (*Art.* 625, 626). L'usager et celui qui a un droit d'habitation doivent jouir en bons pères de famille (*Art.* 627).

D. Les droits d'usage et d'habitation peuvent-ils être cédés ?

R. Non, ces droits ne peuvent être cédés ni loués à un autre (*Art.* 631, 634).

D. Quelles sont les obligations attachées à ces droits ?

R. Si l'usager absorbe tous les fruits du fonds, ou s'il occupe la totalité de la maison, il est assujetti aux frais de culture, aux réparations d'entretien et au paiement des contributions, comme l'usufruitier. S'il ne prend qu'une partie des fruits, ou n'occupe qu'une partie de la maison, il contribue au prorata de ce dont il jouit (*Art.* 635).

D. Ces règles s'appliquent-elles à l'usage des bois et forêts ?

R. Non ; cet usage est réglé par des lois particulières (*Art.* 636).

TITRE IV.

DES SERVITUDES OU SERVICES FONCIERS (1).

D. Qu'est-ce qu'une servitude ?

R. Une servitude est une charge imposée sur un héritage (2) pour l'usage et l'utilité d'un héritage appartenant à un autre propriétaire (3) (*Art.* 537).

D. La servitude établit-elle quelque prééminence d'un fonds sur un autre ?

R. Non, la loi a déclaré le contraire pour ne pas voir renaître le système des fiefs.

D. D'où dérivent les servitudes ?

---

(1) L'origine des servitudes est aussi ancienne que celle de la propriété dont elles sont des modifications; le Droit Romain ne connut sous le nom de *servitudes*, que cette sorte d'assujettissement des héritages qui naît de la disposition des lieux, du besoin social et de la liberté des conventions. Dans les Législations modernes, la féodalité introduisit une foule de droits bizarres, résultant de la prééminence hiérarchique de quelques fonds sur d'autres. Les lois consacrèrent ces abus, un bienfait de la révolution fut de les détruire, et lors de la confection du Code Civil, la sagesse du Législateur consista tout entière à se reporter au point de départ. *Voyez* M. *Pardessus*, Traité des Servitudes, Introduction, pag. 1 à 4

(2) On appelle tout immeuble réel susceptible de propriété *héritage*, parce qu'il peut entrer dans une hérédité (M. *Toullier*).

(3) Ainsi on ne peut réclamer l'usage d'une servitude inutile.

Barthole définissait la servitude, un droit inhérent à un héritage et qui diminue le droit ou la liberté d'un autre héritage.

R. Elles dérivent :

1.° De la situation naturelle des lieux ;

2.° Des obligations imposées par la loi ;

3.° Des conventions entre les propriétaires (1) (*Art.* 639).

CHAPITRE PREMIER.

Des Servitudes naturelles ou qui dérivent de la situation des lieux (2).

D. Quelles sont les servitudes naturelles ?

R. Ce sont les servitudes relatives aux eaux et aux droits de clôture et de bornage.

D. N'y a-t-il pas une servitude générale relative à la chute des eaux ?

R. Les fonds inférieurs sont assujettis envers ceux qui sont plus élevés, à recevoir les eaux qui en découlent naturellement, sans que la main de l'homme y ait contribué (3) (*Art.* 640).

D. Quels sont, à cet égard, les devoirs respectifs des propriétaires ?

R. Le propriétaire du fonds supérieur ne peut rien faire qui aggrave la servitude du

---

(1) Une servitude peut encore être établie par testament.

(2) Ce qui caractérise essentiellement ces servitudes, c'est qu'elles existent par la seule position des héritages.

(3) Le but de la loi est moins de créer cette obligation, que de la faire exécuter sans obstacle de la part de celui dont il est nécessaire que le fonds soit assujetti, sans abus de la part de celui qui en invoque les effets (M. *Pardessus*, Traité des Servitudes).

fonds inférieur (1). Le propriétaire du fonds inférieur ne peut point élever de digue qui empêche cet écoulement (2) (*Art.* 640).

D. Quels sont les droits du propriétaire du fonds sur la source qui en sort ?

R. Il peut en user à sa volonté, à moins que le propriétaire du fonds inférieur n'ait acquis quelque droit par titre ou par prescription (3) (*Art.* 641).

D. Dans ce cas, comment s'établit la prescription ?

R. Par une jouissance non interrompue pendant l'espace de trente années, à compter du moment où le propriétaire du fonds inférieur a fait et terminé des ouvrages apparens destinés à faciliter la chute et le cours de l'eau dans sa propriété (4) (*Art.* 642).

---

(1) Il ne faut pas croire que pour cela le propriétaire de l'héritage qui transmet ses eaux à l'héritage inférieur, ne puisse se rien permettre sur le fonds, et qu'il soit condamné à l'abandonner à une stérilité perpétuelle ou à n'en jamais varier l'exploitation.

(2) Cette défense ne s'applique point aux digues contre l'inondation d'un fleuve, d'un torrent. Observez aussi qu'on ne peut empêcher le propriétaire supérieur de garder ses eaux, si ce n'est pour cause d'utilité publique, comme si les moulins approvisionnant une ville venaient à manquer d'eau (M. *Toullier*).

(3) Il n'y a que les servitudes continues qui s'acquièrent par prescription, et on ne peut jamais l'invoquer pour les eaux de pluies (*Dunod*, Traité des Prescriptions).

(4) Il s'est élevé sur cet article une question extrêmement controversée : les ouvrages doivent-ils être sur le fonds supérieur, ou indifféremment sur l'un ou l'autre fonds. MM. *Pardessus*, *Toullier*, *Delvincourt*, pensent qu'ils peuvent être indifféremment sur le fonds supérieur ou sur le fonds inférieur : ils s'ap-

D. Le propriétaire d'une source qui fournit l'eau qui leur est nécessaire aux habitans d'une commune, d'un village ou d'un hameau, peut-il en détourner le cours ?

R. Non ; mais si les habitans n'en ont pas acquis ou prescrit l'usage, le propriétaire peut réclamer une indemnité, laquelle est réglée par experts (1) (*Art.* 643).

D. Quels sont les droits des propriétaires sur les eaux qui bordent et qui traversent leurs propriétés ?

R. On peut se servir de l'eau courante qui borde une propriété pour son irrigation (2),

---

puient sur les termes indéfinis de l'art. 642 et sur les observations du Tribunat, lors de la communication officieuse que lui fit le Gouvernement. L'opinion contraire est soutenue par *Cœpolla*, *Dumoulin*, *Dubreuil* et un grand nombre d'auteurs cités par *Dubreuil*. *Contrà non valentem agere non currit præscriptio ;* or, le propriétaire du fonds supérieur peut fort bien, dans la première opinion, ne pas avoir connaissance des ouvrages. Un arrêt de Cassation du 25 août 1812, *Sirey*, 1812, partie 1.re, p. 350, a décidé que les ouvrages devaient être faits sur le fonds supérieur. *Voyez* au reste M. *Delvincourt*, tom. 1.er, pag. 155, note 13 ; M. *Toullier*, tom. 3, pag. 553 ; M. *Pardessus*, pag. 144 ; M. *Locré*, Esprit du Code Civil, tom. 7, pag. 377 ; M. *Dubreuil* dans son analyse de la législation sur les Eaux, pag. 92 ; et *Cæpolla*, chap. 4, n.os 52 et suiv., *de Servitutibus præd. rustic.*

(1) Dans ce cas, la prescription ou le titre servent non à conserver l'usage, mais à s'affranchir de l'indemnité ; quant à la question de savoir s'il y a nécessité, elle doit être jugée par l'autorité administrative.

(2) On ne peut jamais détourner les eaux des canaux sans une autorisation toujours révocable du gouvernement ou des compagnies. *Voyez* sur l'art. 644 un décret du 10 mars 1810, *Sirey* 1817, partie 2,

et de celle qui traverse la propriété, pour quelqu'usage que ce soit pendant l'intervalle qu'elle y parcourt, mais à la charge de la rendre à la sortie, à son cours ordinaire (1) (*Art.* 644).

D. N'y a-t-il point d'exception à ce droit?

R. Il ne s'étend pas aux eaux déclarées dépendances du domaine public par l'art. 538, c'est-à-dire, aux eaux navigables ou flottables (*Art.* 644).

D. Quelle doit être la conduite des tribunaux dans les contestations entre propriétaires sur l'usage des eaux?

R. Ils doivent concilier l'intérêt de l'agriculture avec le respect dû à la propriété, et observer, dans tous les cas, les réglemens particuliers et locaux sur le cours et l'usage des eaux (2)(*Art.* 645).

D. A qui appartient le droit de bornage (3)?

R. Tout propriétaire peut obliger son voisin

---

page 226; un Décret du 22 février 1813, Bulletin, n.° 8882; un arrêt de cassation du 9 novembre 1818; et un arrêt de rejet du 17 février 1809, *Sirey*, t. 7, partie 1re, page 316.

(1) Quand même le volume de l'eau serait diminué (M. *Delvincourt*).

(2) Cette disposition a été mise en faveur des avantages qu'on retire dans différentes provinces des diverses manières de jouir des eaux : la Limagne, etc. Il faut observer que les tribunaux ne jugent les contestations qui peuvent s'élever sur les eaux, qu'autant qu'elles existent seulement entre des particuliers. Dès qu'il s'agit de l'intérêt public ou du domaine public, c'est l'autorité administrative qui juge. *Voyez* un Décret du 22 janvier 1808, *Sirey* 1816, partie 2, p. 309, et un autre Décret du 11 août 1808, *Sirey* 1816, partie 2, page 391.

(3) On entend par *bornes* tout ce qui marque la

au bornage, à frais communs, de leurs propriétés contiguës (*Art.* 646).

D. Tout propriétaire a-t-il le droit de clore sa propriété ?

R. Oui ; mais celui qui veut se clore, perd son droit au parcours et vaine pâture, en proportion du terrain qu'il y soustrait (1) (*Art.* 647 *et* 648).

CHAPITRE II.

Des Servitudes légales ou établies par la loi.

D. Quel est le but des servitudes légales ?

R. L'utilité publique, ou l'utilité communale, ou l'utilité des particuliers (*Art.* 649).

D. A quoi se rapportent les servitudes établies pour l'utilité publique ou communale ?

R. Au marche-pied le long des rivières na-

---

séparation : des arbres, des fossés, des haies ; plus communément des pierres plantées debout et enfoncées en terre.

(1) Le droit de *vaine pâture* est celui de mener ses bestiaux paître dans certains endroits, tels que les chemins, les terres en friche et autres lieux désignés par les réglemens locaux.

Au reste, il faut établir une distinction que les articles ne portent pas. Si le droit de parcours et de vaine pâture est fondé sur un titre, le propriétaire ne peut clore l'héritage qui s'y trouve assujetti. *Voyez* une loi du 6 octobre 1791 sur les usages ruraux ; et deux arrêts de la Cour de Cassation, l'un du 14 fructidor an 9, et l'autre du 13 décembre 1808, *Sirey* 1809, pag. 78 ; M. *Toullier*, tom. 3, pag. 111 et 112 ; M. *Merlin* est cependant d'un avis contraire. *Voyez* le Nouveau Répertoire, *verbo* Vaine Pâture, pag. 306.

vigables ou flottables, à la construction ou réparation des chemins et autres ouvrages publics ou communaux (*Art.* 650).

D. Comment se règle cette espèce de servitudes?

R. Par des lois ou des réglemens particuliers (1) (*Art.* 650).

D. Comment se règlent les différentes obligations auxquelles la loi assujettit les propriétaires à l'égard les uns des autres, indépendamment de toute convention?

R. Une partie de ces obligations est réglée par les lois sur la police rurale; l'autre partie par le Code Civil (*Art.* 652).

D. Quelles sont celles que règle le Code Civil?

R. Ce sont celles relatives au mur et au fossé mitoyens, au cas où il y a lieu à contre-mur, aux vues sur la propriété du voisin, à l'égoût des toîts, et au droit de passage (*Art.* 652).

---

(1) *Voyez* l'Ordonnance des Eaux et Forêts de 1669, titre 28, et le Décret du 22 janvier 1808, (Bulletin, n.° 2954), qui déclare applicable à toutes les rivières navigables de France l'art. 7 de ce titre, comme loi. Un arrêt du Conseil, du 3 mai 1720, rapporté dans l'ancien *Denisart*, au mot Chemin, n.os 15 et 16.

La loi du 6 octobre 1791, titre 1.er, section 6, la loi du 29 floréal an 10, (Bulletin, n.° 1606), relativement aux contraventions en matière de grande voierie, la loi du 14 floréal an 11, concernant le curage des petites rivières, la loi du 9 ventose an 13, (Bulletin, n.° 587) relative aux plantations des grandes routes et des chemins vicinaux; depuis on a fait remise aux particuliers de cette obligation. Un Décret du 7 mars 1808 (Bulletin, n.° 3177), et un autre Décret du 16 décembre 1811, (Bulletin, n.° 7644), enfin les art. 445 et 448 du Code Pénal.

SECTION I.re

Du Mur et du Fossé mitoyens (1).

D. Qu'entend-on par murs mitoyens (2) ?

R. On entend par murs mitoyens les murs construits en commun, ou devenus tels par la vente que le propriétaire a consentie ou a été forcé de faire (M. *Pardessus*).

D. Quels sont les murs que la loi présume mitoyens ?

R. Ce sont ceux qui, dans les villes et les campagnes, servent de séparation entre bâtimens

---

(1) Cette matière étant très-usuelle, mérite d'être étudiée avec attention.

(2) Ces deux mots *commun* et *mitoyen* ne sont pas synonymes : une chose est commune, lorsque dans sa totalité comme dans chacune de ses parties, elle appartient à deux ou plusieurs personnes, sans qu'on puisse indiquer quelle est la partie qui appartient à l'un plutôt qu'à l'autre. Un mur mitoyen, au contraire, est celui qui est placé sur les extrémités de deux héritages contigus, qui a été construit à frais communs, et qui est assis moitié sur le terrain de l'un des propriétaires voisins et moitié sur le terrain de l'autre : en sorte que la véritable ligne de séparation entre les deux héritages se trouve à la moitié du mur. Ainsi, à proprement parler, le mur n'est pas commun ; il est mitoyen. La moitié qui appartient à chacun des deux voisins est connue et déterminée ; c'est celle qui joint son héritage. Néanmoins, comme les deux parties sont inséparables et ne forment ensemble qu'un même corps, le mur est censé une chose commune entre les deux voisins (M. *Toullier*). *Voyez* pour plus de développement, tom. 3, pag. 126, n.° 183 ; *Pothier*, Appendice au Contrat de Société, n.° 199.

jusqu'à l'héberge (1), ou entre cours et jardins, et même entre enclos dans les champs (*Art.* 653).

D. Quels sont les murs présumés non mitoyens ?

R. Ce sont : 1.° le mur dont la sommité est droite et à plomb de son parement (2) d'un côté, et présente de l'autre un plan incliné ;

2.° Celui qui n'a que d'un côté, ou un chaperon ou des filets (3) et corbeaux de pierre qui auraient été mis en bâtissant le mur (4) (*Art.* 654).

D. Dans ce cas, à qui le mur est-il censé appartenir ?

---

(1) *Héberge* est un vieux mot qui signifie logement, et d'où est venu *héberger*. « Jusqu'à l'héberge, veut dire ici jusqu'au point où deux bâtimens, de hauteur inégale, peuvent profiter du mur commun » (M. *Bertier*).

(2) Pour servir d'égoût aux eaux de pluie qui alors ne tombent que d'un côté ; on ne peut présumer que si le mur eût été mitoyen, le propriétaire de ce côté eût consenti à les recevoir en totalité (M. *Delvincourt*).

(3) Le *chaperon* est le sommet du mur s'élevant en pointe ou en crête au milieu de l'épaisseur du mur, et présentant un plan incliné des deux côtés pour faciliter l'écoulement des eaux ; le *filet* est la partie du chaperon qui déborde le mur, afin que l'eau tombant au-delà du parement ne le dégrade pas. Le filet se nomme aussi *Larmier ;* les *corbeaux* sont des pierres saillantes destinées à supporter des poutres ; il ne faut pas les confondre avec les *harpes* ou *pierres d'attente* laissées saillantes du côté du voisin par celui qui bâtit le premier, pour que la maison bâtie ensuite se lie avec la première sans entailles et incrustemens.

(4) On connaît qu'ils ont été mis en bâtissant le mur, lorsque l'épaisseur du mur et la saillie sont de la même pierre. On pourrait autrement placer furtivement des corbeaux, des filets, et établir une non-mitoyenneté.

R Au propriétaire du côté duquel sont l'égoût ou les corbeaux et filets de pierre (*Art.* 654).

D. Quelles sont les charges de la mitoyenneté?

R. Tous ceux qui ont droit à un mur mitoyen doivent contribuer proportionnellement à leur droit, à la réparation et reconstruction de ce mur (*Art.* 655).

D. Peuvent-ils s'en dispenser en abandonnant leur droit de mitoyenneté?

R. Oui; pourvu que le mur mitoyen ne soutienne pas un bâtiment appartenant au démissionnaire (1) (*Art.* 656).

D. Quels droits donne la mitoyenneté d'un mur?

R. Elle donne le droit de bâtir contre le mur mitoyen, et d'y faire placer des poutres ou solives dans toute l'épaisseur du mur, à cinquante-quatre millimètres (deux pouces) près, sans préjudice du droit qu'a le voisin, de faire réduire à l'ébauchoir (2) la poutre jusqu'à la moitié du mur, dans le cas où il voudrait lui-même asseoir des poutres dans le même lieu, ou y adosser une cheminée (3) (*Art.* 657).

---

(1) Il ne pourrait pas non plus se décharger ainsi des réparations nécessitées par son fait ou celui de ses gens (M. *Toullier*).

(2) L'ébauchoir est une espèce de ciseau de charpentier. *A l'ébauchoir*, veut dire ici sans les changer de place.

(3) L'un des voisins ne peut pratiquer dans le corps d'un mur mitoyen aucun enfoncement, ni y appliquer ou appuyer aucun ouvrage sans le consentement de l'autre, ou sans avoir, à son refus, fait régler, par

Elle donne le droit de faire exhausser (1) le mur mitoyen, à la charge de payer seul la dépense de l'exhaussement, les réparations d'entretien au-dessus de la hauteur de la clôture commune, et en outre, l'indemnité de la charge en raison de l'exhaussement et suivant la valeur (2) (*Art.* 658).

D. Que doit faire celui qui veut l'exhaussement, si le mur n'est pas en état de le supporter?

R. Il doit le faire reconstruire en entier à ses frais, et prendre de son côté l'excédant de l'épaisseur (*Art.* 659).

D. Comment peut-on acquérir la mitoyenneté d'un mur?

R. Tout propriétaire joignant un mur, a la faculté de le rendre mitoyen en tout ou en partie, en remboursant au maître du mur la moitié de sa valeur, ou la moitié de la valeur de la portion qu'il veut rendre mitoyenne,

---

experts, les moyens nécessaires pour que le nouvel ouvrage ne soit pas nuisible aux droits de l'autre. (*Art.* 662).

(1) Il peut aussi lui faire donner plus de profondeur s'il en a besoin; comme pour des caves (M. *Delvincourt*).

(2) Il doit payer une indemnité, parce qu'un mur exhaussé dure moins et qu'il a besoin d'être réparé et refait plus souvent. Ajoutons que si le voisin qui fait faire des ouvrages pour son utilité particulière est obligé de rendre l'autre voisin indemne de tous dommages, par exemple, de rétablir, dans leur premier état, les treillages, les berceaux qui seraient détruits par lui, il n'est point obligé à rétablir les embellissemens qu'il pouvait y avoir sur le mur, comme les peintures, les sculptures, ni à fournir pour cela une indemnité au voisin (*Voyez* M. *Toullier*, tom. 3, n.ºs 208 et 209, pag. 143).

et moitié de la valeur du sol sur lequel le mur est bâti (1) (*Art.* 661).

D. Le voisin peut-il acquérir de même la mitoyenneté de l'exhaussement d'un mur, lorsqu'il n'a pas contribué à cet exhaussement ?

R. Oui; le voisin peut acquérir la mitoyenneté de l'exhaussement, en payant la moitié de la dépense qu'il a coûté, et la valeur de la moitié du sol fourni pour l'excédant d'épaisseur, s'il y en a (2) (*Art.* 660).

D. Peut-on contraindre son voisin à contribuer aux constructions et réparations de la clôture faisant séparation de maisons, cours et jardins ?

R. Oui, mais seulement dans les villes et faubourgs (3) (*Art.* 663).

---

(1) L'obligation imposée à tout voisin de vendre la mitoyenneté du mur contigu à un autre héritage, est contraire à la loi de la propriété, en ce qu'elle force un propriétaire à aliéner; mais l'utilité générale, la décoration des villes, l'utilité même des particuliers l'ont emporté. Ce droit étant établi en faveur de l'un des voisins aussi bien qu'en faveur de l'autre, on ne peut le taxer d'injustice; il y a égalité de droits de part et d'autre (M. *Toullier*). Dans la Coutume de Paris et dans un grand nombre d'autres, on pouvait acquérir la mitoyenneté de la même manière (*Voyez* M. *Bertier*, Exposé des Motifs, tom. 4, pages 100 et 101).

(2) Le voisin peut acquérir la mitoyenneté de l'exhaussement sur toute la longueur du mur ou seulement sur une partie (M. *Pardessus*).

(3) On entend par faubourgs la continuité des maisons qui sont hors des portes d'une ville.

Aussitôt que cette continuité cesse, les faubourgs n'existent plus (M. *Toullier*). Au reste, toutes les fois qu'il y a contestation sur la question de savoir s'il y a *ville*, s'il y a *faubourgs*, c'est l'autorité administrative qui est appelée à décider, et non point les tribunaux.

D. Comment fixera-t-on la hauteur de la clôture ?

R. Cette hauteur sera fixée suivant les réglemens particuliers ou les usages constans et reconnus ; à défaut d'usages et de réglemens, tout mur de séparation entre voisins, qu'on fait construire ou rétablir, doit avoir au moins trente-deux décimètres (dix pieds) de hauteur, compris le chaperon, dans les villes de cinquante mille ames et au-dessus ; et vingt-six décimètres (huit pieds) dans les autres (*Art.* 663).

D. Lorsque les différens étages d'une maison appartiennent à divers propriétaires, si les titres de propriété ne réglent pas le mode de réparations et reconstructions, comment doivent-elles se faire ?

R. Les gros murs et le toît (1) sont à la charge de tous les propriétaires, chacun en proportion de la valeur de l'étage qui lui appartient (2).

---

(1) Il faut excepter le toît de l'escalier qui doit être fait à frais communs (M. *Toullier*). M. *Delvincourt* est du même avis.

(2) Il devient donc nécessaire de faire une ventilation, c'est-à-dire, une estimation particulière de chaque étage, pour fixer ensuite la contribution de chacun par une règle de proportion.

Il faut remarquer que dans cette estimation, on ne doit avoir aucun égard aux ornemens et embellissemens que le propriétaire de chaque étage a pu faire à ses frais particuliers, tels que les lambris, parquets, plafonds, peintures, etc. Chaque appartement doit être estimé comme s'il était nu, et en raison de sa grandeur seulement et de sa commodité, non par conséquent en raison de la valeur locative, qui est toujours augmentée par les ornemens et embellissemens (M. *Toullier*).

Le propriétaire de chaque étage fait et répare le plancher sur lequel il marche (1).

Le propriétaire du premier étage fait l'escalier qui y conduit; le propriétaire du second étage, fait, à partir du premier, l'escalier qui mène chez lui, et ainsi de suite (2) (*Art.* 664).

D. Lorsqu'on reconstruit un mur mitoyen ou une maison, que deviennent les servitudes actives et passives?

R. Si la reconstruction du mur ou de la maison se fait avant que la prescription soit acquise, elles continuent à l'égard du nouveau mur ou de la nouvelle maison, sans toutefois pouvoir être aggravées (*Art.* 665).

D. Quels sont les fossés que la loi présume mitoyens?

R. Tous ceux qui sont entre deux héritages, s'il n'y a titre ou marque du contraire (*Art.* 666).

D. Quels sont les fossés que la loi présume au contraire non mitoyens?

R. Tout fossé est présumé non mitoyen, lorsque la levée ou le rejet de la terre se trouve d'un côté seulement du fossé (*Art.* 667).

---

(1) Le rez-de-chaussée, quand il y en a un, compte pour un étage.

(2) Ces règles ne paraissent pas conformes à l'exacte équité, puisque l'escalier du premier étage sert également au propriétaire du second; mais on a voulu éviter les calculs souvent arbitraires d'une contribution relative.

Le Code n'a point fixé la manière de contribuer aux réparations des allées, portes, puits, aqueducs, fosses d'aisance et autres choses communes à l'égard desquelles il faut suivre les usages locaux, puisqu'aucune nouvelle disposition ne les a abrogés (M. *Toullier*).

D. A qui appartient alors le fossé ?

R. Au propriétaire du côté duquel le reject se trouve (*Art.* 668).

D. Comment le fossé mitoyen doit-il être entretenu ?

R. Il doit être entretenu à frais communs (1) (*Art.* 669).

D. Quelles sont les haies que la loi présume mitoyennes ?

R. Ce sont toutes celles qui séparent des héritages, à moins qu'il n'y ait qu'un seul des héritages en état de clôture (2), ou qu'il n'y ait titre ou possession suffisante pour le contraire (3) (*Art.* 670).

D. A quelle distance du voisin peut-on planter des arbres ?

R. Cette distance se fixe par les réglemens particuliers ou les usages constans et reconnus (4). A défaut de réglemens et d'usages, la distance pour les arbres de haute tige doit être de deux mètres, et d'un demi-mètre pour

---

(1) On partage les engrais résultant du curage. Il arrive souvent qu'au lieu de faire à mi-frais, on partage l'ouvrage longitudinalement.

Peut-on forcer le propriétaire d'un fossé à céder la mitoyenneté, comme celle d'un mur ? Non, parce que l'utilité publique qui l'exige dans le second cas, n'existe point dans le premier.

On peut, pour le fossé comme pour le mur mitoyen, se débarrasser de l'entretien par l'abandon de son droit (M. *Pardessus*).

(2) Si l'un des héritages, par exemple, est fermé de toutes parts et l'autre ouvert de tous côtés.

(3) Si un propriétaire a coupé périodiquement la haie.

(4) Ces réglemens et usages varient d'après la nature des arbres.

les autres arbres et les haies vives (1) (*Art.* 671).

D. Si des arbres ou des haies sont plantés à une moindre distance, quels sont les droits du voisin?

R. Il peut forcer le propriétaire à les faire arracher (*Art.* 672).

D. Si les branches ou les racines des arbres avancent sur l'héritage du voisin, quels sont les droits qu'il peut exercer?

R. Il peut contraindre le propriétaire à couper les branches et couper lui-même les racines (2) (*Art.* 672).

D. Quel est le sort des arbres qui se trouvent dans la haie mitoyenne?

R. Ils sont mitoyens comme elle, et chacun des deux propriétaires a droit de requérir qu'ils soient abattus (3) (*Art.* 673).

---

(1) Les arbres à haute tige sont les ormes, les tilleuls, les chênes, les châtaigniers, noyers, etc. *Voyez* au reste le Répertoire de Jurisprudence de M. *Merlin* et celui de *Denisart* au mot *Arbres*, les usages locaux, et la loi 13 *D. Finium regundorum*. Les arbres non à haute tige sont les espaliers, etc.

(2) Seulement dans le temps de la taille, surtout pour les arbres fruitiers. Si les racines de l'arbre, avant qu'on les eût coupées, avaient causé quelque dégradation, par exemple aux fondemens d'un bâtiment, le propriétaire de l'arbre est tenu de les réparer (M. *Toullier*).

(3) Il en est de même de ceux qui sont sur la ligne séparative des deux héritages.

« Le concours des deux volontés n'est donc point nécessaire, et par conséquent, si ces arbres étaient morts ou abattus par une cause quelconque, un seul des propriétaires ne pourrait les faire remplacer sans le consentement de l'autre.

Il ne doit pas en être ainsi des arbres que des titres

SECTION II.

De la Distance et des Ouvrages intermédiaires requis pour certaines constructions.

D. N'y a-t-il pas certaines constructions qui pourraient nuire beaucoup au mur mitoyen, si on les faisait trop près?

R. Pardonnez-moi; aussi la loi prescrit des règles à suivre pour ces cas-là, et comme ces constructions pourraient être extrêmement nuisibles, la loi veut qu'on suive toujours ces règles, que le mur voisin soit mitoyen ou non (*Art.* 674).

D. Quels sont les cas prévus par la loi?

R. C'est lorsqu'on veut construire près d'un mur un puits ou une fosse d'aisance, une cheminée, un âtre, une forge, un four, un fourneau; lorsqu'on veut y adosser une étable, et lorsqu'on veut établir contre ce mur un magasin de sels ou un amas de matières corrosives (1) (*Art.* 674).

---

respectifs auraient déclaré servir de bornes aux deux héritages. L'art. 466 du Code Pénal garantit l'existence de ces sortes de bornes, et place au nombre des délits l'abattage qui en serait fait sans le consentement des deux propriétaires » (M. *Pardessus.* Traité des Servitudes, n.° 189, pag. 276).

(1) On doit considérer comme compris dans la généralité des expressions du Code, les cas qu'il n'a point déterminés, mais que l'identité ou l'analogie avec ceux qu'il prévoit peuvent servir à décider. Ainsi on doit prendre les mêmes précautions pour les canaux destinés à la conduite des eaux et leurs réservoirs que pour les puits, pour les tuyaux d'une fournaise que pour la fournaise elle-même (*Voyez* M. *Pardessus*, n.° 199, pages 295 et suivantes).

D. Quelles sont les règles à suivre dans tous ces cas?

R. On est obligé, pour éviter de nuire au voisin, à laisser la distance prescrite par les réglemens et usages particuliers sur ces objets, ou à faire les ouvrages prescrits par les mêmes réglemens et usages (1) (*Art.* 674).

SECTION III.

Des Vues sur la Propriété de son voisin.

D. A quoi servent les ouvertures qu'on peut pratiquer dans un mur, outre celles d'entrée et de sortie?

R. Elles servent à pouvoir regarder au dehors, et alors on les nomme proprement *Vues*; ou à éclairer le dedans de l'édifice, et alors on les appelle *Jours* (2) (M. *Locré*).

D. L'un des voisins peut-il pratiquer quelque ouverture dans le mur mitoyen?

R. Non; aucun des voisins ne peut prati-

---

(1) Plusieurs Cours avaient demandé, lors de la confection du Code, qu'il déterminât la distance à observer et les ouvrages à faire dans les cas prévus. Mais les mêmes matériaux n'existant pas partout, il a fallu renoncer, par nécessité, au bénéfice de l'uniformité dans une matière qui ne la comportait pas (*Voyez* M. *Bertier*, Exposé des Motifs, tom. 4, pag. 102, M. *Treilhard*, tom. 3, pag. 151, M. *Locré*, Esprit du Code Civil, t. 7, pages 452 et suivantes).

(2) Le Code désigne les unes et les autres par la dénomination générale de *Vues*; mais quoiqu'il n'exprime pas la distinction que nous faisons, elle est néanmoins le fondement de plusieurs de ses dispositions (*Voyez* M. *Locré*, tom. 7, pag. 454).

quer dans le mur mitoyen aucune fenêtre ou ouverture, en quelque manière que ce soit, même à verre dormant, sans le consentement de l'autre voisin (*Art.* 675).

D. Le propriétaire d'un mur non mitoyen, peut-il toujours y pratiquer des jours ?

R. Oui; mais si le mur joint immédiatement l'héritage d'autrui, ces jours ou fenêtres doivent être : 1.° à fer maillé et verre dormant (1); et les mailles du treillis de fer ne peuvent avoir qu'un décimètre (environ trois pouces huit lignes) d'ouverture au plus (*Art.* 676.); 2.° ils ne peuvent être établis qu'à vingt-six décimètres (huit pieds), au dessus du plancher ou sol de la chambre qu'on veut éclairer, si c'est à rez-de-chaussée, et à dix-neuf décimètres, (six pieds) au-dessus du plancher, pour les étages supérieurs (2) (*Art.* 677).

D. Le propriétaire d'un mur non mitoyen, mais qui joint immédiatement l'héritage d'au-

---

(1) A verre dormant, c'est-à-dire un chassis qui ne puisse ouvrir. Ces précautions sont exigées afin qu'on ne puisse rien jeter sur le fonds du voisin (M. *Delvincourt*).

(2) Si le lieu qu'on veut éclairer est un escalier, il faut en faire suivre la direction au jour que l'on veut pratiquer (M. *Delvincourt*). La règle n'est point suivie pour les soupiraux destinés à donner des jours à des caves; il semble qu'un voisin qui n'en éprouverait aucun tort ne pourrait s'en plaindre (M. *Pardessus*).

Il faut observer que ces mesures doivent s'entendre jusqu'au dessus des appuis ou enseuillemens des fenêtres que l'on peut faire, et non de la grandeur même des fenêtres, qui n'est limitée ni en hauteur ni en largeur (M. *Toullier*, M. *Pardessus* est du même avis, n.° 210, page 312).

trui, peut-il pratiquer des vues droites ou obliques sur cet héritage ?

R. Non, on ne peut avoir de vues droites (1) ou fenêtres d'aspect, balcons ou autres saillies semblables sur l'héritage clos ou non clos de son voisin, s'il n'y a dix-neuf décimètres (six pieds) de distance entre le mur où on les pratique et ledit héritage (*Art.* 678). On ne peut avoir de vues obliques ou par côté sur le même héritage, s'il n'y a six décimètres (deux pieds) de distance (2) (*Art.* 679).

---

(1) La vue droite ou fenêtre d'aspect est celle qui regarde en face l'héritage voisin, ou autrement qui est pratiquée dans un mur parallèle à la ligne de séparation des deux héritages. La vue oblique ou de côté est celle qui est pratiquée dans un mur qui fait, ou dont le prolongement fait angle avec la ligne de séparation (M. *Delvincourt*).

(2) Remarquez que si, entre les deux héritages, il existait une rue ou un chemin, quoique moins large de dix-neuf décimètres, la prohibition cesserait, parce qu'il est permis d'ouvrir des vues sur une rue ou sur un chemin public (M. *Toullier*. M. *Delvincourt* est du même avis, tom. 1.er, pag. 163, note 6). M. *Pardessus* a longtemps soutenu le contraire. Le droit d'avoir des vues sur la voie publique, disait-il, n'est pas plus favorable que celui d'en avoir sur soi-même. Or, si la loi exige que le *propriétaire* de l'espace intermédiaire n'ait de vue droite qu'autant que cet espace est de dix-neuf décimètres, par quel motif plus puissant cette distance devrait-elle être moindre quand cet espace est public. Mais M. *Toullier* lui a répondu avec raison que la sûreté publique et l'agrément des villes exigent qu'on ouvre sur les rues et sur les chemins, des fenêtres qui avertissent les passans qu'ils sont sous les yeux du public, plutôt que de les border de murs élevés qui déroberaient la vue de ce qui s'y passe. M. *Pardessus* s'est rendu à ces motifs et a rétracté sa première opi-

D. Comment se mesure cette distance ?

R. Elle se mesure depuis le parement extérieur du mur où l'ouverture se fait, ou s'il y a balcon ou autres semblables saillies, depuis leur ligne extérieure jusqu'à la ligne de séparation des deux propriétés (1) (*Art.* 680).

SECTION IV.

De l'Égoût des totts.

D. Peut-on forcer le voisin à recevoir sur son fonds les eaux pluviales ?

R. Non ; tout propriétaire doit établir son toît de manière que les eaux pluviales s'écoulent sur son terrain ou sur la voie publique (2).

---

nion, dans sa 5.e édition, n.° 204, pag. 306, en note. *Voyez* pour la même opinion le Répertoire de M. *Merlin, verbo* Vue, pag. 519.

(1) Il ne faut pas croire que tout propriétaire qui n'a pas entre l'extrémité de son mur et la ligne séparative des deux héritages un espace de six décimètres, ne puisse avoir de vue oblique à quelque distance que l'ouverture soit de la propriété du voisin. L'intention du Législateur n'a pu être telle ; ce serait interdire la majeure partie des vues de côté et sans aucune utilité. Il faut dans ce cas compter les six décimètres à partir de l'arête du jambage de la croisée jusqu'à la ligne séparative des deux héritages (M. *Pardessus*, n.° 207, page 309).

(2) Il ne peut même pas établir des gouttières avancées pour recevoir ses eaux et les détourner sur soi-même, s'il n'a point acquis le droit de saillie, *jus projiciendi et protegendi*, parce que alors une portion du terrain du voisin serait couverte ; il doit placer ses gouttières sur son mur (M. *Toullier*, n.° 537 à 546, pages 395 et suivantes).

SECTION V.

Du Droit de passage.

D. Qu'est-ce qu'on entend par servitude du droit de passage ?

R. On entend le droit, que le propriétaire dont les fonds sont enclavés et qui n'a aucune issue sur la voie publique, peut exercer, de réclamer un passage sur les fonds de ses voisins pour l'exploitation de son héritage (*Art.* 682).

D. Sur quoi est fondée cette servitude ?

R. Sur l'intérêt général qui ne permet pas qu'il y ait des fonds mis hors du domaine des hommes, et frappés d'inertie ou condamnés à l'inculture, parce qu'il faudra, pour y arriver, traverser l'héritage d'autrui (M. *Berlier*, Exposé des Motifs).

D. Où doit être pris le passage ?

R. Il doit régulièrement être pris du côté où le trajet est le plus court du fond enclavé à la voie publique (*Art.* 683). Néanmoins, il doit être fixé dans l'endroit le moins dommageable à celui sur le fonds duquel il est accordé (*Art.* 684).

D. Celui qui obtient le droit de passage acquiert-il la propriété du terrain que ce droit affecte ?

R. Non ; le propriétaire du terrain en conserve la propriété, il continue d'en jouir et d'en disposer de la manière dont il lui plaît, pourvu que ce qu'il fait n'empêche pas le passage (M. *Locré*).

D. Le propriétaire sur le fonds duquel le passage est pris, ne peut-il pas réclamer une indemnité ?

R. Il peut réclamer une indemnité proportionnée au dommage qu'il éprouve ; mais cette action est prescriptible (1) (*Art.* 685).

CHAPITRE III.

Des Servitudes établies par le fait de l'homme.

SECTION I.re

Des diverses espèces de Servitudes qui peuvent être établies sur les Biens.

D. Quelles sont les servitudes qu'il est permis d'établir par convention sur les propriétés, ou en leur faveur ?

R. Il est permis aux propriétaires d'établir en faveur de leurs propriétés ou sur elles telles servitudes que bon leur semblera, pourvu que néanmoins les services établis ne soient imposés, ni à la personne, ni en faveur de la personne, mais seulement à un fonds et pour un fonds. Il faut encore que ces services n'aient d'ailleurs rien de contraire à l'ordre public (2) (*Art.* 686).

---

(1) Si le passage accordé sur le fonds d'autrui cesse d'être nécessaire, on n'a plus le droit de l'exercer ; en effet, la cause cessant, l'effet doit cesser avec elle. Le propriétaire usant du passage ne pourrait invoquer la prescription, parce que ce n'est point une servitude de commodité dont il a usé, mais une servitude de nécessité (M. *Toullier*).

(2) Le nombre, les espèces et les effets des servitudes peuvent varier à l'infini ; ils ne sont point bornés à la seule nécessité ou à l'utilité évidente d'un fonds ;

D. D'où vient cette première restriction que les servitudes ne peuvent être imposées ni à la personne, ni en faveur de la personne?

R. D'abord c'est une conséquence immédiate de la définition donnée par l'art. 637 du Code, et qui caractérise spécialement la servitude réelle ou service foncier (M. *Albisson*). Ensuite, c'est une précaution prise par le Législateur contre le rétablissement des servitudes féodales.

D. Comment se règle l'usage et l'étendue des servitudes établies par convention, ou servitudes conventionnelles?

R. Par le titre qui les constitue, et à défaut de titre (1), par les règles que nous allons exposer (*Art.* 686)

D. Comment le Code divise-t-il les servitudes?

R. Il donne trois divisions des servitudes;

---

le simple agrément, l'avantage éloigné peuvent les faire établir. Lorsque le Code refuse à un voisin le droit de vue dans certains cas, et dans d'autres ne le permet que sous certaines conditions, l'autre voisin peut consentir à ces vues ou dispenser des conditions imposées par la loi. Mais il faut bien remarquer qu'il n'en est pas de même lorsque la loi a prescrit des distances ou des constructions d'ouvrages; son but n'a pas été seulement d'empêcher de nuire au voisin. Quand la loi prescrit une distance entre un fourneau et le mur voisin ou mitoyen, quand elle prescrit un contre-mur pour des fosses d'aisance, elle a aussi pour but de prévenir les incendies ou l'infection des eaux. *Voyez* M. *Pardessus*, n.° 230 à 236, pag. 346 et suiv., M. *Toullier*, tom. 3, n.° 581 à 596, pag. 425; M. *Locré*, Esprit du Code Civil, tom. 7, pag. 502 et suivantes; M. *Delvincourt*, tom. 1.er, pag. 163.

(1) Il faut ajouter avec M. *Locré, ou d'explication dans le titre.*

la première, en servitudes urbaines et rurales (1) ; la deuxième, en continues et discontinues ; la troisième, en apparentes et non apparentes.

D. Comment le Code définit-il les servitudes urbaines ?

R. Toutes celles qui sont dues à des bâtimens, que ces bâtimens soient situés à la ville ou à la campagne (*Art.* 687).

D. Comment définit-il les servitudes rurales ?

R. Toutes les servitudes autres que les servitudes urbaines (*Art.* 687).

D. Quelles sont les servitudes continues ?

R. Ce sont celles dont l'usage est ou peut être continuel sans avoir besoin du fait actuel de l'homme; tels sont les conduites d'eau, les égoûts, les vues et autres de cette espèce (*Art.* 688).

D. Quelles sont les servitudes discontinues ?

---

(1) Le Code, après avoir mis en avant cette division, ne s'en sert plus, et elle est entièrement inutile en Droit Français. En Droit Romain elle était d'une extrême importance, pendant qu'on admit la distinction entre les domaines *quiritaire* et *bonitaire*. Les servitudes tiraient leur nom de *rustiques* ou *d'urbaines*, de l'héritage dominant, mais on n'était point d'accord sur ce qu'il fallait appeler héritages urbains ou rustiques. Nératius voulait qu'on appelât héritages urbains ceux qui étaient à la ville, et ruraux ceux qui étaient à la campagne. Les autres jurisconsultes pensèrent qu'on devait régler le nom des héritages sur leur destination. Ils nommèrent héritages urbains ceux qui étaient principalement destinés à l'habitation, et rustiques ceux qui étaient destinés à être exploités. Ainsi il y avait des héritages urbains à la campagne et des héritages rustiques à la ville. *Voyez* M. *Toullier*, tom. 3, n.° 596, page 439.

R. Ce sont celles qui ont besoin du fait actuel de l'homme pour être exercées : tels sont les droits de passage, puisage, pacage, et autres semblables (*Art.* 688).

D. Quelles sont les servitudes apparentes ?

R. Ce sont celles qui s'annoncent par des ouvrages extérieurs, tels qu'une porte, une fenêtre, un aqueduc (*Art.* 589).

D. Quelles sont les servitudes non apparentes ?

R. Ce sont celles qui n'ont pas de signe extérieur de leur existence, comme par exemple, la prohibition de bâtir sur un fonds, ou de ne bâtir qu'à une hauteur déterminée(1) (*Art.* 689).

D. N'y a-t-il point d'autre division des servitudes ?

R. Il y en a plusieurs autres; la principale est en affirmatives et négatives.

D. Quelles sont les servitudes affirmatives ?

R. Ce sont celles qui imposent seulement au propriétaire du fonds servant l'obligation de laisser faire, comme la servitude de vue, de passage, etc., (M. *Delvincourt.*).

D. Quelles sont les servitudes négatives ?

R. Ce sont les servitudes en vertu desquelles le propriétaire du fonds servant peut être empêché de faire sur son fonds ce qu'il aurait naturellement droit d'y faire, s'il n'y avait pas de servitudes : telle est la prohibition de bâtir ou de bâtir au-delà de telle hauteur. Tou-

---

(1) Les divisions des servitudes en continues et discontinues, apparentes et non apparentes, sont extrêmement importantes, particulièrement pour la manière de prescrire les servitudes.

tes les servitudes négatives sont continues et non apparentes (M. *Delvincourt.*).

SECTION II.

Comment s'établissent les Servitudes.

D. De combien de manières peut s'établir une servitude (1) ?

R. Il faut distinguer si la servitude est en même temps continue et apparente, ou si elle ne réunit pas ces deux qualités.

D. De combien de manières peut s'établir une servitude continue et apparente ?

R. De trois manières : 1.° par titre (2) ; 2.° par la possession de trente ans ; 3.° par la destination du père de famille (*Art.* 690, 692).

D. Qu'entendez-vous par ces mots : destination du père de famille ?

R. On dit qu'il y a destination du père de famille, lorsqu'il est prouvé que les deux fonds actuellement divisés ont appartenu au même

---

(1) Il faut observer que toutes les terres sont présumées libres, si l'on ne prouve pas qu'elles sont grevées de quelque servitude. *Voyez* la loi du 6 octobre 1791, sur les usages ruraux, art. 1.er; *Alciat, de præsumpt. reg.* 21, *cap.* 3.

(2) Les servitudes peuvent être établies par toute espèce de titres propres à transférer la propriété, soit par acte testamentaire, soit par acte entre-vifs, tel qu'une vente, une donation, un échange; par les actes de partages d'une succession ou d'autres biens indivis, dans lesquels on stipule des droits de vue, de passage, etc., au profit de l'un des héritages, de l'une des maisons partagées (M. *Toullier*).

propriétaire, et que c'est par lui que les choses ont été mises (1) dans l'état duquel résulte la servitude (*Art.* 693).

Il y a également destination du père de famille, lorsque le propriétaire de deux héritages entre lesquels il existe un signe apparent de servitude, dispose de l'un des héritages, sans que le contrat contienne aucune convention relative à la servitude; elle continue d'exister activement ou passivement en faveur du fonds ou sur le fonds aliéné (2) (*Art.* 694) (M. *Pigeau*).

D. Comment peuvent s'établir les servitudes qui ne réunissent pas les deux qualités de continue et d'apparente?

R. Toutes ces servitudes ne peuvent s'établir que par titre, la possession même immémoriale (3) ne suffirait pas (*Art.* 691).

---

(1) Il faut ajouter avec M. *Delvincourt*, *ou laissées*, parce que le propriétaire est censé avoir mis les choses dans l'état dont il s'agit, lorsque les ayant trouvées dans cet état, il les y a laissées.

(2) On sent bien que cet état des lieux, qui de simple destination du père de famille, se convertit ainsi en servitude, ne doit pas être une distribution passagère, l'objet d'une commodité momentanée. Il n'est guère possible de supposer que, sans une convention expresse, on ait voulu conserver ce qui ne servait qu'à une utilité purement personnelle ou de simple agrément. Les parties sont présumées n'avoir voulu conserver que des services évidemment nécessaires (M. *Pardessus*). *Dumoulin* et *Poullain-Duparc* sont du même avis. *Voyez* aussi M. *Toullier*, tom. 3, n.° 615, pag. 461.

(3) La possession immémoriale est celle dont aucun homme vivant n'a vu le commencement, dont il a appris l'existence de ses anciens. Ainsi cette possession n'a point de temps déterminé par la loi, il suffit que les vieillards qui en ont connaissance l'aient toujours

D. D'où vient qu'on ne peut acquérir ces servitudes par la possession, comme les servitudes apparentes et continues ?

R. C'est que, pour les servitudes qui ne réunissent pas cette double qualité, rien n'assure, rien ne peut même faire légalement présumer que le propriétaire voisin ait eu une connaissance suffisante d'actes de possession, souvent fort équivoques et dont la preuve est dès-lors inadmissible (M. *Berlier*, Exposé des Motifs). C'est sur les mêmes raisons qu'est fondée la restriction de la loi qui borne l'effet de la destination du père de famille aux servitudes apparentes (*M. Albisson*, tribun).

D. Peut-on attaquer les servitudes de cette nature acquises par la possession dans les pays où elles pouvaient s'acquérir de cette manière ?

R. Non ; mais il faut pour cela qu'elles fussent déja acquises, c'est-à-dire, que la possession eût duré tout le temps fixé pour acquérir (1), au moment de la promulgation du titre des servitudes, le 20 pluviose an 12 (2) (*Art.* 691).

---

vue eux-mêmes, qu'ils aient ouï dire communément qu'elle existait avant eux, et qu'ils n'aient connu personne qui ait vu le commencement de cette possession ou qui ait ouï dire à d'autres qu'ils l'ont vue (*Voyez* M. *Toullier*, tom. 3, n.os 627 et 628, pag. 471).

(1) Ce temps variait dans les diverses coutumes ; dans les unes il était de dix, vingt, trente ans ; dans les autres il fallait une possession immémoriale. Observez que l'on n'a pu prescrire avant le Code une servitude qui alors n'en était pas une, que permettait un réglement local ; par exemple, des vues sur des héritages non clos.

(2) *Voyez* un arrêt de Cassation du 31 décembre 1810, *Sirey*, tom. 2, partie 1.re, pag. 81.

D. Comment le titre constitutif de la servitude peut-il être remplacé, à l'égard de celles qui ne peuvent s'acquérir par la prescription ?

R. Il ne peut être remplacé que par un titre récognitif de la servitude, émané du propriétaire du fonds asservi (1) (*Art.* 695).

SECTION III.

Des Droits du propriétaire du fonds auquel la servitude est due.

D. Quels sont les droits de celui à qui une servitude est due ?

R. Il a droit de réclamer tout ce qui est nécessaire pour en user; ainsi la servitude de puiser de l'eau à la fontaine d'autrui emporte nécessairement le droit de passage (2) (*Art.* 696). Il a le droit de construire tous les ouvrages qui sont nécessaires pour user de la servitude et pour la conserver (*Art.* 697),

---

(1) Il est évident qu'un jugement qui aurait acquis force de chose jugée pourrait remplacer le titre de la servitude. Les jugemens qui règlent les conditions d'une licitation ou d'un partage peuvent également établir des servitudes (M. *Toullier*).

(2) Les limitations du droit ne se présument pas, mais il ne s'étend qu'aux besoins du fonds dans l'état où il était au moment de la concession. Ainsi le propriétaire d'un fonds de terre en faveur duquel serait établi un droit de passage, ne pourrait, en y faisant bâtir, grever le fonds servant, du passage nécessaire pour le service d'une maison : parcé que le passage journalier de tous les habitans d'une maison est plus onéreux que le passage pour le service d'un fonds de terre (M. *Toullier*).

mais non pas pour la rendre plus commode.

D. Aux frais de qui sont ces ouvrages ?

R. Aux frais de celui qui les fait construire et non à ceux du propriétaire du fonds assujetti, à moins que le titre d'établissement de la servitude n'établisse le contraire (1) (*Art.* 698).

D. Lorsque le propriétaire du fonds assujetti est chargé par le titre de faire les ouvrages nécessaires pour l'usage et la conservation de la servitude, n'a-t-il aucun moyen de s'en décharger ?

R. Il peut toujours s'affranchir de cette charge, en abandonnant le fonds assujetti au propriétaire du fonds auquel la servitude est due (2) (*Art.* 699).

D. Si l'héritage pour lequel la servitude a

---

(1) Il en était de même à Rome, sauf une seule exception introduite par le jurisconsulte Servius, malgré les efforts du jurisconsulte Gallus, l'ami de Cicéron : dans la servitude *oneris ferendi*, c'était le propriétaire du mur qui était tenu de le réparer. Il en serait autrement en Droit Français, d'après le principe que la servitude ne consiste qu'à souffrir ou à ne pas faire.

(2) Il s'est élevé sur cet article une question qui divise les auteurs et qui n'a point encore été décidée. Peut-on s'affranchir de l'obligation de faire les ouvrages nécessaires pour l'usage et la conservation de la servitude, en abandonnant la partie seulement du fonds qui doit la servitude, ou faut-il abandonner ce fonds en totalité? *Domat* et MM. *Toullier, Maleville*, etc., pensent qu'il suffit d'abandonner la partie du fonds qui doit la servitude; M. *Delvincourt* est d'avis contraire (*Voyez* M. *Toullier*, tom. 3, n.os 663, et 664, page 501 ; M. *Maleville* sur l'art. 698, p. 148 M. *Delvincourt*, tom. 1.er, pag. 166, notes 5 et 6).

été établie vient à être divisé, que devient cette servitude ?

R. Elle reste due pour chaque portion, sans que néanmoins la condition du fonds soit aggravée. Ainsi, par exemple, s'il s'agit d'un droit de passage, tous les copropriétaires seront obligés de l'exercer par le même endroit (1) (*Art.* 700).

D. Si l'assignation primitive de l'endroit où doit s'exercer la servitude, était devenue plus onéreuse au propriétaire du fonds assujetti, si elle l'empêchait d'y faire des réparations avantageuses, ne pourrait-il pas réclamer ?

R. Il pourrait offrir au propriétaire de l'autre fonds un endroit aussi commode pour l'exercice de ses droits et celui-ci ne pourrait le refuser. Mais hors ces cas, il ne peut changer l'état des lieux, ni transporter l'exercice de la servitude dans un endroit différent de celui où elle a été primitivement assignée. Il ne peut jamais rien faire qui tende à diminuer l'exercice de la servitude ou à la rendre plus incommode (*Art.* 701).

D. Quelles sont les obligations de celui qui a un droit de servitude ?

---

(1) Lorsqu'un droit de passage a été stipulé et consenti, sans qu'on ait fixé l'heure et le temps, il faut distinguer si le lieu sur lequel le passage s'effectue est clos ou non clos. S'il n'est pas clos, le passage peut être exercé à toute heure, même de la nuit : mais si le lieu est clos, il doit en être autrement ; l'on fera régler par justice quelles seront les heures où le passage pourra être exercé. A Paris, c'était, depuis Pâques à la Saint-Remi, de quatre heures du matin à dix heures du soir, et de la Saint-Remi à Pâques de six heures du matin à six heures du soir.

R. C est de n user de son droit de servitude que suivant son titre, sans faire ni dans le fonds qui la doit, ni dans le fonds auquel elle est due, aucun changement qui aggrave la condition du premier (*Art.* 702).

SECTION II.

Comment les Servitudes s'éteignent.

D. Comment s'éteignent les servitudes ?

R. Elles s'éteignent de trois manières :

1.° Par la confusion, lorsque le fonds auquel la servitude est due et celui qui la doit sont réunis dans la même main (*Art.* 705). d'une manière parfaite et irrévocable (M. *Delvincourt*).

2.° Par l'impossibilité de les exercer, lorsque les choses se trouvent en tel état qu'on ne peut plus user de la servitude (*Art.* 703).

3.° Enfin par le non-usage pendant trente ans (1) (*Art.* 706).

---

(1) Les auteurs désignent plusieurs autres modes d'extinction de la servitude, par exemple :

La renonciation à la servitude de la part de celui à qui elle est due; la remise expresse, ou tacite et présumée de son droit.

Le rachat volontaire ou forcé de la servitude.

La résolution du droit de celui qui l'avait constituée.

L'évènement de la condition résolutoire, et l'expiration du temps pour lequel elle était accordée (M. *Toullier*).

A l'égard de la résolution du droit de celui qui a constitué la servitude, l'extinction de la servitude est fondée sur la maxime : *Soluto jure dantis, solvitur jus accipientis.* La discussion de cette maxime ne pouvant entrer dans le cadre de cet ouvrage, nous

D. Les servitudes éteintes par l'impossibilité de les exercer ne peuvent-elles pas revivre ?

R. Elles revivent si les choses sont rétablies de manière que l'on puisse en user, à moins qu'il ne se soit déja écoulé un temps suffisant pour faire présumer l'extinction de la servitude, ainsi qu'il est dit à l'art. 707 (*Art.* 704).

D. De quelle époque les trente ans nécessaires pour prescrire commencent-ils à courir ?

R. Lorsqu'il s'agit de servitudes discontinues, ils commencent à courir du jour où l'on a cessé d'en jouir, et lorsqu'il s'agit de servitudes continues, du jour où il a été fait un acte contraire à la servitude (1) (*Art.* 707).

D. Peut-on prescrire le mode de la servitude ?

R. On peut le prescrire comme la servi-

---

renvoyons à l'excellent examen qu'en fait M. *Toullier*, tom. 3, n.° 682, pag. 514 et suiv., et aux Questions de Droit de M. *Merlin, verbo Résolution*, page 60, (1.re édition).

(1) Est-il nécessaire que ces actes contraires à la servitude aient été faits par le propriétaire du fonds servant ? Cette question épineuse divise les auteurs. M. *Pardessus* qui tient pour l'affirmative cite une foule d'anciens auteurs à l'appui de son opinion. Il cite la loi 6, *D. De serv. præd. urb.* que M. *Toullier* prouve n'être rien moins que concluante. MM. *Toullier*, *Delvincourt* et *Maleville* tiennent pour la négative. *Voyez* au reste M. *Toullier*, tom. 3, n.° 692, pag. 529, M. *Delvincourt*, tom. 1.er, p. 167, note 6, M. *Pardessus*, n.° 308, pag. 457, M. *Maleville* sur l'art. 707, page 156.

tude même et de la même manière (*Art.* 708).

D. Lorsque l'héritage en faveur duquel la servitude est établie, appartient à plusieurs par indivis, peut-on prescrire la servitude contre quelques-uns d'eux seulement?

R. Non; la jouissance de l'un d'entr'eux seulement empêche la prescription à l'égard de tous les autres (*Art.* 709), et de même, si parmi les copropriétaires, il s'en trouve un contre lequel la prescription n'ait pu courir, comme un mineur, il aura conservé le droit de tous les autres (1) (*Art.* 710). Ces deux principes reposent également sur l'indivisibilité des servitudes.

---

(1) Il en est encore de même lorsqu'un des propriétaires *pro indiviso* a interrompu la prescription par un acte quelconque.

Il faut remarquer que les servitudes ne s'éteignent point par la prescription, tandis qu'il subsiste des vestiges des ouvrages établis pour en user (M. *Toullier*).

D'après cela, M. *Toullier* pense qu'une porte pratiquée pour exercer un droit de passage, conserve ce droit. Il s'appuie de l'autorité de *Poullain-Duparc;* M. *Pardessus* pense le contraire, page 525 de sa 4.me édition.

FIN.

TABLE DES MATIÈRES.

TITRE PRÉLIMINAIRE.

TITRE V.

Du Mariage.

TITRE VI.

TITRE VII.

De la Paternité et de la Filiation.

TITRE VIII.

De l'Adoption et de la Tutelle officieuse.

TITRE IX.

TITRE X.

De la Minorité, de la Tutelle et de l'Emancipation.

TITRE XI.

LIVRE II.

Des Biens et des différentes modifications de la Propriété.

TITRE PREMIER.

TITRE II.

TITRE III.

TITRE IV.

FIN DE LA TABLE.

www.ingramcontent.com/pod-product-compliance
Lightning Source LLC
LaVergne TN
LVHW020549230826
846091LV00002B/428

* 9 7 8 2 0 1 9 6 4 7 7 1 1 *